我国现代产业体系构建的
驱动要素及经济效应研究

The Academic Library of Key Marxism School of Higher Education in China

吉林省教育厅科学研究项目『人工智能驱动吉林省农业产业体系多元发展的机制、效应与对策研究』（JJKH20250005SK）

重点马克思主义学院建设学术文库

王一钦 著

吉林大学出版社

· 长春 ·

图书在版编目(CIP)数据

我国现代产业体系构建的驱动要素及经济效应研究 /
王一钦著. -- 长春 : 吉林大学出版社, 2025. 3.
ISBN 978-7-5768-4887-8

Ⅰ. F269.24

中国国家版本馆CIP数据核字第20258HP159号

书　　名：我国现代产业体系构建的驱动要素及经济效应研究
WO GUO XIANDAI CHANYE TIXI GOUJIAN DE QUDONG YAOSU JI JINGJI
XIAOYING YANJIU

作　　者：王一钦
策划编辑：李潇潇
责任编辑：李潇潇
责任校对：王　曼
装帧设计：林　雪
出版发行：吉林大学出版社
社　　址：长春市人民大街4059号
邮政编码：130021
发行电话：0431-89580036/58
网　　址：http://www.jlup.com.cn
电子邮箱：jldxcbs@sina.com
印　　刷：吉广控股集团有限公司
开　　本：787mm×1092mm　1/16
印　　张：18
字　　数：253千字
版　　次：2025年3月　第1版
印　　次：2025年3月　第1次
书　　号：ISBN 978-7-5768-4887-8
定　　价：98.00元

前　言

　　构建中国现代产业体系是全面建设我国现代化经济体系的重点内容，更是我国实现社会主义现代化建设的必经之路。改革开放以来，我国产业体系持续建设，经济社会发展取得巨大成就，但与此同时也积累了诸多问题，如质量效益不高、资源环境矛盾突出、区域城乡差距较大、经济循环存在卡点堵点等问题，解决这些问题的关键在于推进产业体系现代化的建设，构建中国现代产业体系。现代产业体系的构建在实现经济高质量发展，畅通国内国际双循环，应对全球经济、产业、投资、贸易、供应链格局深刻调整，推动科技与经济以及各产业深度融合，提高人民生活质量的重要保障等方面发挥着重要作用。因此，如何科学构建中国现代产业体系，不仅是亟须填补的中国特色社会主义理论问题，更是关系到我国经济全方位发展的重大战略研究和政策制定问题。针对已有研究对于现代产业体系构建的驱动要素归纳不够系统、实现路径探讨存在争议、经济效应分析尚有缺失等问题，本书以马克思主义政治经济学和中国特色社会主义政治经济学为理论指导，重点围绕习近平总书记关于我国现代产业体系的构建思想和《中华人民共和国国民经济和社会发展第十四个五年规划和2035年远景目标纲要》中的战略发展目标，深入剖析和全面阐述了我国产业体系现代化发展的理论逻辑、内在依据及建设机理，并结合经验分析与案例讨论，为现代产业体系的构建提出相应的政策建议。本书的核心内容及结论包含以下四部分：

　　第一，详细阐述现代产业体系的内涵特征及其相关经典理论。本书在已有文献的基础上，指出现代产业体系是在继承与拓展传统产业结构的基础上，适应了新的产业发展和技术进步方向，以创新驱动、智能制造、需求主导、产业融合、绿色低碳等为依托的现代化生产模式和组织运行系统。其构建要求把握产业的最新动态，适应环境的最新变化，将产业发展所需的各类要素融入产业体系现代化构建当中，以准确把握能使现代产业体系达到平衡、协调以及可持续发展的重点思路与政策。从历史维度看，现代产业体系具有系统性、动态性、时代性和长期性等特征；从实践维度看，现代产业体系具有创新性、融合性、开放性、需求导向性等复杂特征。此后，本书又结合经典理论，论述了现代产业体系构建的重要性，通过对现有相关文献的梳理，发现了当前有关现代产业体系量化评价研究的不足，并建立现代产业评价指标对我国现代产业体系发展的整体状况、未来趋势及空间特征加以测度分析。

第二，深入分析我国现代产业体系构建的主体与驱动要素。本书通过相关理论界定了政府、市场和企业在现代产业体系构建中发挥的不同作用，并以政治经济学逻辑建立了基于"技术—流通—空间—协调"的四维理论分析框架。其中，现代产业技术体系发展可以通过加快产业技术进步、提高产业生产效率、扩大产业生产规模以及实现资源的有效配置效率，助推产业体系的现代化建设；现代产业流通体系可以通过完善新兴基础设施建设、加快生产性资源的流动速度和数字金融发展、调整与优化产业结构，助推产业体系的现代化建设；现代产业空间体系可以通过合理规划产业空间布局、实现生产性资源整合利用以及培育壮大新兴产业等，助推产业体系的现代化建设；现代产业协调体系可以通过利用数字信息技术进行绿色生产、实现制造业和服务业的协调发展与可持续性发展，助推产业体系的现代化建设。

第三，探讨提出我国现代产业体系构建的发展路径。本书主要采用城市面板数据，运用双重差分模型等多种计量方法，理论分析和实证检验了现代产业体系构建的驱动要素，研究发现：现代产业技术体系、现代产业流通体系、现代产业空间体系以及现代产业协调体系的发展均能对产业体系现代化建设产生显著的促进作用，这一结论在使用PSM-DID模型重新估计、安慰剂检验、替换被解释变量以及控制省份–年份联合固定效应等多项检验后，仍然显著。在此基础上，本书结合一些发达国家和国内先进城市产业体系现代化建设的丰富经验，提出了我国产业体系现代化建设的发展路径，即通过完善现代产业技术体系、现代产业流通体系、现代产业空间体系和现代产业协调体系，以巩固和发展实体经济，不断强化科技创新驱动发展机制，持续提高现代金融服务水平，提升人力资源的供给质量和配置效率，从而加快我国现代产业体系的建设进程。

第四，全面评价我国现代产业体系构建的经济效应。中央政府从2007年开始就明确了构建现代产业体系对于支撑经济高质量发展、顺应全球产业分工格局加速变化、促进产业协同发展的重要意义。本书从宏观、中观、微观三个角度出发，运用固定面板效应模型、最小二乘法、两阶段最小二乘法等多种计量方法深入剖析现代产业体系的经济效应。在宏观层面，本书运用城市面板数据，实证考察了我国产业体系现代化对于实现高质量发展、共同富裕及畅通国内国际双循环三个方面的影响，研究发现：我国现代产业体系的构建显著促进了高质量发展及推动了国内国际双循环的发展，并通过完善基础设施建设带动了地区共同富裕进程；在中观层面，本书主要关注现代产业体系的构建对企业层面经济效应的影响，通过对中国工业企业数据库、环境统计重点工业企业数据库以及专利三个数据库进行匹配，实证检验了我国产业体系现代化对于企业绩效提升、企业创新发展以及企业污染减排的影响，研究发现：我国现代产业体系的构建并不会对企业绩效增长产生显著的促进效应，但明显有助于企业创新绩效的提升并降低了企业的污染排放；在微观层面，本书采用北京大学中国社会科学调查中心在全国范围内开展的中国家庭追踪调查项目的五轮调查数据，实证分析了我国产业体系现代化对于人均家庭收入、城乡收入差距以及家庭创业的影响，研究发现：我国现代产业体系的构建对于人均家庭收入提升有显著的促进作用，且有助于缩小城乡收入差距，但会对居民的创业行为产生抑制作用。针对以上结论，本书分别对实体经济、科技创新、现代金融和人力资源四个分项指数进行了异质性分析加以进一步讨论。通过以上研究，本书揭示了构建现代产业体系的现实意义并为政府构建现代产业体系提供了科学的理论依据。

综上，本书全面深入地阐述了现代产业体系的内涵与特征，论证了现代产业体系构建的主体、驱动要素与逻辑思路，阐明了我国现代产业体系构建的机理，实证检验了现代产业体系构建的实现路径及其产生的经济效应，并通过对资本主义发达国家和社会主义发达城市产业体系现代化建设的经验总结，为我国现代产业体系构建提供有针对性和创新性的启示与借鉴，最终依据国家经济发展的实际情况，将"产业技术体系—产业流通体系—产业空间体系—产业协调体系"四大体系建设与"实体经济、科技创新、现代金融、人力资源"协同发展的产业体系相结合，提出切实有效、合理可行的政策建议，这将为中国特色社会主义现代化理论中的现代产业体系构建问题注入理论生机与实践依据。

目　录

第1章

绪论

1.1　研究背景

1.1.1　国际背景

1.1.1.1　国际产业布局发生深刻变化，给我国产业体系的调整与重塑提出了新命题

国际产业转移主要指发生在两个或两个以上国家之间，部分产业从某一个国家向其他一个或多个国家转移的经济活动或发展过程，具体是指某一个国家或地区内的大型企业为充分发挥不同区域要素比较优势，采用直接或间接的对外投资和对外贸易等多种方式，把本国部分产业的生产、加工、流通甚至研发活动这些环节转移到其他国家或地区，从而使得该国家或地区内的一个甚至多个产业在空间分布上出现迁移的现象。这种转移活动常常发生在发达国家（地区）和发展中国家（地区）之间，它既是西方发达国家优化自身产业结构、增强国际经济竞争力的主要途径，也是推动发展中国家技术取得长远进步、产业实现快速发展、经济保持持续增长的重要策略。国际产业转移的前提是科学技术的重要性突破，尤其是生产技术和交通工具的发明，使得不同国家之间的经济文化交流更加密切。

国际产业转移最初的目的是企业为了追逐更大的利润而实施的对外贸易投资。率先步入工业化国家的企业在市场经济的作用下，为降低生产成本和扩大销售范围，将产品的生产和加工流程转移到一些拥有丰富的生产性资源和廉价劳动力的发展中国家或地区，这就出现了要素驱动型产业由西方发达国家向发展中国家或地区逐渐转移的现象。从世界经济历史发展的过程来看，全球大范围内的科学技术与产业转移的浪潮迄今已经发生了四次。这些浪潮的发展加快了产业转移接收国的工业发展进程。第一次产业转移浪潮发

生的时间段为19世纪下半叶到20世纪上半叶。自18世纪60年代英国发生的第一次产业革命开始，英国的工业化快速推进，使得自身整体生产力得到迅速发展。而工业规模的不断扩大，又导致英国本土产业生产成本持续上升，从而降低了该国家经济增长速度。为此，英国在19世纪下半叶开始实施向其他国家转移科技和产业的措施，其主要的合作国有法国、德国以及美国等。在这几个国家中，美国因具有优越的自然资源和良好发展环境的优势，受到了众多英国投资者的青睐，所以成为第一次国际技术和产业转移浪潮的主要受益国。借助这次国际科技和产业转移的机会，美国在短时间内建立了较为完整的工业体系。第二次国际产业转移浪潮发生的时间段为20世纪50年代到60年代。美国的产业规模和工业技术在二战时期取得了长足进步，并在战后成功取代英国，成为第二个 "世界工厂"，在这一时期，美国将大量的钢铁、纺织等高消耗产业向日本、韩国及德国等转移，这使得日本和德国经济恢复迅速，日本正是借此机会成为世界第二大经济体。第三次国际产业转移浪潮发生的时间段为20世纪60年代至80年代。为了促进本国产业结构的优化与升级，美国和日本将具有资源高消耗和劳动力投入密集等特征的产业如纺织业、食品加工业、汽车制造业等转移到发展中国家或地区，典型的接收国有韩国、中国和新加坡。以美国和日本等发达国家为首的产业转移活动，为发展中国家或地区产业发展提供了较为先进的生产技术、管理模式、组织架构以及大量的资金，有效提高了全球各个区域优势资源的配置效率。第四次国际产业转移浪潮的时间段为20世纪90年代以后。由于韩国、中国和新加坡等国生产要素成本的上升，许多大型跨国企业利用自身资金和技术优势又把劳动密集型产业转移至印度、泰国等东南亚国家。在第四次产业转移浪潮中，我国利用加入世界贸易组织的机会成为主要的受惠国之一，有效促进了本国产业技术水平的提升。在2011年，中国的工业生产总值首次反超美国，因而确立了制造大国地位。从当前和未来国际贸易发展的长期趋势来看，全球产业布局的特点仍然是发达国家因掌握核心产业技术处于优势地位，而发展中国家（地区）因未能拥有核心产业技术而处于依附地位。而在国际产业转移上所呈现出的特点是以发达国家和地区作为劳动密集型产业的转让主体，发展中国家和地区作为相应产业的承接主体，其转让的主要动力是技术和资金的输入与输出以及市场主体的逐利行为。

在信息技术快速发展和经济全球化不断加深与扩大的今天，各国产业结构也正经历着不断的调整与重塑，使得当前国际产业转移的特点发生一些新的变化。一方面，转移产业的结构趋向高度化。在进入知识经济时代以后，信息科学技术的发展推动了发达国家服务业整体规模的扩大，使发达国家的产业结构实现了由低级向高级的跃迁。发达国家产业结构的变化又会通过国际贸易或投资带动产业转移接收国的产业发展，主要体现为服务业替代工业逐渐成为产业转移的重点内容。发达国家向发展中国家由最初转移生产初级产品的制造业转变成转移生产中高级产品的制造业，由转移劳动密集型产业转变成转移知识、技术密集型产业，由转移传统工业转变成转移新兴工业甚至服务业。另一方面，大量产业链条发生国际空间转移。以往发生的国际产业转移大多是把生产或流通的非核心环节转移到受让国，而类似研发核心环节保留在母国。然而，随着当前国际竞争愈演愈烈，许多跨国企业为了抢占发展中国家市场，将自身产品的研发、生产和销售的全过程持续输出到发展中国家。在这个过程中，随着配套产业的不断转移，大量产业链也会发生整体向发展中国家转移的现象。因此，在当前国际产业转移出现新的发展趋势的情况下，研究我国产业体系如何调整与重塑进而把握住这次新兴的产业转移机遇，对于我国经济的长远发展具有重要意义。

1.1.1.2 国际贸易环境不断恶化，给我国产业体系的构建与发展带来了新挑战

2008年金融危机后，由于世界各经济体经济复苏普遍乏力，通过发展新的经济活动、推进产业的多样化以弥补原有产业发展乏力的意愿也就更为强烈。为此，欧美国家先后提出了"再工业化"战略，试图通过再次推进制造业的转型升级和产品的多样化重振实体经济，解决因产业空心化所导致的增长乏力和失业增加的问题，这样就加剧了我国制造业与发达国家制造业之间

的竞争。随着我国在全球生产体系中地位的提升和产业竞争力的增强，对当前发达国家主导的全球化进程和国际贸易体系产生了较大冲击，致使由欧美等资本主义发达国家主导的世界经济体系出现了大范围分裂的趋势，各种贸易保护主义抬头。特别是中美之间的经济关系，在美国挑起贸易争端之后，已经由单纯的贸易领域的争端演化为经济领域全方位的竞争，并逐渐演化为美国对中国技术进步的全面限制以及排除中国的全球新贸易规则和体系的构建，当美国财政部将中国列为汇率操纵国时，中美之间的经济关系由贸易摩擦转向全面的经济关系冲突，并外化为政治、军事和意识形态的冲突，这使我国经济发展的外部环境面临严峻的挑战，世界进入百年未有之大变局。在这一大变局下，如何提高我国产业体系的综合能力，维护和保证国家产业安全，以应对以美国为首的西方国家构建排除中国的国际产业贸易新体系的全新挑战，就成为我国产业体系关注调整、发展构建的主要指向。

1.1.2 国内背景

1.1.2.1 我国经济发展的矛盾困境，需以现代产业体系为突破

改革开放四十多年以来，我国经济社会发展虽然取得了长足进步，但也积累了很多的矛盾和问题，如产业链基础素质不高，产业间的协调性、配套性和完整性不足，经济结构"脱实向虚"倾向日益彰显，产业的国际竞争力不强等问题日益成为我国实现高质量发展的制约因素。一是从国际贸易发展来看，我国产业在参与国际产业链垂直分工时，从事的大多是加工制造、贴牌生产等低附加值活动，产业竞争力缺乏的问题十分突出。很多国外企业通过对产品或服务的生产和销售过程进行拆分，选择由不同地区内的本土企业负责非核心环节的生产或销售，[1]以利用各国或各地区所拥有的要素比较优势。[2]与国外企业相比，国内许多企业技术基础薄弱，这使得它们在参与产

---

① 张伟，胡剑波. 产品内分工、产业体系演变与现代产业体系形成[J]. 产经评论，2014，5（04）：5-17.

② 卢锋. 产品内分工[J]. 经济学（季刊），2004，3（04）：55-82.

业内贸易分工时，主要扮演着提供生产性资源和廉价劳动力的角色，导致我国产业体系整体处于国际产业链的中低端水平。二是从科学技术发展进程来看，全球科技正经历第三次革命，各国产业技术进步明显，主要涵盖的领域有新能源、信息网络、航天航空、生物医药、海洋工程、高端制造行业等。但是，驱动现代产业体系发展的根源动力在于能够打破传统产业发展束缚的"源技术"。由于电力、内燃机与石油开发与利用等一系列的源技术未能实现重大突破，我国新兴产业技术发展的内源动力存在严重的不足。所以，从"源技术"创新的程度来看，我国各类产业在技术上仍未取得突破性发展。由上述可知，探索如何提高现代产业体系发展水平将为推动我国产业技术取得重大性突破以及缓解我国社会的主要矛盾等提供重要助力。

1.1.2.2 我国经济社会的长远发展，需以现代产业体系为支撑

纵观欧美等发达国家的经济发展历程，我们会发现，这些国家的发展几乎都是通过构建具有高技术进步率和高技术扩散效应的发达的产业体系实现的。新中国成立后，我国也一直致力于构建完备合理的产业体系，并为其后的改革开放与参与全球竞争奠定了坚实的物质技术基础。改革开放以后，我国以外向型经济发展作为推动经济发展的战略取向，并在对外经济关系拓展上取得了巨大成就。但是，依赖要素供给推动的经济发展积累了较深层次的结构性矛盾，导致我国的产业尤其是外向型产业的发展陷入了前所未有的困境。对此，党的十七大提出经济增长由主要依靠第二产业带动向依靠第一、第二、第三产业协同带动为指导的"发展现代产业体系"，到党的十九大提出"着力加快建设实体经济、科技创新、现代金融、人力资源协同发展的产业体系"，体现了我们党对现代产业发展认识的深化。一方面，发展现代产业体系作为我国一项重大战略部署，它是与我国在新时代化解社会主要矛盾相契合的——解决人民日益增长的美好生活需要和不平衡不充分的发展之间的矛盾。所以，现代产业体系建设要求我国各地区必须以结构变革解决发展的不平衡，以动力变革解决发展的不充分，而这两点又是建立在经济的高质

量发展基础之上的。另一方面，这一战略部署，又是与新发展阶段构建新发展格局相适应的——在统筹安全与发展基础上实现国民经济有机体的循环畅通。因此，构建现代产业体系，推动产业发展，必须以产业及其要素协调为基础，以提高经济发展质量作为政策实施的着力点，进而把提高供给质量作为主攻方向，其核心是在保障产业循环畅通的基础上实现产业升级，最终为我国经济社会长远发展提供坚实支撑。

1.2　研究意义

1.2.1　理论意义

1.2.1.1　阐述现代产业体系的概念内涵和构建路径，丰富现代产业体系的理论研究

　　现代产业体系的理论研究非常新颖，有关概念阐述和理论分析还比较单薄，尤其是该领域内的量化研究和经济效应分析需要进行丰富。现有研究更多是基于我国亟须推进现代产业体系的建设进程的现实背景，阐述我国或者特定地区现代产业体系发展现状及分析其运行中存在的问题，并且重点讨论了现代产业体系的构成要素与构建路径。对此，本书通过理清我国现代产业体系构建的内在逻辑，明晰现代产业体系构建的基本内涵与特征，分析驱动现代产业体系发展的核心要素，评价现代产业体系建设的经济效应，并着力构建科学的现代产业评价指标体系，对我国现代产业体系整体发展水平进行基本描述，分析当前我国现代产业体系的发展状况以及运行中的问题，然后运用实证识别了驱动现代产业体系发展的核心要素，之后综合评价产业体系现代化产生的经济效应，既丰富和拓展了已有文献对现代产业体系构建的研究内容，又体现了理论创新为实践服务的中国特色。

1.2.1.2 将马克思主义政治经济学思想融入现代产业体系建设理论当中，使现代产业体系构建理论更具生命力

当前有关现代产业体系的研究主要是从产业结构优化升级、产业布局、产业空间聚集以及新兴产业培育与发展等角度出发，大多运用了绝对优势或相对优势理论、创新理论、产业结构变迁理论等西方主流经济理论，分析与探讨了我国现代产业体系的发展情况、问题及相应的对策。但是，"现代产业体系"是基于中国这一特色社会主义国家的现实发展背景所提出的概念，马克思主义政治经济学为其提供了丰厚且坚实的理论基础。所以，本书试图将马克思主义政治经济学内容中的生产力与生产关系、科技创新思想以及社会资本再生产等理论融入现代产业体系研究范畴当中，丰富现代产业体系的构建理论，并以我国现代产业体系构建的实践经验拓展马克思主义政治经济学的相关内容，作为我国特色社会主义理论发展的新成果。

1.2.1.3 以更加灵敏的问题意识与宏大的战略视阈，研究新发展阶段我国建设现代产业体系的重大战略

新中国成立以来，我国通过实施强有力的产业发展计划和发展政策，建立了较为完善的经济制度，积累了丰富的生产资料，同时产业体系现代化水平得到持续提升，探索出一条极具中国特色的现代产业体系建设道路，为其他国家提供了有关现代产业体系发展的宝贵经验，贡献了中国智慧。但是，我们要清楚认识到，我国现代产业体系建设的理论发展是远远落后于我国的实践发展的，特别是在新发展阶段下，我国面临着经济质量效益不高、资源环境矛盾突出、区域城乡二元结构、区域发展不协调、产业结构不合理、经济循环存在卡点堵点等现实问题。因此，我国现代产业体系的实践发展迫切需要相关理论提供指导。对此，本书以如何推进中国现代产业体系建设作为研究的中心问题，通过对我国产业体系现代化建设的实践历程、内涵特征以及构建路径等多个内容进行分析与总结，建立了现代产业体系发展的理论体系，丰富了与现代产业体系相关的理论研究。

1.2.2 现实意义

推进现代产业体系的建设，是关系我国经济社会发展全局的一项重大战略抉择，是转向经济高质量发展的重要战略任务，是促进国内大循环与国内国际双循环的经济基石，是应对全球经济、产业、投资、贸易、供应链格局深刻调整的关键举措，是把握全球新一轮科技革命机遇、推动科技与经济以及各产业深度融合的现实要求，是提高人民生活质量的重要保障。因此，本书围绕现代产业体系的构建所展开的研究具有重要的现实意义。

1.2.2.1 构建现代产业体系是提升我国产业国际竞争力的战略支撑

在经济全球化不断扩大与深化的背景下，各国之间竞争愈加激烈。特别是改革开放以来，我国制造业取得了突飞猛进的发展，取得了世界制造业大国的地位。2021年，我国制造业增加值达到31.4万亿元，占GDP比重达到27.4%，占全球比重接近30%，连续12年位居世界首位。[①]但是，从发达国家产业发展的实践过程来看，工业化发展到一定阶段，制造业比重会出现"先升后降"的发展规律。美国制造业比重从1997年的16.1%下降到2019年的10.1%，22年时间大概下降了5个百分点；日本制造业比重则是在20年内始终保持在20%左右。[②]

我国自2001年加入世界贸易组织以来，制造业占GDP比重先是持续上升，并在2006年达到32.5%的峰值，随后出现波动下降，2020年降至26.2%，14年时间下降6.3个百分点，年均下降0.45个百分点，其中2011—2020年，从32.1%降至26.2%，9年时间下了了5.9个百分点，年均下降0.65个百分点。[③]与

---

① 数据来源：笔者根据《中华人民共和国2021年国民经济和社会发展统计公报》和《国家统计局局长就2021年国民经济运行情况答记者问》相关数据整理所得。

② 数据来源：笔者根据美国国民收入与产品账户（NIPA）数据库和日本内阁府经济社会综合研究所（ESRI）相关数据整理所得。

③ 数据来源：笔者根据2001—2020年《中国统计年鉴》中相关数据整理所得。

美国、德国等发达国家是在工业化发展达到较高阶段后，制造业比重缓慢下降略有不同，我国制造业正处于被双向挤压的局面，比重的下降速度超前于经济发展阶段，存在下降过快问题。在劳动密集型产业中，有越来越多的发展中国家走上了劳动密集型出口导向发展的道路，有的国家（如印度）甚至有超过中国之势。在增强资本技术密集型产业国际竞争力上，我国同样面临着打破发达国家在市场中处于主导地位的难题。

因此，要扭转我国当前在国际贸易中不利地位的局面，就要以构建现代产业体系为支撑点，深入实施创新驱动发展战略，加快推动现代服务业同先进制造业深度融合发展，以科技创新提升和优化产品、服务供给的质量和结构，提升我国产业发展在全球产业价值链中的位置和国际竞争力。所以，对现代产业体系构建进行研究能为增强我国国际综合竞争力提供强大支撑点。

1.2.2.2 构建现代产业体系是转变我国经济发展方式的必然要求

我国当前经济发展处于转变发展方式、优化经济结构、转换增长动力的关键时期，建设现代产业体系是跨越关口的迫切要求和我国发展的战略目标。经济可持续发展要求涉及多个方面，因而需实施全面的战略规划，现代产业体系则是一个包含了多个层次、多种因素的完整体系，以实现实体经济、科技创新、现代金融、人力资源等多个方面的协同发展为目标，其协调性不仅要能在各产业中体现出来，而且还要体现在产业发展中的投入产出、科技创新以及生态环境等多个方面。由此可见，推进现代产业体系的建设需要多方面共同发力，而这恰好与经济可持续发展在多个维度的要求相符合。[①]总之，构建现代产业体系，推动经济体系优化升级，既是建设现代化经济体系、实现经济可持续发展的必然要求，又是形成我国产业国际竞争新优势、塑造新发展格局的重要举措。研究驱动现代产业体系发展的核心要素，对于实现经济的可持续发展具有重大的现实意义。

---

① 范合君, 何思锦. 现代产业体系与经济可持续发展——基于经济政策不确定性与政府人才数量的调节作用[J]. 中国流通经济, 2021, 35（12）: 16-27.

1.2.2.3　构建现代产业体系是满足人民群众美好生活需要的重要保证

当前，我国已进入高质量发展阶段，人民群众对高品质产品和服务的需求越来越旺盛，转变发展方式、优化经济结构、转换增长动力的要求更加迫切。与此同时，产业形态也在发生深刻变化。生产组织和社会分工方式向网络化、扁平化、平台化、小微化转型，适应消费者个性化消费需求，大规模定制生产和个性化定制生产日益成为主流制造范式，企业组织边界日益模糊，双边或多边平台的共享经济和个体创新创业获得巨大发展空间。构建现代产业体系的根本目的就要贴近人民的生产生活，满足社会多元化需求，紧跟新兴产业革命的潮流。所以，时代的发展带来的是人们消费水平越来越高，这对各产业生产提出了新的要求。在消费市场环境不断变化的条件下，必须从现代产业体系的建设入手，才能满足我国广大人民群众对美好生活的需要。所以，综合研究如何科学构建现代产业体系，有助于满足人民群众对美好生活的需要。

1.3　研究内容和研究方法

1.3.1　研究内容

本书以系统性理论为指导，综合运用政治经济学、区域经济学、制度经济学、生态经济学、产业经济学以及计量经济学等多学科理论，对我国现代产业体系构建进行了全面的研究。本书主要围绕构建现代产业体系发展评价指数的研究进行延伸，研究的内容主要有以下几个方面：第一，在对现有文献和政府政策方针进行梳理的前提下，本书提出评价现代产业体系的主要维度，以此构建现代产业评价指标体系，确定地区现代产业体系发展指数，科学分析我国现代产业体系发展现状，找出我国现代产业体系发展中存在的问题，并结合发达国家如美国、德国和日本以及国内部分发达城市在发展产业体系现代化方面的历史经验，提出相应的解决措施。第二，在对现代产业体系发展驱动要素进行理论分析的基础上，利用本书所测度的地区现代产业体系发展水平指数实证考察了现代产业技术体系、现代产业流通体系、现代产业空间体系以及现代产业协调体系等核心要素对我国产业体系现代化的影响，并以检验结果为依据，为加快我国现代产业体系构建提供具有针对性和创新性的政策建议。第三，在分析现代产业体系构建对经济发展产生多方面影响的基础上，以本书构建的地区现代产业体系发展指数为核心解释变量，实证检验现代产业体系构建对我国经济发展产生的多层面综合影响，为政府有关机构制定和实施发展现代产业体系政策提供理论依据。

本书共分为八章：

第1章为绪论。介绍了本书研究的研究背景、研究意义，概括了研究的主要内容、分析方法以及本书的主要创新点和不足。

第2章为理论基础和文献综述。首先对产业、产业体系、现代产业体系等概念给予了基本定义。然后，运用马克思主义政治经济学中的生产力和生产关系等理论、新制度经济学中的产权界定理论和交易成本理论、产业经济学中的产业结构变迁理论、区域经济学中的区域协调发展理论等，分析了现代产业体系构建的必要性。最后，在对已有文献梳理的基础上，对现代产业体系的基本概念、构建路径或思路、主要特征、发展规律、评价指标体系的构建等内容进行综述与评价。

第3章为现代产业体系构建的政治经济学逻辑。从政府、市场和企业三大构建主体出发，将产业技术体系、产业流通体系、产业空间体系以及产业协调体系作为四大体系，构建了一个驱动现代产业体系发展的理论分析框架。其中，本书运用政治经济学理论系统阐述了构建主体在现代产业体系建设中发挥的作用，详细论述了四大体系对产业体系现代化产生影响的作用机理，并对四大体系的建设路径进行了简要分析。

第4章为现代产业体系的评价指标体系及其测度。梳理了有关现代产业体系评价指标构建的相关文献，对其优劣势进行评述。以现代产业体系的内涵及最新发展为依据，结合数据的可获得性，构建了现代产业综合评价指标体系拟合地区现代产业体系发展指数，对我国现代产业体系发展水平进行了测度分析，并对我国现代产业体系的发展趋势与空间特征进行了系统性描述。

第5章为现代产业体系构建驱动要素的实证检验。结合我国政策实践背景，理论分析了"创新型"城市试点、"宽带中国"试点、"城市群规划"试点和"智慧城市"试点这四大政策分别与发展现代产业技术体系、现代产业流通体系、现代产业空间体系、现代产业协调体系的一致性，进而确定了四大政策作为发展四大体系的政策背景。在说明研究使用的数据来源、各变量定义以及描述性统计分析后，运用双重差分面板估计模型分别实证检验了四大体系对发展现代产业体系产生的影响，并对基准回归结果进行了相应的稳健性检验。

第6章为现代产业体系构建的经济效应评价。从宏观、中观以及微观三个层面分析了产业体系的现代化建设对于经济效应的影响，介绍了研究在宏观、中观、微观三个层面使用的数据来源、重要变量的定义以及基本的描述性统计分析，并运用回归模型考察了现代产业体系发展水平对宏观、中观以及微观三个层面的经济产生的综合效应，对回归结果进行了相应的内生性估计、稳健性检验和异质性分析。

第7章为现代产业体系构建的国内外经验与启示。深入分析了以美国、德国和日本为代表的发达国家以及以我国杭州市、上海市和深圳市为代表的发达城市的产业结构演进和产业体系发展的过程，总结了资本主义发达国家和社会主义发达城市产业体系现代化发展的主攻方向、具体模式、主要特征及经验，为我国现代产业体系构建提供了重要借鉴和具有针对性、创新性的启示。

第8章概括了本书研究的核心结论、政策建议和未来可以进一步探索的方向。

本书研究的技术路线如图1.1所示。

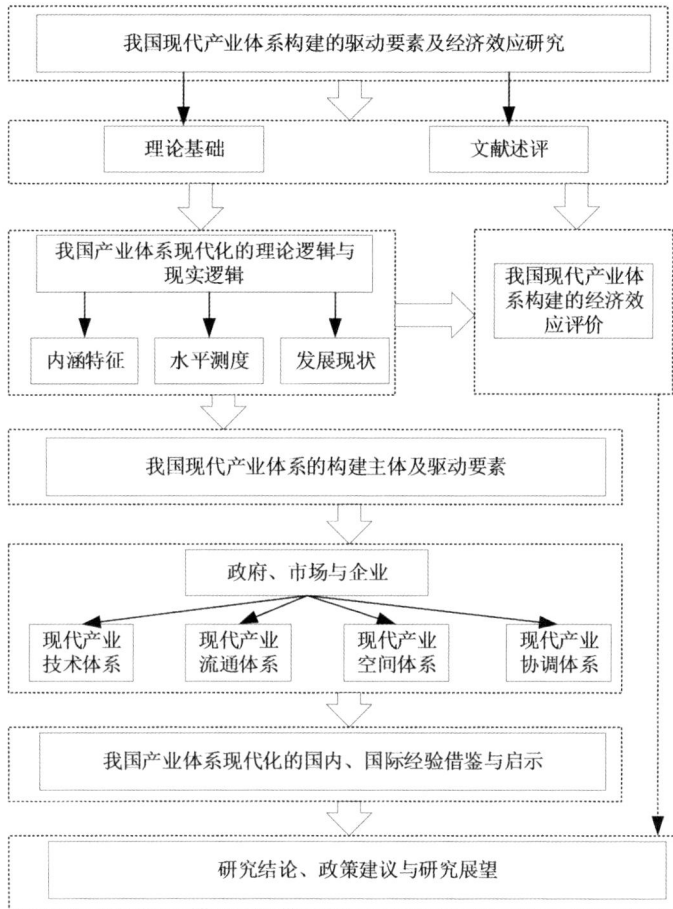

图1.1 本书研究的技术路线

1.3.2 研究方法

本书综合运用政治经济学、区域经济学、城市经济学、产业经济学、制度经济学、经济地理学、生态经济学以及统计学等多个学科中的理论和方法，将地区经济社会发展和产业体系现代化发展的有关理论相结合，采用文献分析法、主成分分析法、动态分析法和模型分析法，通过构建现代产业体系发展指数，全面考察我国现代产业体系发展水平，发现我国现代产业体系发展存在的问题和不足；通过对现代产业体系发展驱动要素的探讨，寻找出推动现代产业体系发展的核心要素；综合分析现代产业体系构建的经济效应，并汲取部分发达国家和国内发达城市建设产业体系的实践经验，科学分析我国现代产业体系发展的总体思路、主攻方向、参与主体及建设重点，明确我国现代产业体系构建的体制机制变革重点，为加快我国现代产业体系构建提供具有针对性和建设性的措施。

1.4　主要创新和不足

1.4.1　主要创新点

本书有以下几个方面的创新点：

第一，在构建评价指标体系的研究上，本书以重要中央文件为依据，并结合已有研究，选择评价现代产业体系的主要维度，并结合数据的可获得性和丰富性的要求，确定了各个维度下的子指标，通过数型功效系数法和主成分分析法测算了地区现代产业体系发展指数。在研究过程中，不仅对我国现代产业体系整体建设状况进行了细致的分析，而且将现代产业体系评价指数降解为各维度的分项指数，比较了各分项指数增长速度。研究还通过分样本对不同区域现代产业体系建设进行了比较，同时分析了城市现代产业体系发展差距的趋势。

第二，在现代产业体系构建驱动要素的研究中，本书创新性地构建了政府、市场和企业三大主体共同作用下的"产业技术体系—产业流通体系—产业空间体系—产业协调体系"四位一体的现代产业体系发展理论模型，并将所测算的地区现代产业体系发展指数作为被解释变量，结合地区面板数据，设计多个计量模型进行了回归检验。为了保证估计结果的可靠性，采用多种方法进行了稳健性检验。结合理论分析与实证检验结果，研究科学界定了对现代产业体系产生影响的核心要素，为政府制定加快现代产业体系发展政策提供了可行性建议。

第三，在现代产业体系发展产生的经济效应上，本书创新性地在宏观、中观、微观层面评价了现代产业体系构建带来的经济效应。为了分析现代产业体系发展对宏观、中观以及微观三个层面社会经济产生的综合效应，本书以地区面板数据、企业面板数据和家庭面板数据为样本，设计相应的计量模型进行了实证检验，并结合现实背景利用准自然实验进行了稳健性分析。综合理论分析与实证检验结果，本书验证了发展现代产业体系的必要性，弥补了相关研究成果的不足。

1.4.2 研究不足

本书有以下几个方面的研究不足：

第一，在构建地区现代产业评价指标体系时，由于数据的可获得性，本书只能通过对地级市的面板数据进行处理得到地区现代产业体系的发展指数。地级市面板数据量有限，可能使得研究测度的地区现代产业体系发展指数代表性也较为有限，无法全面反映地区现代产业体系的全部发展水平。

第二，本书对影响现代产业体系的因素考察还不够全面。推动现代产业体系的因素多种多样，研究通过对已有文献的梳理和参考政府实施的相关政策只对归纳的要素进行了分析，而忽略了其他潜在因素对现代产业体系发展可能产生的影响。

第三，在实证检验现代产业体系的经济效应时，本书虽然采用滞后解释变量和工具变量等方法来克服内生性问题，但由于评价指标体系所测度的现代产业体系发展指数涵盖了多个方面，致使内生性问题难以完全消除。

第四，由于全球经济形势严峻复杂以及后金融危机的影响，我国现代产业体系正经历快速的调整与重塑。因此，本书在分析我国现代产业体系未来发展和体制机制突破上可能有所偏差。

第2章

理论基础与文献综述

2.1　现代产业体系的内涵与演进

2.1.1　现代产业体系的内涵与特征

2.1.1.1　现代产业体系的内涵

现代产业体系是指在继承与拓展传统产业结构的基础上，适应了新的产业发展和技术进步方向，以创新驱动、智能制造、需求主导、产业融合、绿色低碳等为依托的现代化生产模式和组织运行系统。一是对传统产业结构的批判性继承是现代产业体系得以发展的基本前提。结构主义理论将经济发展过程视为一系列相互关联的结构转换的过程，即要素投入在不同产业部门重新流动配置引起各部门产出比例变化，并最终导致国民收入变化以及社会经济结构转型的过程。事实上，现代产业体系的内涵根植于传统产业结构概念，其继承性在于以非线性非均衡的结构变化机制视角研究经济发展过程，并以线性均衡的要素增长动力机制视角考察经济增长问题；其批判性在于以"体系"替代"结构"，以"综合"代替"分解"，在产业分工形式多元化、产业边界模糊化、产业技术复杂化的驱动下，摒弃单纯结构分析的片面性与静态性，从纵横关联性、渗透性、系统性角度考察产业构成的完善程度、运行状态及开放竞争能力；其完善性在于以传统产业理论作为研究基点，但又对其基本理论范畴进行了谨慎修正，将其内涵和外延扩展至对产业整体潜力的考察上。对现代产业体系概念的界定，既要继承一些传统产业结构研究成果中的合理部分，也要认识到当前产业结构的相关研究发生了重大的改变，因而要对原有研究进行发展。[1]二是对"现代性"的全面体现是现

---

[1]　贺俊，吕铁. 从产业结构到现代产业体系：继承、批判与拓展[J]. 中国人民大学学报，2015，29（02）：39-47.

代产业体系得以发展的本质要求。现代产业体系是我国立足于自身经济社会发展的实际状况所提出的原创性概念，"现代性"是一定历史阶段下的相对性体现，其建立在对未来科技变革趋势及技术经济范式演化方向的基本判断之上。而产业体系作为一定社会经济结构的表现形式，是生产力结构与生产关系结构的对立统一，这种对立统一又体现在产业体系构成要素的构成方式上，故构成方式在现实经济中的动态演化规定了产业体系的现代性。这种现代性是理念上的现代性，重点要突出新的发展理念；生产力的现代性，即提高劳动力、资本、技术等资源要素的质量，提升产业基础能力和产业链现代化水平，优化产业结构，促进转型升级等；生产关系的现代性，即全面深化改革、创新体制机制、提高管理水平等。正确理解产业体系"现代性"的目的，需要及时了解与产业发展相关的最新研究，以快速适应总体环境的变化，并将产业发展所需的不同现代性要素融合于产业体系现代化的建构之中，进而找到促使产业体系现代化的平衡、协调以及可持续发展的总体思路与方针政策。[①]

2.1.1.2　现代产业体系的特征

现代产业体系的历史继承性和实践关联性赋予其复杂多元性。从历史维度来看，现代产业体系是在长期动态发展演进中形成的体现时代发展的产业系统，其呈现出以下特征：一是系统性。在传统产品分工模式、技术生产方式和物质流通形式下，产业发展规律体现出不断的分解性和分化性，但在新产业融合模式、智能生产方式、信息流通形式下，产业体系表现为显著的系统性，产业体系强调产业系统内部各组成要素的相互关联性及产业整体的不可分割性。二是动态性。产业体系是在技术、制度、市场供求、全球生产网络等诸多因素的综合作用下内生形成的国民经济基本架构，任何一个因素都会对产业的发展形成冲击、带来影响。现代产业体系正是对产业体系结构进

---

① 唐龙. 产业体系的现代性特征和现代产业体系的架构与发展 [J]. 经济体制改革, 2014 (06)：92-96.

行全面系统的革新，并使其与全球技术浪潮兴起、国际分工格局重组、国内经济发展阶段转换等经济社会变迁背景相匹配。三是时代性。现代产业体系中的"现代"一词，是由科学技术、经济社会发展演进的相对过程所体现的具有历史逻辑的概念，故"现代"是产业体系在一定历史时期所表现出的时代性特征，其建立在对未来科技变革趋势及技术经济范式演化方向的基本判断之上。四是长期性。产业体系构成的复杂性、关联的多维性、分工演化的渐进性是现代产业体系呈现长期性的内部原因，而科技创新发生的周期性、供需结构调整的滞后性以及产业生产模式的路径依赖性则是外部原因。

在实践上，现代产业体系与传统产业体系在生产方式、分工方式及产业组织方式等方面存在显著差异，它是现阶段及未来产业发展在技术、结构、模式等方面的典型体现，并呈现出以下特征：一是创新性。熊彼特理论认为创新是产业系统演化的根本动力，现代产业体系的核心本质即创新性，具体表现形式为创新形式多元化、创新深度加强化以及创新扩散广泛化。二是融合性。生产方式的数字化、网络化、智能化、服务化使得产业融合成为现代产业体系的基本特征。产业体系的融合既包括高新前沿技术和信息化对各产业的渗透融合，也包括不同产业间产业链互补联结的延伸融合以及产业内部的重组融合。三是开放性。现代产业体系是以参与国际分工和资源禀赋格局为基础前提，一方面充分利用全球产业技术革命下的创新扩散效应和要素重新配置效应，另一方面要面对全球经济体争夺创新制高点和核心要素的激烈竞争，以开放性、网络性和独特性面对分工、创新和竞争的全球化是构建现代产业体系的基本前提。四是需求导向性。相较于传统产业体系，现代产业体系强调以高端化、个性化、智能化、服务化的供给满足市场的异质性需求，以供需双向同步切入提升供给灵活性和供需匹配度，最大限度减少无效供给、增加有效供给。

2.1.2 现代产业体系的演进与发展

建设现代化经济体系，是党中央从党和国家事业全局出发，顺应中国特色社会主义进入新时代的新要求做出的重大决策部署。习近平总书记指出，国家强，经济体系必须强。[①]当前，我国走在全面建设社会主义现代化国家新征程上，深刻领会经济体系现代化在现代化全局中的地位和作用，准确把握其内涵及要求，找准发力点和实施路径，对于顺利推进我国现代化建设具有重要意义。

作为现代化经济体系建设的核心内容，"现代产业体系"这一概念最早出现在2007年党的十七大报告中。该报告要求各个地区要着力发展现代产业体系，推进两化融合建设。此后，在2011年3月，政府又颁布了《中华人民共和国国民经济和社会发展第十二个五年规划纲要》。该纲要以加快经济发展方式的转变为主题，提出要努力建立和发展结构优化、技术先进、清洁安全、附加值较高、吸纳就业能力强的现代产业体系，积极鼓励和引导技术创新，从而实现我国产业价值链由中低端向中高端水平的跨越。2016年3月，政府又颁布了《中华人民共和国国民经济和社会发展第十三个五年规划纲要》。该纲要的内容则强调要以五大新理念引领发展，提出可以通过结构深度调整、振兴实体经济，推进供给侧结构性改革，培育壮大新兴产业以及改造提升传统产业等举措，加快推进现代产业新体系的建设。2017年10月，党的十九大报告中再次提出，为快速实现经济的高质量发展，我国产业体系的现代化要走实体经济、科技创新、现代金融、人力资源协同发展的道路。2020年10月，党的十九届五中全会指出，要坚持把发展经济着力点放在实体经济上，坚定不移建设制造强国、质量强国、网络强国、数字中国，推进产业基础高级化、产业链现代化。2021年3月，第十三届全国人民代表大会第四次会议通过的《国民经济和社会发展第十四个五年规划和2035年远景目标

---

① 汤志华.建设现代化经济体系[J].红旗文稿，2021(03)：33-35.

纲要》文件中强调："坚持把发展经济着力点放在实体经济上，加快推进制造强国、质量强国建设，促进先进制造业和现代服务业深度融合，强化基础设施支撑引领作用，构建实体经济、科技创新、现代金融、人力资源协同发展的现代产业体系。"2021年11月，党的十九届六中全会通过的《中共中央关于党的百年奋斗重大成就和历史经验的决议》中指出："全面实施供给侧结构性改革，推进去产能、去库存、去杠杆、降成本、补短板，落实巩固、增强、提升、畅通要求，推进制造强国建设，加快发展现代产业体系，壮大实体经济，发展数字经济。"以上这些论述是政府在不同时期发展现代产业体系的政策思路，体现了我党对现代化经济体系和现代产业体系认识的不断深化，并在中国特色的发展实践道路中不断积累经验、走向完善。

当然，我们也要清楚地认识到，现代产业体系的构建是一篇大文章，这既是一个重大理论命题，更是一个重大实践课题。面对国内外风险挑战，中国经济迎难而上，坚定前行。近年来，习近平总书记曾在多个重要场合阐述建设现代产业体系这一战略目标的具体部署，反映了中国特色社会主义理论对发展现代产业体系的深刻思考，同时也为世界各国产业体系的现代化发展贡献了中国智慧，意义非凡。

2.2　现代产业体系相关理论

2.2.1　经典马克思主义政治经济学相关理论

通过梳理马克思经济学著作可知，马克思并没有专门阐述和总结产业发展、结构转型以及产业体系问题，但在《资本论》及其手稿中，到处散发着马克思关于产业发展及产业体系的思想。而且，尽管《资本论》及其手稿中关于产业发展及产业体系的个别观点和论断在当今社会生产方式的发展和变化呈现出一定的不适应性，但马克思的论证方法、核心观点或论断在当今经济体系分析框架中，仍然具有非常旺盛的生命力。这些思想不仅科学地揭示了马克思那个时代资本主义生产方式下的产业发展及其演化规律，而且对分析当代世界体系下资本主义产业发展、结构演化以及产业体系建设，仍具有重要的借鉴意义。马克思所揭示的产业发展与结构演化的一般规律——尤其是围绕生产力与生产关系所展开的系列分析，对我国特色社会主义发展中产业的调整与产业体系的完善，同样具有极为重要的指导意义。当然，马克思主义经济学是我国产业发展的重要指导思想，但这并不意味着我们会教条化地套用马克思分析19世纪资本主义生产方式的具体理论观点来分析阐述当今中国的产业发展问题，而是要在继承马克思经济学基本"理论硬核"的基础上联系变化了的产业发展实际进一步发展马克思的相关思想，科学回答产业发展变革过程中出现的新情况、新问题，拓展出适应时代需要的马克思产业发展与产业体系建设的新范式，进而以更为科学的理论指导中国的产业发展实践。

2.2.1.1 马克思主义政治经济学关于产业和产业体系的论述

在考察资本主义生产体系过程中，马克思对产业进行了概括。但马克思经济学的产业范畴不同于今天被广为使用的西方经济理论中的产业界定，马克思经济学对产业有广义和狭义之分。

就狭义的产业来说，马克思将其界定为一切创造剩余价值的生产性部门。这是因为，就资本主义生产来说，只有在雇佣劳动的条件下，这才导致了产业，导致了产业劳动。正是基于这样的理论逻辑，马克思认为，狭义的产业是指那些可以按照资本主义生产方式运营的生产部门。从其构成来看，包括采矿业、农业、畜牧业、制造业、运输业等等由社会分工造成的产业资本的分支部门。因此，产业首先是指各种从事生产性活动的企业的集合，即能够为资本带来价值增殖的活动的集合。而交换，则是使生产领域与其他生产领域发生联系，"从而使它们变成社会总生产的多少互相依赖的部门"。①这样，具有不同资本属性的生产性企业在购买、生产和销售的循环与周转过程中，就与其他生产性企业建立起稳定的技术和经济联系，并由此形成不同的社会生产结构和国民经济协调发展的体系，即由各个不同的产业资本循环构成的循环网络。这个网络把这一生产性企业与其他生产性企业乃至部门联系起来，每一个循环层面都影响着其他层面，并受到其他层面的影响。在这一过程中，每一个循环层次从其他层次提取货币和生产要素，然后再将它们返回到其他层次。这个循环网络，就从狭义层面上初步界定了产业体系的概念。由此可知，马克思政治经济学对于产业与产业体系等概念的界定，是在生产方式视阈下进行的。也就是说，在马克思看来，产业是一个既包含生产力，也包含生产关系的范畴。从生产关系来看，资本主义下的产业首先是一种雇佣劳动关系，一个经济活动是否能称其为产业活动，一个重要的标准是其能否创造剩余价值。这种限定是与马克思的生产劳动观相对应的。因此，就社会主义的中国来说，尽管我国经济中存在大量的非公有制经济成分，但国有经济仍然占据主导地位，所以保证了我国的社会主义性质不会发生变化，这就决定了社会主义下的产业范围必然相对扩大。因此，狭义的产业及其体系定义更适合用来描述我国社会主义下的经济活动。

在广义上，马克思把产业界定为社会劳动的不同部门，即国民经济体系中的各个行业或部门，这是由社会分工水平决定的。从价值形式来看，随着社会分工的发展，原来由产业资本所从事的货币资本和商品资本等职能逐渐分离出来，形成了专门的计息资本和商业资本等，也就是今天的金融业和商业以及其他非生产性部门。这样，不同职能资本之间以及职能资本与不同的所有权资本之间的经济联系就形成了一个有机的国民经济体系，即广义的产业体系。在这一体系中，生产体系、商业体系、信用体系等是相互联系、相互促进、相互制约的。尤其是信用体系的快速发展，为产业体系的形成和有效运转提供了有力的杠杆。而商业体系的发展，则加速了产业资本的循

---

① 张昆仑. "产业"的定义与产业化——从马克思的"产业"思想论起 [J]. 学术界，2006（01）：105–
108.

环，进而使部门间的技术联系、经济联系以及彼此间的结构和比例不断发生变动。货币资本和商品资本在它们以其自身的职能作为特殊营业部门的承担者和产业资本并列出现时，也就是产业资本在流通领域时，由于社会分工的深化而独立或者说片面发展，所形成的不同职能形式。这就表明，合理有效的产业体系，必然要以生产体系为核心，即实体经济是根本。但需要指出的是，由于资本主义剩余价值生产与剩余价值实现过程存在着深刻的矛盾，致使资本再生产过程中的货币回流无法完成，这引起了产业资本与商业资本、金融资本之间的社会权力的变化，即产业资本需要让渡更大的利润甚至部分地服从于商业资本和金融资本。但这种由所有权资本和商业流通资本主导的产业结构，会弱化一个经济体的发展潜力，并造成经济的"脱实向虚"。

总之，政治经济学中的产业体系，不过是一定社会经济结构的表现形式，既包括生产力及其结构，也包括生产关系及其结构，是一定社会生产力与生产关系的对立统一。产业体系既是经济发展的结构，又是经济进一步发展的推动力。这表明一定社会的产业体系及其有效性，既包括量的比例关系的合理性，也包括一定结构内容上质的有效性，是质和量的有机统一。因此，作为一定社会经济结构表现形式的产业体系，不仅体现人与自然的关系，而且包括了人与人之间的关系，是生产力结构与生产关系结构的对立统一，而这种统一又总是表现在一定历史阶段的产业体系构成要素的构成方式上。构成方式的动态演化，则规定了产业体系的现代性。

2.2.1.2 马克思主义政治经济学关于现代产业体系的论述

马克思在其经典著作——《资本论》中，详细阐述了资本运动与其扩张过程，总结出现代经济发展的一般性规律，从理论上为社会主义国家市场经济中的生产力发展与生产关系形成及调整提供了科学依据。根据马克思提出的观点，可以发现人们只有基于资本的运动与其扩大再生产过程所需要的各种条件，才能正确理解政治经济学中实现经济体系现代化的内在逻辑，从而确定现代产业体系所包含的基本内容及其构建路径。对于"产业体系"和

"现代产业体系"，马克思主义理论的创立者虽然在其著作中没有给出明确的定义，但他们流传下来的大量书籍中都蕴含着符合当代有关如何构建现代产业体系观念的思想理论。在这些理论中，作为马克思主义政治经济学的核心理论，马克思主义生产力与生产关系理论深入剖析了生产力进步在产业体系现代化过程中的作用。马克思主义中的生产力理论涵盖的内容非常丰富，不仅包括对生产力内涵与结果的分析，而且还涉及生产力发展动力与生产关系之间作用关系的阐述。

　　产业体系现代化的本质是生产力的提高。马克思对生产力与生产关系的理论阐述，可以在其《神圣家族》等多本经典著作中发现。首先，在马克思看来，生产力的发展对于共产主义社会来说至关重要，是其建立与发展的基础和前提，并且推动社会发展的核心动力是生产力的发展。其次，经济社会的发展是由生产力的进步决定的。马克思认为生产力与社会关系之间联系密切，手工磨作业方式孕育了以封建主为主体的旧社会，蒸汽磨作业方式孕育了以资本家为主体的社会。[①]最后，马克思对生产力与生产关系之间的作用关系进行了总结，认为物质生产力同其发展阶段相对应的生产关系是不会因人们的意志而转移，社会经济结构正是由这些生产关系的总和所构成。[②]由此可知，经济体系发生的变革的根源在于社会生产力的进步。生产力发展的主要途径则在于技术的突破，所以在经历过蒸汽机的发明，到电力的普及，再到信息技术的出现，社会生产力有了极大的突破。在生产组织管理上，劳动分工也经历了由最初的"工厂制"到"温特制"等不同生产方式。其中，"温特制"是在现代电子信息技术快速发展过程中，逐渐形成的信息化与模块化的一种生产组织形式，它是现代化产业生产过程的重要基础。

　　生产力发展中的科技创新思想。针对经济社会发展的驱动力，众多经

---

①　马克思, 恩格斯. 马克思恩格斯全集: 第4卷[M]. 北京: 人民出版社, 2014: 144.

②　ALFARO LAURA, CHEN MAGGIE XIAOYANG. Surviving the global financial crisis: Foreign ownership and establishment performance (Article) [J]. American Economic Journal: Economic Policy, 2012, 4 (3): 30-55.

济学流派虽然有不同的看法，但是不管是西方主流经济理论，还是以马克思为代表的政治经济学理论，都认为技术进步在经济发展中发挥了重要作用。因此，经济学界都把"创新"视为经济增长的重要动力。[①]马克思有关科技创新思想的论述，为确定现代产业体系发展的动力因素提供了理论基础。当前，许多学者较为认同马克思是创新思想的最早创立者。马克思在其著作中虽然并未给出有关创新的明确概念，但他却经常在书中使用诸如"科学""创造"或者"发明"等同创新含义非常相近的概念。并且，马克思认为，资产阶级只有通过其生产工具进行改造以变革生产关系乃至全部的社会的生产关系，才能在社会中生存下去。[②]马克思理论中的创新思想是来源于欧洲国家在18世纪发生的工业革命，他认为资产阶级社会之所以在18世纪和19世纪在生产力上实现巨大的发展，是因为科技创新水平的不断提升。[③]在马克思主义理论中，创新助推生产力的提升影响经济发展的内在逻辑是：生产资料或者是劳动方式的改变，能够通过生产效率的提高而减少劳动时间，由于必要劳动时间的缩短，剩余劳动时间自然会增加，使得凝结在相同商品的剩余价值量有所增加，因而社会财富也会增加。[④]另外，创新还会通过知识储备的增加和经验的积累提升劳动者个体素质，并借助实际生产过程转化成现实中的生产力。对于生产力与生产关系之间矛盾运动促进经济增长的作用，马克思主要是以唯物史观与唯物辩证法作为基础展开了讨论。其撰写的书籍中包含科学和一般社会知识会变成直接的生产力等言论，揭示了技术进步是通过提高劳动者的生产能力、提高资本积累和变革生产方式，在推动生产力进步的同时引起社会生产关系的变革。马克思认为，技术进步推动生产力发展的根本原因在于科技成果的转化。科技成果若是以知识形态存在，则

---

① 黄群慧. 中国共产党领导社会主义工业化建设及其历史经验 [J]. 中国社会科学, 2021 (7)：4-20.

② 胡玉堂. 西欧从奴隶社会向封建社会过渡中的几个问题 [J]. 历史研究, 1980 (01)：21-31.

③ 焦健.《1857—1858年经济学哲学手稿》中的科技思想及其当代启示 [D]. 南昌：江西财经大学, 2021.

④ 朱殊洋. 对相对剩余价值生产问题的探讨 [J]. 教学与研究, 2015 (08)：59-65.

仅为一般意义上的生产力。[①]它只有在生产过程中得到应用，才能转变为现实的生产力，从而促使经济持续发展和社会不断进步。

社会资本再生产与扩张理论。产业体系现代化发展需要以社会资本的再生产和扩张理论为思想指导。马克思在其著作《资本论》中，把社会资本的扩大再生产活动划分为两大类，即第Ⅰ部类（物质资料生产部门）和第Ⅱ部类（消费资料生产部门），两类部门年度生产的全部物质资料的总和为社会的总产品，其价值与不变资本和可变资本以及剩余价值这三者的总和相等。在资本主义社会的发展过程中，各类资本的拥有者是通过技术水平的不断提高，也就是马克思所说的"变革生产过程中技术条件与社会条件，以改变生产方式，使得劳动生产力得到提升"[②]，即促使劳动生产率得到提升，减少必要劳动时间的投入，从而增加了相对剩余价值。在马克思主义理论中，促进劳动生产率提升的必要条件是生产资料的增长率要超过劳动力的增长率。所以，随着机器大设备大规模地投入生产过程之中，资本家能够获得更高的相对剩余价值，也有充足的资本购买更为先进的生产设备，使得资本技术的有机构成也在不断提高，仅需较少的劳动力就能完成商品的生产过程。由此可以看出，科学技术的发展有助于推动社会资本的再生产向"内涵型"转变，从而为生产出具有更高价值的产品提供了一定的基础。当前，我国的生产方式还是停留在商品经济发展阶段，政治经济学中的社会资本扩大再生产理论，特别是"内涵型"生产理论能够使我国国家经济发展方式发生转变，为推动产业结构调整与优化以及实现产业体系的现代化发展提供理论指导。

---

① 洪银兴. 新时代现代化理论的创新[J]. 经济研究, 2017, 52（11）: 17-19.

② 黄涛, 韩鹏. 再论生产力、生产方式与生产关系之间的关系——基于人类社会生产变迁史的思考[J]. 西部论坛, 2012, 22（03）: 47-54.

2.2.2　西方经济学相关理论

2.2.2.1　资源禀赋理论

在西方经济学中，产业体系的概念来源于劳动分工理论，其中涉及亚当·斯密[①]提出的"绝对优势"学说与大卫·李嘉图[②]提出的"相对优势"学说。此后，赫克歇尔和俄林两人又在此基础上创立了资源禀赋论。该理论认为产生国际分工的主要原因是不同国家之间存在资源禀赋的差异。在一个对外开放的经济环境中，各个国家或地区都是基于各自的比较优势进行产业分工和开展进出口贸易等活动，从事专业化生产并出口自身具有成本优势的产品或服务，然后从其他国家或地区进口那些生产成本相对不利的产品或服务。产品的生产越是能发挥本国的比较优势，该国的产出与出口就拥有越强的国际竞争力，从而能够在国际贸易活动中获得更高的比较利益。在资源禀赋理论中，不同国家或地区的比较优势大小主要是由国内要素禀赋所决定，所以，对于所有国家来说，只要它能在某一个或某几个行业中具有一定的比较优势，就能按照国际专业化进行分工，然后通过开展区际贸易活动获得利益。任何一个国家或地区产业的建设与发展都会受到该国或地区要素禀赋的影响，因为它们在发展自身产业时，往往会优先发展在资源禀赋方面具有比较优势的一些产业，借此提升本国产业在国际上的竞争力，并在此过程中推动自身要素禀赋的调整与升级，从而提高产业链的发展水平，最终实现产业体系的现代化。此外，也有学者指出，传统的资源禀赋理论有时难以解释一些现实情况，存在着严重缺陷。例如，传统资源禀赋理论不能解释美国这样一个典型的工业大国在对外贸易中出口量最多为什么是劳动密集型产品（以农产品生产为主），而非理论分析出的资本密集型产品，而在进口上，美国进口量最多的为什么是资本密集型产品（例如汽车）。

所以，资源禀赋理论存在着一定的局限性，具体包含三个方面：其一，

---

①　亚当·斯密. 国富论：第六卷［M］. 谢宗林，李华夏，译. 北京：中央编译出版社，2011：11.

②　孙德常. 李嘉图及其《政治经济学及赋税原理》［J］. 历史教学（下半月刊），1982（12）：35–37.

不能完全解释国家在国际贸易中产品进出口的行为选择。其二，传统理论认为商品的供需关系仅仅是由两大方面决定的，一个是个体方面，包括消费者的需求、欲望以及个人的收入；另一个是生产要素的所有权和供给数量。虽然需求条件的改变会导致供求变动，但是各个国家或地区在要素禀赋上的不同才是影响国际贸易的根本原因。并且，资源禀赋理论有一种不合逻辑的假定，即认为不同商品在生产过程中使用的要素投入比例是相同的。其三，该理论认为国际贸易的开展会引起不同地区在商品价格上出现趋同的现象，因而国际贸易开展的必然结果是贸易活动的终止。然而，在现实中，国际贸易活动的开展使得商品在全球范围内实现快速流通，而这又会进一步加快国际贸易的发展速度。由此可知，要素禀赋并非决定国际贸易的关键性因素，而只能看作重要的影响因素。鉴于资源禀赋理论存在着严重的局限性，西方经济学者对此进行了深刻反思与批判，从而形成了新的经济学理论——产业链理论。在第二次世界大战结束后，全球科学技术迅速发展，加速了国际资本的流动，使得同一产品的生产、加工环节被分散在全球不同地区，从而形成了产品内国际分工。在这种新的分工格局下，不同国家对产业链上的各个环节进行生产分工，逐渐形成了专业化的产业体系。这种分工格局主要是由不同国家发展水平的差异产生的。发达国家在产品内国际分工中，主要扮演着投入知识与技术等高级生产要素的角色，因而控制着科学技术研发、核心零部件的生产以及销售服务等具有高附加值的环节，从而建立了以先进制造业和现代化服务业为主体的产业体系。而发展中国家在产品内国际分工中，主要扮演着提供原材料和劳动力等低级生产要素的角色，大多通过加工制造或贴牌生产的方式参与生产，从而建立起要素密集型的产业体系。所以，在这种情形下，越精细的产品分工越会加长产业链条，其产业体系自然也会更为复杂。

2.2.2.2 后发优势理论

鉴于不同国家或不同地区在资源条件和社会文化等方面存在差异，其产业体系现代化发展的模式不会出现完全相同的情况。对此，李斯特提出了后发优势理论，他认为工业化推进较晚的一些国家，在受到政府产业政策的保护及培育后，有可能在经济发展过程中获得比先行国家更高的地位和更有利的条件。[①]对于后发优势理论，社会学家列维也进行了深入探讨。在他看来，后发国家的优势具体有：先进国家发展经验的借鉴、标准化的先进生产技术的引进、实现超常规发展以及来自发达国家的援助等。[②]阿布拉莫维在后发优势理论的基础上，创立了"追赶假说"。他在假说中表示：科学技术处于落后水平的后发国家，若是其社会处于经济追赶先进国家的发展状态，如果该国家初始技术水平越低，那么追赶的速度会越快。[③]

此外，发展经济学也在后发优势理论的基础上，提出了新的理论——经济赶超理论。该理论认为，处于发展当中的经济体在追赶甚至超越发达经济的过程中，必须克服"中等收入陷阱"问题。[④]发展中的国家在发挥市场机制作用时，会遭遇市场失灵的问题，所以仅仅依赖市场调节难以达到经济追赶的目的，这就需要政府对资源进行宏观调控。这种理论的核心思想是把国家视为各个产业部门投资的中心主体，认为它能通过自身能力合理配置资源，使供给与需求的产量相等，进而实现经济上的赶超。所以，后发国家需要协调好政府与市场之间的关系，实现市场的"有效"和政府的"有为"，从而完成经济赶超的目标。[⑤]

2.2.2.3 产业集群理论

区域要发展现代产业体系，就必须充分利用自身产业集群的优势。学者

① 姜爱林. 后发优势、跨越式发展与中国信息化[J]. 南方论坛, 2003 (01): 44-50.
② 郑享清. 论后发优势的实质及其实现机理[J]. 南昌大学学报 (人文社会科学版), 2006 (03): 57-62.
③ 魏旭, 高冠中. 西方主流经济学全要素生产率理论的实践检视与方法论反思——一个马克思主义政治经济学的分析框架[J]. 毛泽东邓小平理论研究, 2017 (07): 45-52.
④ 张德荣. "中等收入陷阱"发生机理与中国经济增长的阶段性动力[J]. 经济研究, 2013, 48 (09): 17-29.
⑤ 陈云贤. 中国特色社会主义市场经济: 有为政府+有效市场[J]. 经济研究, 2019, 54 (01): 4-19.

对于产业集群理论的探讨，在不同时期的研究重点各不相同，从而形成了不同的理论，主要包括规模经济理论、工业区位理论、产业竞争理论、新经济地理理论以及交易成本理论等。

通过查阅经典著作《国富论》，可以发现最早提出集群概念的学者是亚当·斯密。基于斯密对劳动分工的深入分析，美国经济学家马歇尔对产业集群的现象进行了系统性研究。他从新古典经济理论的角度出发，以工业组织作为研究对象，发现企业为了获得外部规模经济效益而在同一区位形成集聚。马歇尔表示，这种规模经济形成的原因在于企业借助同一区位的集中，通过地理位置的接近性使企业之间可以进行多方面的合作，从而将自身的生产成本降低至最低水平。[①]大量企业在某一特定地区中形成产业集群以后，各种新思想、新知识和新技术更容易在各个企业间进行传播与应用，创造了有利于企业实现协同创新的良好环境。创新发展的源泉是知识信息的不断扩散，而它自身又是推动集聚产业区经济不断增长的重要因素，同时也吸引了相近产业内企业的迁入。产业集群的出现能聚集大量专业技术人才，在该地区形成一个劳动力共享型市场，满足企业对各类劳动力的需求。此外，产业集群还使企业能够共享原材料和中间产品的供给市场，降低了集聚企业生产要素的投入成本。

韦伯在研究工业区位布局时，指出工业区位是由运输成本、劳动力及工资三个因素决定的，且合理的工业区位应位于这三个因素指向总费用最小的地方。韦伯在研究工业在地区集中的根本原因时，把影响工业区位的因素分为一般因素和特殊因素。在韦伯看来，一般性因素与影响工业集群发展的其他因素相比，会更加重要。韦伯认为产业集聚的发展可以分为市场集中和空间集中这两个阶段。[②]在前面一个阶段，产业集群的形成会借助企业自身规模的持续发展与扩大，逐渐形成产业的集中，所以这一阶段是产业集群的低级发展阶段；第二个阶段主要体现为多个大企业在某一特定地区的集中，进

---

① 李斌. 产业集群演化升级与东北老工业基地的振兴 [J]. 经济论坛, 2008 (03): 7-9.

② 刘欢. 日本、意大利产业集群竞争优势分析 [D]. 长春: 吉林大学, 2004.

而吸引许多中小型企业的集聚。在韦伯工业理论的基础上，许多学者尝试从不同的角度对产业集群现象予以解释。

制度经济学家科斯在其著作中，明确指出企业产生的目的是将市场交易过程转移到内部进行，从而降低交易成本。科斯认为企业或其他组织作为市场交易活动的主体，其成立的目的就是将各类要素拥有者凝结成一个集体，以便于市场交易活动的开展。[①]这样减少了参与交易活动的主体数量，从而降低了市场信息非对称的程度，克服了交易过程中的机会主义行为，进而使得交易费用减少。在交易成本理论中，产业集群的形成有利于增加集群内企业的交易数量，同时能降低区位成本，使企业的交易对象和交易范围保持稳定，同时地理位置的接近，使得企业间的市场信息也更为透明，有助于企业减少自身在交易信息获取上花费的时间与金钱。

波特基于产业竞争优势理论，从组织变革、产业价值链和经济效率等多个方面所形成的竞争优势出发，对产业集群的成因和价值进行了深入研究。他认为产业集群的地区相较于其他地区，能获得更大的竞争优势，这些优势包括供给、员工信息的收集以及政府的扶持政策等。[②]波特在其创立的竞争优势理论中表示，只有市场中每个主体均能向特定地区集中的情况下，该地区才会逐渐形成良好的发展环境，进而吸引外来企业进行投资，所以企业在空间上的集中是市场良好发展环境形成的必要条件。总之，波特也认为地区竞争优势的形成，重点在于获得产业竞争中的优势，而产业集群正是产业竞争优势形成的重要原因。

最后，克鲁格曼通过建立一个抽象的理论模型，说明了制造类企业往往会选择市场需求较大的地区，而市场需求的大小又是由制造业的空间分布所决定。另外他还表示，运输成本、外部规模经济以及制造业的产值占比会影

---

① 赵修章. 对科斯企业性质的再思考[J]. 中国市场, 2010（31）: 108-110.

② MICHAEL P. The competitive advantage of nations[J]. Harvard Business Review, 1990, 68（02）: 73-93.

响"中心-边缘"模式的发展。[①]以克鲁格曼为代表的新经济地理学，将产业集群形成的原因归纳为垄断竞争，并通过理论证实制造业生产活动在空间上会倾向于集中的发展趋势。当然，产业集群的空间格局也受到多种因素的影响，比如区域贸易保护政策、贸易摩擦以及地理分割等。

2.2.2.4　创新理论

产业体系的现代化发展需要创新提供动力支持，而首次提出创新理论的学者是美国经济学家熊彼特。在熊彼特看来，经济发展的内生动力是创新，而非资本或劳动力等因素，因为只有创新才能打破原有平衡并形成新的生产组合。[②]对于技术创新的发展，熊彼特强调科技创新是既包括技术的完全变革，又包括渐进式和边际方面的变革，而完全的技术变革成果在获取经济效益时，需要建立在边际变革的不断推进基础上。熊彼特创立的创新理论最大的贡献是把创新从自然科学中的技术范畴纳入到经济范畴。在他看来，技术创新活动的成功的关键在于是否在一个有利于企业家和企业开展研究与开发活动的制度环境中。

在熊彼特创新理论的基础上，部分学者又提出了区域创新体系理论。[③]区域创新体系理论形成的目的在于把技术创新同制度变革相联系，以此解释经济体制和文化的不同对技术创新的影响。其中，英国经济学家弗里曼就提出了"国家创新系统"的概念，认为国家创新系统的构成主体包括政府、科研机构和企业，这些主体的共同作用能有效促进技术的发展、改进与扩散。美国经济学家纳尔森则强调制度因素的作用，认为偏向技术的宏观政策与制度安排能够有效激励企业创新水平的提高，社会制度可以为物质技术的突破提供支撑和保障，进而加快经济的发展。

① P KRUGMAN, A VENABIES. Globalization and the inequality of nations [J]. The Quarterly Journal of Economics, 1995, 110 (4) : 857—880.

② 于淼. 熊彼特创新思想研究 [D]. 沈阳: 沈阳师范大学, 2015.

③ LUNDVALL B. National systems of innovation: Towards a theory of innovation and interactive learning [M]. London: Pinter Publishers, 1992: 40.

2.2.3　中国特色社会主义政治经济学相关理论

2.2.3.1　有为政府和有效市场理论

中国产业体系现代化建设需要充分发挥市场在资源配置中的调节作用。这种调节作用的发挥是以各类要素资源市场化发展机制完善为前提，并鼓励所有市场主体大胆闯、勇敢试，努力激发市场主体的活力以及创新、创业潜力。在有效发挥市场机制调节作用的前提下，政府要针对产业迈向中高端的定位，切实转变自身调控作用的范围、方式以及手段，改善产业发展内外环境、培育高端生产要素、推动新技术的推广与应用、积极参与国际经济与贸易秩序制定等，以对我国产业体系现代化建设进行正确的引导。

政府的"有为"是以有效市场作为前提。作为实现资源有效配置的重要方式，市场是社会经济正常运转和健康发展中最为基础的要素。新中国成立以来，关于市场的认识，我国经历了从最开始的否定到提出"计划与市场相结合"，再到后来的要发挥市场配置资源的基础性作用，最后到今天的市场起决定性作用的发展过程。在这一发展过程中，关于政府功能的认识，我国也经历了从指令性计划管理，再到代指令性计划，最后提出要正确发挥政府调控作用的过程。市场调节作用的一般规律的根源在于消费者以效用最大化为目的和生产者以利润最大化为目的。理性的行为人在消费或利用自有资源的过程中，要依赖市场这只"无形的手"的调节，即通过价格机制、供求规律和竞争规律对生产和经营活动进行调节，进而实现市场经济的正常运行。由此可知，市场的调节作用主要体现在通过市场价格、运转规则、资源配置等方面，以使市场达到充分竞争，从而实现效益与效率的最大化。因此，要想政府调控作用得到充分发挥，就需要市场作用也能得到充分发挥。

反之，市场的"有效"也是以有为政府为基础的。毫无疑问，市场确实是实现资源有效配置的重要方式，但是，市场机制调节作用的发挥会存在局部市场失灵例如信息不对称、市场不完全竞争等问题。此外，市场机制也存在着盲目性、自发性以及滞后性等严重缺陷，单纯依靠市场机制调节必然会导致经济社会发展出现许多问题。缓解这些问题就需要政府的介入，由政府提供市场所无法供给的公共物品，以克服市场失灵带来的缺陷。除此之外，政府也要通过完善法律、法规等多种监管措施，严厉打击破坏市场正常运转的行为，消除由于市场垄断行为所产生的进入壁垒，保证竞争秩序的有效运转。政府在维持宏观经济稳定发展、提供和完善公共服务、保证公平竞争、维持市场秩序、强化市场监管以及克服市场失灵等方面发挥着重要的作用。因此，保证产业体系正常发展，不仅需要有效的市场调动市场主体创新的主动性与积极性，而且也需要有作为的政府营造公平的竞争环境来健全产业体系现代化建设的法律制度。

2.2.3.2　中国特色社会主义基本经济制度理论

社会主义市场经济体制是我国社会主义基本经济制度。它不仅是对社会主义基本经济制度进行的一个概括，而且是对社会主义基本经济制度具体内涵的不断发展、丰富与延伸。所以，社会主义基本经济制度在我国经济制度体系中占据了基础性地位。社会主义基本经济制度确立了我国经济关系的基本原则，同时详细论述了劳动者在生产、分配、交换和消费这四大环节中的地位，从而确保了我国经济制度的属性。

我国经济正处于转向高质量发展的关键时期，我们需要全面贯彻新发展理念，更要坚持社会主义基本经济制度，持续加快建设现代化经济体系。在我国经济的发展与改革进程中，必须高度重视社会主义基本经济制度的完善，从而为产业体系的现代化提供良好的制度基础。一方面，国有经济的巩固与发展有助于切实增强实体经济的核心竞争力、风险抵御能力以及综合影响力。另一方面，保障非国有经济平等发展制度的健全，使各类市场主体能够公平利用生产要素、平等参与竞争以及同等受到法律制度的保护，促使产业技术能取得持续进步。多劳多得分配制度的全面实施，有利于合理调节不同地区、不同部门、不同劳动者群体之间的分配关系，能够在质量变革、生产效率变革和内在动力变革的条件下，促进实体经济、科技创新、现代金融、人力资源协同发展的产业体系的构建。

2.2.3.3　中国特色社会主义现代化理论

推进现代化经济体系建设是跨越关口的迫切要求和我国发展的战略目标。高水平的科技创新是推进经济体系现代化建设的核心动力。当前，我国科技创新突破要以国际科技前沿水平为目标、以满足国家和人民的重大需求为主攻方向，持续强化基础性研究、生产力转化研究和市场应用研究，促使科技创新成为我国产业结构调整与优化的内生动力；在不断提高金融市场风险防范与控制能力的基础上，实现金融体制的变革，为实体经济发展与壮大提供功能完善的融资服务，始终坚持金融服务实体的原则，不断提高人力资源的总量和质量，满足我国实体经济对人才的长远需求。

科学把握现代化经济体系发展的目标与重点，需要从产业、市场、绿色发展、全面开放等多个体系着手。其中，推进现代产业体系建设是我国经济社会发展进入新阶段，围绕现代化经济体系建设的宏伟目标而提出的一项重要战略性举措。在现代产业体系发展中，实体经济、科技创新、现代金融、人力资源这四个要素之间存在着相互促进、相互发展的协同关系，任何一个要素出现短板，都会影响其他要素的升级，进而减慢了整个现代产业体系发展的速度。所以，现代产业体系的建设，必须要实现金融、人才、科技等要素同步升级，要将质的提升、量的增长、空间布局优化以及各要素的协调发展融入实体经济的发展过程。因此，只有科学创新赋予实体经济产品更多技术含量，现代金融给予实体经济更多支持，人力资源推动实体经济持续优化，才能加快现代产业体系建设进程。

2.3 现代产业体系相关文献综述

2.3.1 传统产业体系发展的相关研究

由前文可知，"现代产业体系"是基于中国特色社会主义背景下提出的经济概念。所以，与产业体系相关的理论研究，尤其是对传统产业体系的理论研究，大多集中于产业或产业结构。传统理论对产业发展的研究主要是从产业结构变迁的角度进行了理论探索与阐述。按照研究随时间发展的过程，这些传统理论研究可分为初期、中期以及现期这三个阶段的研究。

初期研究是以新西兰经济学费希尔为代表，通过对区域内产业体系进行研究，总结出产业体系演变的自然规律。[①]新西兰经济学家费希尔以社会生产力的发展为标准，以资本流向为导向，从世界经济发展的历史出发，提出了三次产业分类法，对农业、工业和服务业进行了具体区分，为人们认识传统产业体系的外在形态提供了帮助。科林·克拉克在威廉·配第的研究成果上，深入分析了劳动力在三次产业结构变动后的发展趋势，发现劳动力会随着经济的发展从第一次产业转入第二、三次产业，所以产业体系的调整实则是劳动力在三次产业间重新分布。[②]

在中期，国外学者对产业体系的发展规律具有一定的理解。其中，美国经济学家库茨涅兹通过以数十个国家的截面数据为样本，分别从各国劳动力结构和产业增加值出发，考察了产业结构演变的自然规律，丰富了科林的

---

① FISHER A G. Capital and the growth OJ knowledge[J]. EconomicJournal, 1933: 9.

② LHOMME J. Clark（Colin）-The conditions of economic progress[J]. Revue économique, 1953, 4（06）: 940−941.

相关研究。^①在库茨涅兹研究的基础上，钱钠里等使用更大的样本数据进行了分析，回归结果揭示了在经济发展水平为人均国民生产总值位于［100，1000］的区间内，产业体系中三次产业的生产总值占比和相应就业人数的大致区间。^②此后，英国经济学家霍夫曼在1931年以近20个国家的时间序列数据为样本，对制造业中消费工业净产值和资本资料工业净产值的比例关系进行了研究，认为产业体系发展初期会形成以重工业为主导地位的现象。日本经济学家山村英寺等通过以本国制造业的面板数据为样本，发现区域内的产业集聚会对产业体系发展产生较大影响，并且技术创新与模仿是提高产业生产率的重要因素。^③

随着信息技术时代的到来，Wu和Sun的研究提出了系统的概念，并指出中国产业优化升级的有效方式是信息化与工业化之间的融合发展。^④对此，也有其他学者提出不同的观点，如Li强调先进的科学技术与管理方式在产业转型升级中发挥了重要作用，^⑤Jin等表示民营企业的发展有助于推动产业的转型升级。^⑥Chen 和Lin的研究认为产业体系建设的目的是要构建低碳型消费

---

① KUZNETS S. Modern economic growth: Rate, structure, and spread [M]. New Haven: Yale University Press, 1966: 52.

② H. 钱钠里，等. 工业化和经济增长的比较研究 [M]. 吴奇，等译. 上海: 上海三联书店，1989: 74-82.

③ YAMAMURA E, SHIN I. Dynamics of agglomeration economies and regional industrial structure: The case of the assembly industry of the Greater Tokyo Region, 1960-2000 [J]. Structural Change and Economic Dynamics, 2007, 18 (4): 483-499.

④ WU D, SUN Y. A study on the evolution model of the integration of informatization and industrialization [C] //The 26th Chinese Control and Decision Conference (2014 CCDC). IEEE, 2014: 4226-4229.

⑤ LI Z. Study on development of the high-level innovators in science and technology matching the Industrial transformation and upgrading: take Wuhan as a case [C] //2011 International Conference on Management and Service Science. IEEE, 2011: 1-4.

⑥ JIN S, QI S. Notice of Retraction: Accelerate the transformation of private funds to industrial capital [C] //2011 2nd International Conference on Artificial Intelligence. IEEE, 2011: 83.

体系和产业体系。①由以上研究可以发现，与产业体系有关的传统理论都是通过研究经济增长与产业结构发展之间的互动关系，从而反映出产业体系发展所呈现出的基本特征。

2.3.2 现代产业体系发展的相关研究

2.3.2.1 现代产业体系内涵与特征相关研究

随着现代产业体系概念的提出和被广泛认同，理论界与实务领域都开始对现代产业体系的内涵进行讨论和探索。张耀辉②认为产业体系本质上是产业分工与产业运行方式的外在体现，它是一个由一些特定的产业、政府相关行为以及产业约束组成的有机体。它的主要功能在于加强产业关联、调整产业构成与运行，从而为整个产业体系的正常运行提供保障。刘钊将现代产业体系拆分为现代和产业体系两个部分，指出现代是指时间上的概念，而产业体系则是由国民经济各产业部门之间的相互关系联结而成的整体，因而现代产业体系是产业体系在经历不同的发展阶段时，功能持续优化的外在表现。③贺俊和吕铁通过区分现代产业体系与产业结构在概念上的异同点来对现代产业体系进行定义，认为现代产业体系既保留了产业结构中的长期性与动态性等一些合理成分，又对产业结构的概念进行了拓展，增加了生产分工过程中的知识性和复杂性，同时各产业与各要素之间也会进行互动和相互融合。④芮明杰的研究则表示，现代产业体系包括低碳环保、互联网平台化以

---

① CHEN Y, LIN Y. Low carbon economy–A study on the emergency strategy of industrial system and consumption system transformation in China [C] //Proceedings of International Conference on Information Systems for Crisis Response and Management（ISCRAM）. IEEE, 2011: 128–133.

② 张耀辉. 传统产业体系蜕变与现代产业体系形成机制 [J]. 产经评论, 2010（01）: 12–20.

③ 刘钊. 现代产业体系的内涵与特征 [J]. 山东社会科学, 2011（05）: 160–162.

④ 贺俊, 吕铁. 从产业结构到现代产业体系：继承、批判与拓展 [J]. 中国人民大学学报, 2015, 29（02）: 39–47.

及数字智能化的一种投入产出体系,具有低碳、环保和智能化等特征。[①]结合以上观点,依据国家经济发展的现实背景与环境,本书认为现代产业体系应是继承并拓展了传统产业结构研究,适应了新的产业发展和技术进步方向,以创新驱动、智能制造、需求主导、产业融合、绿色低碳等为依托的现代化生产模式和组织运行系统。

在特征方面,现代产业体系与传统产业相比主要凸显在"现代化"。因而,大量研究围绕产业体系的"现代化"进行研究与阐述,描述了地区应该发展什么样的现代产业体系,从而为产业体系的调整提供参考标准。对此,许多学者依据政府重大政策或领导人的讲话,描述了现代产业体系的特征。如刘文勇根据《中华人民共和国国民经济和社会发展十二个五年规划纲要》报告的内容,认为现代产业体系要具备结构良好、技术高端、清洁安全、高附加值及较强的吸纳就业能力等六大基本特征。[②]吴俊则按照习近平总书记在2018年对现代产业体系的论述对其特征进行了概括。[③]也有部分学者从经济社会发展变化与时代变迁的角度出发,对现代产业体系的特征提出不同的看法。龚绍东认为产业体系的内涵和结构形态不是固定不变的,而是会不断演进,从而使得其发展冲破"三次产业划分"的束缚,最终演进成多元产业体系。[④]王海兵和杨蕙馨的研究指出,中国产业体系的发展要以经济增长和产业结构跃迁的协同互动为中心,强调现代产业体系具有自我演化的特征。[⑤]此外,部分学者从现代产业体系发展的经济环境的整体效益出发,描述了现代产业体系的特征。唐龙认为,要精确把握产业体系的"现代性"特征,更加需要注重产业联动发展,因地制宜,努力培育、壮大战略性新兴产业,持续推进技术创新、开放合作和产业化的融合发展,强调要突出发展的

① 芮明杰. 双循环核心:建立有强大国际竞争力的现代产业体系[J]. 上海经济, 2021(01):1-10.
② 刘文勇. 现代产业体系的特征考察与构建分析[J]. 求是学刊, 2014, 41(02):52-58.
③ 吴俊. 关于建设现代化经济体系的研究[J]. 经济研究参考, 2021(16):96-109.
④ 龚绍东. 产业体系结构形态的历史演进与现代创新[J]. 产经评论, 2010(01):21-28.
⑤ 王海兵, 杨蕙馨. 创新驱动与现代产业发展体系——基于我国省际面板数据的实证分析[J]. 经济学(季刊), 2016, 15(04):1351-1386.

绿色低碳和民生导向的特征。[①]芮明杰同样表示，现代产业体系是一个具有低碳、环保等特征的体系，其发展与环境友好和城市发展是不可分割的。

2.3.2.2 现代产业体系发展现状及构建思路相关研究

针对现代产业体系发展现状的理论研究，主要关注的是现代产业体系发展中存在的问题，并提出相应的应对措施。张耀辉和丁重认为生产性服务业发展存在着规模较小、创新存在严重不足等问题，严重阻碍了现代产业体系的发展。[②]对此，他们表示，国家要以发展低消耗、低排放和高质量生产性服务业为目标，建立能够维护有效竞争的体制机制，创造公平的竞争环境，鼓励市场主体进行研究开发活动；要重视对创新人才的引进和培养，加强前沿技术研究，努力提高自主创新能力。朱鹏华认为我国现代产业体系发展中存在产业结构扭曲、生产技术水平低、产品附加值不高以及产能过剩等问题。[③]所以，他认为我国产业体系的现代化发展必须从改造传统产业、发展战略性新兴产业和现代服务业着手。盛朝迅认为阻碍我国现代产业体系发展中存在的主要问题有驱动实体经济发展的动力不足、部分支撑要素存在短板、产业开放水平较低与内外协同发展机制不畅。[④]对于这些问题，盛朝迅认为要着力提升要素供给的质量和加强顶层设计。在现代产业体系发展现状的量化研究上，由于现代产业体系覆盖的范围广阔，综合测度较为困难，目前仅有少量文献基于指标评价体系的构建对现代产业体系的发展状况进行统计分析。如张冀新的研究基于三维模型，从协调度、集聚度和竞争度出发，制定了10个一级指标和选取了28个二级指标，然后采用熵值法确定各一级指

---

① 唐龙. 科技创新推动新型工业化 促进经济发展方式转变 [J]. 重庆行政（公共论坛），2012, 14（06）：34-37.

② 张耀辉, 丁重. 服务业创新与现代产业体系构建 [J]. 暨南学报（哲学社会科学版），2011, 33（02）：50-57+188.

③ 朱鹏华. 构建产业新体系：基础、问题、趋势、特征及路径 [J]. 工业技术经济，2016, 35（05）：30-41.

④ 盛朝迅. 制约现代产业体系构建的五大瓶颈与应对之策 [J]. 宏观经济管理，2019（06）：12-17.

标的权重，考察了长三角、珠三角及京津冀这三个城市群现代产业体系的发展水平。[①]陈展图则选用了27个指标分别测度集聚度、协调度、创新度、融合度、开放度、支撑度以及生态度等方面的发展情况。与其他研究不同，该研究中各指标权重的设置采用的是专家评分的方式，并结合层次分析法来构建评价指数，进而对我国各省的省会城市产业体系的发展情况进行评价。[②]郭诣遂和于鸣燕以党的十九大报告为依据，把实体经济、科技创新、现代金融以及人力资源四个方面作为评价产业体系现代化水平的一级指标，结合现实数据的相关性和可获得性，从而确定了18个二级指标，并使用标准化法和算术平均法对数据进行处理，以此考察江苏省内各地级市产业体系的现代化水平。[③]范合君和何思锦通过梳理和概括现代产业体系的构建要点，从内外环境、支撑条件、三大产业的现代化（农业、工业及服务业的现代化）及产业可持续性发展这几个维度出发，建立了17个一级指标，并结合已有数据，设置了41个具有代表性的二级指标。[④]其研究通过收集5个间隔年份的数据，主要采用主成分与优序图等分析方法计算各二级指标的权重，构造了评价现代产业体系的具体模式，分析了我国各省份产业体系的发展情况。

在构建思路或路径上，许多学者认为选择适合本国经济社会发展的现代产业体系构建路径和思路，对于产业体系的发展和产业结构优化具有重要的促进作用。因而，大量学者针对现代产业体系的发展思路或构建路径展开了深入的研究。这类文献可以分为发展动力与发展模式两种进行阐述。[⑤]在发展动力方面，顾乃华和唐荣表示产业体系的现代化要体现创新、协调、绿

① 张冀新. 城市群现代产业体系的评价体系构建及指数测算 [J]. 工业技术经济, 2012, 31 (09)：133-138.

② 陈展图. 中国省会城市现代产业体系评价 [J]. 学术论坛, 2015, 38 (01)：83-87.

③ 郭诣遂, 于鸣燕. 江苏现代产业体系评价模式及构建路径研究 [J]. 中国经贸导刊 (理论版), 2020 (12)：47-49.

④ 范合君, 何思锦. 现代产业体系的评价体系构建及其测度 [J]. 改革, 2021 (08)：90-102.

⑤ 朱鹏华. 构建产业新体系：基础、问题、趋势、特征及路径 [J]. 工业技术经济, 2016, 35 (05)：30-41.

色、开放、共享这五大新发展理念，强调创新驱动对产业体系发展的重要性，认为产业体系的现代化是要构建以产业价值链高端化、内在组织结构活力充沛、制造业与服务业高度融合、产业空间布局整体化等为基本特征的新型产业体系。[①]魏庆文等人认为，创新驱动可以覆盖科技创新、组织创新以及制度创新三个维度，是构建新产业体系的关键因素。[②]盛朝迅指出，现代产业体系的构建，需要在体制机制变革、生产要素的培育、市场主体及产业发展这四个层面培育发展动力。[③]芮明杰考虑到科学技术不断进步以及新一轮工业革命开启的现实背景，认为改革教育体系、推进科技创新发展、深化对外开放有利于形成内源动力，加速现代产业体系的调整。[④]在发展模式方面，刘明宇和芮明杰的研究通过建立一个简单的国际分工模型，考察了我国构建现代产业体系的基本路径，他们表示要素禀赋升级、产业价值链升级以及空间结构优化这三个维度的协同发展是实现产业体系现代化的关键因素。[⑤]刘伟等把现代产业体系的构建拆分为传统产业的优化升级、高端制造业区域集群的壮大、基础网络设施建设的完善、新兴产业的迅速发展以及农业现代化进程的加速等内容。[⑥]刘志彪从三次产业的角度进行分析，认为现代产业体系的发展需要建立基础稳固的农业、完善的高端制造业以及发展迅速的现代服务业。[⑦]吴俊则根据习近平总书记对于发展现代产业体系的重要论述，提出了构建现代产业体系的具体路径，主要包括六个方面，即要加快

---

① 顾乃华, 唐荣. 构建与现代化经济体系相适应的协同发展产业体系 [J]. 暨南学报 (哲学社会科学版), 2017, 39 (12): 16-21+126.

② 魏庆文, 杨蕙馨, 王军. 创新驱动对现代产业发展新体系演进的作用机理——基于生产函数的视角 [J]. 现代财经-天津财经大学学报, 2018, 38 (07): 103-113.

③ 盛朝迅. 制约现代产业体系构建的五大瓶颈与应对之策 [J]. 宏观经济管理, 2019 (06): 12-17.

④ 芮明杰. 构建现代产业体系的战略思路、目标与路径 [J]. 中国工业经济, 2018 (09): 24-40.

⑤ 刘明宇, 芮明杰. 全球化背景下中国现代产业体系的构建模式研究 [J]. 中国工业经济, 2009 (05): 57-66.

⑥ 刘伟, 王子晨. 坚持新发展理念, 构建现代化经济体系 [J]. 理论建设, 2017 (06): 99-102.

⑦ 刘志彪. 建设现代化经济体系: 新时代经济建设的总纲领 [J]. 山东大学学报 (哲学社会科学版), 2018 (01): 1-6.

供给侧结构性改革、加速推进创新型国家建设、大力实施乡村振兴建设、实现区域协调发展、健全社会主义市场经济体制以及进一步提高对外开放的水平。[①]此外，也有学者综合多个方面的因素论述现代产业体系具体的构建路径。比如朱孟晓和杨蕙馨的研究就指出，构建现代产业体系的发展要依托于生产要素的结构升级，要以创新驱动为主要动力，加速技术的进步与扩散，发挥市场需求的导向作用，重点推进高端制造业、战略性新兴产业和现代服务业等重要产业的发展，从而实现产业整体结构的优化与业态创新的有机统一。[②]

2.3.2.3 现代产业体系影响因素相关研究

由于影响现代产业体系发展的因素多种多样，分析总结较为困难，因而只有少数研究对此有所归纳。如冯文娜和杨蕙馨认为技术突破、制度设计、价值理念、市场规模以及市场主体行为对产业体系的调整与演变具有关键性作用。她们认为技术突破是促使产业体系调整与优化的直接动力，而市场主体行为则是产业体系发生演变的内源动力。[③]王海兵和杨蕙馨则强调创新驱动能够对产业发展体系产生促进作用，而且这一作用会因时间长短而存在差异。[④]魏庆文等人同样认为创新对现代产业体系的演进具有驱动效应，并指出其中间机制是技术、组织管理以及制度这三个方面的创新。[⑤]芮明杰

---

① 吴俊. 关于建设现代化经济体系的研究[J]. 经济研究参考, 2021 (16): 96–109.

② 朱孟晓, 杨蕙馨. 构建现代产业发展新体系的内涵与实现[J]. 东岳论丛, 2016, 37 (09): 166–171.

③ 冯文娜, 杨蕙馨. 论推进我国现代产业体系渐进式演进的着力点[J]. 中州学刊, 2015 (04): 24–29.

④ 王海兵, 杨蕙馨. 创新驱动与现代产业发展体系——基于我国省际面板数据的实证分析[J]. 经济学 (季刊), 2016, 15 (04): 1351–1386.

⑤ 魏庆文, 杨蕙馨, 王军. 创新驱动对现代产业发展新体系演进的作用机理——基于生产函数的视角 [J]. 现代财经–天津财经大学学报, 2018, 38 (07): 103–113.

等人的研究表明，影响产业体系现代化建设的因素众多。^①其中，较为重要的因素有消费者需求变化、科技发展、要素基础条件、生态环境、产业政策以及人口结构等。由于产业体系发展的影响因素研究较少，本书为了更好地总结出影响现代产业体系发展的因素，又对影响产业结构升级的研究进行了梳理。目前，有关产业结构升级影响因素的研究大致可以分为四大类。第一类是从资源供给与市场需求的角度进行分析。在资源供给方面，部分学者认为自贸区建设^{②③④⑤}或贸易自由化^{⑥⑦⑧⑨⑩}、基础设施建设^{⑪⑫⑬⑭}或新型基础设

① 芮明杰，杨锐. 产业发展与结构转型研究（第四卷） 大公司主导变革：我国产业结构战略性调整的新思路、新政策——基于产业链重构视角 [M]. 上海：上海财经大学出版社，2015：62-64.

② 黎绍凯，李露一. 自贸区对产业结构升级的政策效应研究——基于上海自由贸易试验区的准自然实验 [J]. 经济经纬，2019，36（5）：79-86.

③ 冯锐，陈蕾，刘传明. 自贸区建设对产业结构高度化的影响效应研究 [J]. 经济问题探索，2020（9）：26-42.

④ 方云龙. 自由贸易试验区建设促进了区域产业结构升级吗?——来自沪津闽粤四大自贸区的经验证据 [J]. 经济体制改革，2020（5）：178-185.

⑤ 赵亮. 自贸试验区驱动区域产业结构升级的机理探讨 [J]. 经济体制改革，2021（3）：122-127.

⑥ 周茂，陆毅，符大海. 贸易自由化与中国产业升级：事实与机制 [J]. 世界经济，2016，39（10）：78-102.

⑦ 马骥，马相东. "一带一路"建设与中国产业结构升级——基于出口贸易的视角 [J]. 亚太经济，2017（5）：31-37.

⑧ 蔡海亚，徐盈之. 贸易开放是否影响了中国产业结构升级? [J]. 数量经济技术经济研究，2017，34（10）：3-22.

⑨ 马晓东，何伦志. 融入全球价值链能促进本国产业结构升级吗——基于"一带一路"沿线国家数据的实证研究 [J]. 国际贸易问题，2018（7）：95-107.

⑩ 廖红伟，杨良平. "一带一路"沿线国家OFDI、产业结构升级与经济增长：互动机理与中国表现 [J]. 社会科学研究，2018（5）：29-37.

⑪ NELSON M A, SINGH R D. The deficit-growth connection: Some recent evidence from developing countries [J]. Economic Development and Cultural Change, 1994, 43（1）: 167-191.

⑫ MURPHY K M, SHLEIFER A, VISHNY R W. Industrialization and the big push [J]. Journal of political economy, 1989, 97（5）: 1003-1026.

⑬ 吕鹏，石林. 基础设施、技术创新与产业结构升级 [J]. 求是学刊，2021，48（6）：58-70.

⑭ 孙伟增，牛冬晓，万广华. 交通基础设施建设与产业结构升级——以高铁建设为例的实证分析 [J]. 管理世界，2022，38（03）：19-34+58+35-41.

施[1][2][3]、数字经济[4][5][6][7]、政府财政支出[8][9][10][11][12][13]、人力资源水平[14][15][16][17][18]或人

[1] 郭凯明,潘珊,颜色.新型基础设施投资与产业结构转型升级[J].中国工业经济,2020(3):63-80.

[2] 何玉梅,赵欣灏.新型数字基础设施能够推动产业结构升级吗——来自中国272个地级市的经验证据[J].科技进步与对策,2021,38(17):79-86.

[3] 潘雅茹,顾亨达.新型基础设施投资对服务业转型升级的影响[J].改革,2022(7):94-105.

[4] 陈晓东,杨晓霞.数字经济发展对产业结构升级的影响——基于灰关联熵与耗散结构理论的研究[J].改革,2021(3):26-39.

[5] 刘洋,陈晓东.中国数字经济发展对产业结构升级的影响[J].经济与管理研究,2021,42(8):15-29

[6] 焦帅涛,孙秋碧.我国数字经济发展对产业结构升级的影响研究[J].工业技术经济,2021,40(5):146-154.

[7] 刘翠花.数字经济对产业结构升级和创业增长的影响[J].中国人口科学,2022(2):112-125.

[8] 安苑,王珺.财政行为波动影响产业结构升级了吗?:基于产业技术复杂度的考察[J].管理世界,2012(09):19-35.

[9] 储德银,建克成.财政政策与产业结构调整:基于总量与结构效应双重视角的实证分析[J].经济学家,2014(02):80-91.

[10] 贾敬全,殷李松.财政支出对产业结构升级的空间效应研究[J].财经研究,2015,41(9):18-28.

[11] 查华超.地方政府支出的产业结构升级效应研究——基于空间计量模型的分析[J].南京财经大学学报,2016(05):25-32.

[12] 许坤,苫治华.地方政府财政支出效率及其影响因素分析——以安徽省为例[J].华东经济管理,2016,30(9):7.

[13] 齐鹰飞,LI Y.财政支出的部门配置与中国产业结构升级——基于生产网络模型的分析[J].经济研究,2020,55(4):86-100.

[14] 干春晖,郑若谷.改革开放以来产业结构演进与生产率增长研究——对中国1978~2007年"结构红利假说"的检验[J].中国工业经济,2009(02):55-65.

[15] DONG X, SONG S, ZHU H. Industrial structure and economic fluctuation—Evidence from China[J]. The Social Science Journal, 2011, 48(3):468-477.

[16] 李静,楠玉.人力资本错配下的决策:优先创新驱动还是优先产业升级?[J].经济研究,2019,54(8):152-166.

[17] 李敏,张婷婷,雷育胜.人力资本异质性对产业结构升级影响的研究——"人才大战"引发的思考[J].工业技术经济,2019,38(11):107-114.

[18] 何小钢,罗奇,陈锦玲.高质量人力资本与中国城市产业结构升级——来自"高校扩招"的证据[J].经济评论,2020(4):3-19.

口老龄化[1][2][3][4][5][6]、资本[7]、机器人应用[8][9][10][11][12]、能源利用效率[13][14][15]等因素对产业结构的升级会产生重大影响。在市场需求方面，少数学者如Katsumoto等研究了收入上升所引起的需求增加对产业结构演变的影响。[16]第二类是从技

① 汪伟, 刘玉飞, 彭冬冬. 人口老龄化的产业结构升级效应研究[J]. 中国工业经济, 2015(11): 47-61.

② 卓乘风, 邓峰. 人口老龄化、区域创新与产业结构升级[J]. 人口与经济, 2018(1): 48-60.

③ 王森, 王瑞瑜, 孙晓芳. 智能化背景下人口老龄化的产业结构升级效应[J]. 软科学, 2020, 34(1): 90-96.

④ 张鸿琴, 王拉娣. 人口老龄化、健康投资与产业结构升级——基于1999—2018年省级面板数据的实证分析[J]. 经济问题, 2020(10): 72-81.

⑤ 刘健强, 马晓钰. 人口老龄化、产业结构升级与碳排放——基于STIRPAT模型的空间计量分析[J]. 金融与经济, 2021(7): 54-62.

⑥ 龙海明, 闫文哲, 欧阳佳俊. 人口老龄化对产业结构升级的影响: 促进还是抑制?——基于金融结构视角的分析[J]. 财经理论与实践, 2021, 42(06): 44-51.

⑦ BINH K B, PARK S Y, SHIN B S. Financial structure and industrial growth: A direct evidence from OECD countries[J]. Retrieved on June, 2005(23): 2009.

⑧ 康茜, 林光华. 工业机器人对就业的影响机制——产业结构高级化还是合理化?[J]. 软科学, 2021, 35(04): 20-27.

⑨ 韦东明, 顾乃华, 韩永辉. 人工智能推动了产业结构转型升级吗——基于中国工业机器人数据的实证检验[J]. 财经科学, 2021(10): 70-83.

⑩ 杜文强. 工业机器人应用促进了产业结构升级吗? ——对2006—2016年中国284个地级市的实证检验[J]. 西部论坛, 2022, 32(1): 97-110.

⑪ 李诗韵, 徐承红. 工业机器人对中国区域产业结构的影响研究[J]. 地域研究与开发, 2022, 41(1): 6-12.

⑫ 韩青江. 工业机器人应用与就业结构变迁——效应与机制[J]. 工业技术经济, 2022, 41(7): 50-58.

⑬ 梁广华. 河南省能源强度影响因素的实证研究[J]. 统计与决策, 2010(13): 91-93.

⑭ 李毓, 胡海亚, 李浩. 绿色信贷对中国产业结构升级影响的实证分析——基于中国省级面板数据[J]. 经济问题, 2020(1): 37-43.

⑮ 赵玉焕, 钱之凌, 徐鑫. 碳达峰和碳中和背景下中国产业结构升级对碳排放的影响研究[J]. 经济问题探索, 2022(03): 87-105.

⑯ KATSUMOTO M, WATANABE C. External stimulation accelerating a structural shift to service-oriented industry-a cross country comparison[J]. Journal of Services Research, 2004, 4(2): 91-111.

术创新的角度进行分析。这类研究[1][2][3][4][5][6]大多表示技术创新可以促进产业结构的升级。还有少量研究有不同的观点，认为技术创新可能会对产业结构产生倒"U"形作用。第三类是从对外开放的角度进行分析。[7]这类文献主要研究外商投资或者说外国投资[8][9][10][11]对东道国产业结构升级的影响。第四类是从金融发展的角度进行分析，这类研究按照金融类型可分为传统金融[12][13]和现

[1] CARLSSON B. The evolution of manufacturing technology and its impact on industrial structure-an international Study [J]. Small Business Economics, 1989, 1(1): 21-37.

[2] PORTER M E. Location, competition, and economic development: local clusters in a global economy [J]. Economic Development Quarterly, 2000, 14(1): 15-34.

[3] CRISTIANO A Localized technological change and factor markets: constraints and inducements to innovation [J]. Structural Change and Economic Dynamics, 2006, 17(2): 224-247.

[4] ZDRAZIL P, KRAFTOVA I, MATEJA Z. Reflection of industrial structure in innovative capability [J]. Engineering Economics, 2016, 27(3): 304-315.

[5] 孙军. 需求因素、技术创新与产业结构演变 [J]. 南开经济研究, 2008(05): 58-71.

[6] 李健, 徐海成. 技术进步与我国产业结构调整关系的实证研究 [J]. 软科学, 2011, 25(04): 8-13+18.

[7] 陶长琪, 周璇. 要素集聚下技术创新与产业结构优化升级的非线性和溢出效应研究 [J]. 当代财经, 2016(01): 83-94.

[8] HUNYA G. Restructuring through FDI in Romanian manufacturing [J]. Economic Systems, 2002, 26(4): 387-394.

[9] AKBAR Y H, MCBRIDE J B. Multinational enterprise strategy, foreign direct investment and economic development: the case of the Hungarian banking industry [J]. Journal of World Business, 2004, 39(1): 89-105.

[10] 傅强, 周克红. 利用外资与我国产业结构调整的相关分析与实证检验 [J]. 世界经济研究, 2005(08): 66-74.

[11] 刘希宋, 邱瑞, 张玉喜. 基于VAR模型的对外贸易与产业结构关联分析 [J]. 商业研究, 2009(09): 146-149.

[12] KING R G, LEVINE R. Finance and growth: Schumpeter might be right [J]. The Quarterly Journal of Economics, 1993, 108(3): 717-737.

[13] BECK T. Financial dependence and international trade [J]. Review of International Economics, 2003, 11(2): 296-316.

代化金融[1][2][3][4][5][6][7]，这类研究大多发现金融发展水平的提高明显会对产业结构的升级产生促进作用。

2.3.2.4 现代产业体系经济效应相关研究

对于现代产业体系产生的经济效应方面的研究，目前只有杜宇玮[8]、范合君和何思锦[9]以及徐鹏杰等[10]少数学者进行了较为细致的探讨。杜宇玮通过对现代产业体系与高质量发展之间关系的研究，发现现代产业体系是通过优化经济结构、调整收入分配、实现区域协调发展以及改善区域生态环境等机制，能够提升区域经济增长整体的质量与效率、公平性、平衡性甚至可持续性，进而推动了经济的高质量发展。范合君和何思锦同样研究了现代产业体系对于经济发展的影响，他们认为现代产业体系有利于实现经济的可持续发展，并且经济政策的不确定性和政府中的人才数量在其中发挥着调节作用。这种调节作用具体是指经济政策的不确定性越低与政府中人才数量越大，产业体系的现代化越有助于经济实现可持续发展。徐鹏杰等将现代产业体系视

① 唐文进,李爽,陶云清. 数字普惠金融发展与产业结构升级——来自283个城市的经验证据[J]. 广东财经大学学报, 2019, 34(06): 35-49.

② 杨丽晨. 数字金融、产业结构与实体经济资本配置效率[J]. 金融经济, 2021(07): 31-38.

③ 杨虹,王乔舟. 数字普惠金融对产业结构升级的影响及机制研究[J]. 投资研究, 2021, 40(09): 4-14.

④ 谭蓉娟,卢祺源. 数字普惠金融促进了产业结构优化升级吗?[J]. 投资研究, 2021, 40(09): 85-104.

⑤ 孙倩,徐璋勇. 数字普惠金融、县域禀赋与产业结构升级[J]. 统计与决策, 2021, 37(18): 140-144.

⑥ 王文倩,张羽. 金融结构、产业结构升级和经济增长——基于不同特征的技术进步视角[J]. 经济学家, 2022(2): 118-128.

⑦ 毛成刚,杨国佐,范瑞. 数字金融与资源型地区产业结构转型升级——基于109个资源型城市的实证分析[J]. 经济问题, 2022(07): 63-70.

⑧ 杜宇玮. 高质量发展视域下的产业体系重构:一个逻辑框架[J]. 现代经济探讨, 2019(12): 76-84.

⑨ 范合君,何思锦. 现代产业体系与经济可持续发展——基于经济政策不确定性与政府人才数量的调节作用[J]. 中国流通经济, 2021, 35(12): 16-27.

⑩ 徐鹏杰,杨宏力,韦倩. 我国共同富裕的影响因素研究——基于现代产业体系与消费的视角[J]. 经济体制改革, 2022(03): 16-24.

为经济高质量发展的供给代表，研究了构建现代产业体系对共同富裕的影响，结果发现推进产业体系的现代化建设有助于区域实现共同富裕。

　　为了理清现代产业体系对社会经济发展产生的作用，本书也对产业结构变迁和社会经济发展相关的文献进行了梳理。这些文献按照微观、中观以及宏观这三个层次，可以分为三大类。在微观上，相关研究探讨的范围较为宽泛，成果较为丰富，大多是分析了产业结构升级对农民工技能转型[1]、家庭消费升级[2]、流动人口收入[3]、农民收入增长[4]、就业[5][6][7][8]、收入分配[9][10][11][12]、

[1] 邓晰隆, 宋丹, 陈娟. 产业结构升级与农民工技能转型"非同步性"发展问题研究——基于"动因弹性"和"相对成本"差异性变动的视角[J]. 科学管理研究, 2019, 37(04): 73-78.

[2] 张红凤, 黄璐. 产业结构升级与家庭消费升级——基于CHIP微观数据的经验分析[J]. 当代经济科学, 2022, 44(6): 127-142.

[3] 杨胜利, 王伟荣. 产业结构升级、教育与流动人口收入——基于2016年全国流动人口动态监测数据的分析[J]. 云南财经大学学报, 2019, 35(12): 49-62.

[4] 曹菲, 聂颖. 产业融合、农业产业结构升级与农民收入增长——基于海南省县域面板数据的经验分析[J]. 农业经济问题, 2021(08): 28-41.

[5] LEIBENSTEIN H. The theory of underemployment in backward economies[J]. Journal of Political Economy, 1957, 65(2): 91-103.

[6] FINDEISEN S, SUEDEKUM J. Industry churning and the evolution of cities: Evidence for Germany[J]. Journal of Urban Economics, 2008, 64(2): 326-339.

[7] CHIANG S. The effects of industrial diversification on regional unemployment in Taiwan: is the portfolio theory applicable?[J]. Annals of Regional Science, 2009, 43(4): 947-962.

[8] PASTORE F. Primum vivere. industrial change, job destruction and the geographical distribution of unemployment[J]. IZA Journal of European Labor Studies, 2012, 1(1): 1-15.

[9] LOWELL E G. Cities in transition: Changing job structures in Atlanta, Denver, Buffalo, Phoenix, Columbus(Ohio), Nashville, Charlotte[J]. Industrial & Labor Relations Review, 1983, 37(1): 135.

[10] JULIE G, DON M S. Production, Work, Territory: The geographical anatomy of industrial capitalism[J]. Economic Geography, 1987, 63(3): 285-287.

[11] DAVID P, GEORGINA M. Women's employment, segregation and skills in the future of work[J]. Labour & Industry, 2019, 29(1): 132-148.

[12] 郭劲光, 孙浩. 产业结构升级与地区性别就业差距——基于全要素生产率的中介检验[J]. 山西财经大学学报, 2022, 44(05): 70-81.

城乡居民收入差距①以及农村减贫②③④⑤⑥的影响。在中观上，现有研究比较少。这些研究考察了产业结构升级对消费结构升级⑦和环境污染⑧⑨的影响。在宏观上，已有研究集中讨论了产业结构对经济增长⑩⑪、高质量发展⑫以及城镇化发展质量⑬等方面的影响。

---

① 杨晶,邓大松,申云. 产业结构升级、财政支农与城乡居民收入差距[J]. 经济问题探索, 2018 (07)：130-137.

② RAVALLION M, DATT G. How important to India's poor is the sectoral composition of economic growth?[J]. World Bank Economic Review, 1996, 10 (1)：1-25.

③ MONTALVO J G, RAVALLION M. The pattern of growth and poverty reduction in China[J]. Journal of Comparative Economics, 2010, 38 (1)：2-16.

④ 张凤华,叶初升. 经济增长、产业结构与农村减贫——基于省际面板数据的实证分析[J]. 当代财经, 2011 (12)：14-21.

⑤ 谭昶,吴海涛,黄大湖. 产业结构、空间溢出与农村减贫[J]. 华中农业大学学报(社会科学版), 2019 (02)：8-17+163.

⑥ 李东坤,尹忠明. 中国西部民族地区产业结构优化升级的城镇减贫效应研究[J]. 云南财经大学学报, 2019, 35 (01)：100-112.

⑦ 孙早,许薛璐. 产业创新与消费升级：基于供给侧结构性改革视角的经验研究[J]. 中国工业经济, 2018 (07)：98-116.

⑧ 黄昱然,卢志强,李志斌. 产业结构升级、要素市场扭曲与环境污染——基于2003—2015年283个地级市面板数据的分析[J]. 商业研究, 2018 (07)：113-118.

⑨ 赵景瑞,孙慧,原伟鹏. 产业结构升级是否改善了损益偏离——基于中国地级市的经验证据[J]. 现代财经-天津财经大学学报, 2021, 41 (11)：60-74.

⑩ 干春晖,郑若谷,余典范. 中国产业结构变迁对经济增长和波动的影响[C]//上海学术报告(2012—2013). 上海财经大学经济系, 上海财经大学科研处, 中国工业经济学会, 上海市经济学会, 上海财经大学国际工商管理学院, 上海财经大学500强企业研究中心, 2015：57-58.

⑪ 严成樑,吴应军,杨龙见. 财政支出与产业结构变迁[J]. 经济科学, 2016 (01)：5-16.

⑫ 史丹,李鹏,许明. 产业结构转型升级与经济高质量发展[J]. 福建论坛(人文社会科学版), 2020, 9 (9)：108-118.

⑬ 朱高立,李发志,邹伟. 产业结构升级对城镇化发展质量的影响效应分析[J]. 兰州学刊, 2020 (10)：128-142.

2.3.3 研究述评

通过对现有文献的梳理，可以发现已有研究存在以下几点不足：

第一，有关量化现代产业体系发展水平的研究成果较少，且这些研究大多以特定地区作为考察对象，如沿海城市、特定省域内各个地级市，因而无法对我国现代产业体系发展水平进行整体性评估。部分围绕全国现代产业体系指标构建的研究，大多以各省份作为分析对象，使得研究数据样本的观测值较少，导致分析结果缺乏全面性。少量研究在构建评价指标时，忽视了人力资源、金融环境及技术水平等内外环境和支撑条件的重要性，其考核指标选取大多来源于产业内部，难以精确反映我国产业体系现代化的整体水平。

第二，现有研究虽然从多个理论分析了现代产业体系的影响因素，但存在很多漏洞。一方面，大多研究没有阐明现代产业体系的构建主体，未能针对"有效市场"和"有为政府"在构建现代产业体系中发挥的作用展开详细论述。即使少数研究分析了政府和市场作用，但也没有进行相应的实证检验。另一方面，未能把这些因素纳入一个或若干个体系当中，并围绕影响因素综合而成的体系进行经验检验。

第三，已有研究以国家提出推进现代产业体系建设的重大战略为背景，认为产业体系的现代化建设必然会产生巨大的经济效应，并未对建设现代产业体系的经济效应进行综合评价分析，相应的量化研究更是无从谈起，导致当前政府政策制定者和理论探讨者在研究和制定推进现代产业体系建设的政策时，缺少相应的理论支撑。

第3章

现代产业体系构建的
政治经济学逻辑

3.1　现代产业体系的构建主体

在前文中提到，现代产业体系理论的形成是基于对产业结构理论的批判与继承。按照马克思主义政治经济学和中国特色社会主义经济理论观点，经济再生产可细分为生产、交换、分配以及消费四个环节，并且其活动的顺利完成需要政府和市场发挥应有的作用。与此同时，国民经济的各个产业部门的发展也在这四大环节的相互作用下，形成了一个和谐统一的产业体系。[①] 在现代产业体系建设进程中，要进一步明晰各地政府和本地市场的边界，但凡市场能自发调节的事务，政府要不断简政放权、放松管理，不要过度干预其运行；但凡市场难以有效调节的事务，政府要能自动补位，将这些事务纳入自身管理范围，要能管到位、管出水平，实现政府和市场功能上的互补。此外，鉴于企业是在政府调控和市场调节作用下的微观基础，必然也会在产业体系现代化建设中扮演着非常重要的角色。

3.1.1　政府在产业体系现代化中的功能定位

按照中国特色社会主义理论中对于"有为政府"的阐述，[②]政府在现代产业体系的调整与优化方面，可以通过制定和实施强有力的产业政策加快产业体系现代化。从日本和韩国等国家产业体系建设的经验看，产业体系发展起步较晚的国家为快速建立完整的产业体系，需要制定一系列的产业政策，通过对区域经济的干预，用有限的资源建设和完善本国的产业体系。

---

① 赵儒煜，肖茜文. 东北地区现代产业体系建设与全面振兴 [J]. 经济纵横，2019（09）：30-46.
② 黄惠. 经济全球化进程中的有为政府与有效市场——基于中国特色社会主义政治经济学的分析 [J]. 经济问题探索，2022（2）：15-25.

经济学界对于政府实施产业政策干预经济提出了四种理论解释：一是市场失灵理论。由于市场经济中往往存在不完全竞争、公共物品、外部性以及规模经济等局部缺陷，单纯的市场机制不可能使所有产业部门达到资源有效配置的状态，此时就需要政府实施产业政策进行干预和纠偏。二是后发优势理论。根据许多国家发展的现实经验，一个发展中国家能否选择符合自身实际的产业政策以充分发挥后发优势，决定了其在推进产业体系建设进程时的速度，这也是它在缩小与先行国家经济差距的重要手段。三是产业结构调整理论。产业体系结构调整与转换需要产业政策提供动力支撑，这具体表现在两个方面：一方面，产业体系结构的调整是一个非常重要的利益再分配环节，其顺利完成需要政府产业政策的指导；另一方面，产业体系要实现协调发展的目标，需要产业政策协调经济目标与非经济目标之间的关系。四是规模经济理论。在培育与发展现代产业初期，区域产业的生产规模往往较小。此时，若是仅仅依靠市场力量来集聚先进企业、扩大产业规模将耗费大量的时间，甚至错失发展机会。所以，区域现代产业的快速发展需要产业政策的支撑。

产业体系的现代化建设包括新兴产业群的培育与壮大、产业支撑系统的完善以及产业发展外部环境的构建这三个方面的内容。在现代产业体系的建设过程中，政府调控作用的发挥主要体现在市场体制与机制的完善、产业支撑体系的构建和产业发展外部环境的建设。第一，政府是市场制度的制定者和执行者。政府能否制定和执行维持公平竞争的市场制度关系着要素的相对价格能否有效反映出当地要素禀赋的充裕程度，进而影响着市场主体的生产决策和产业与技术的动态升级。并且，作为市场的监督者，政府收集和披露市场有关主体信息的能力，也在影响着现代产业投资的合理程度。第二，政府出台的一系列创新政策影响着产业技术创新主体的积极性。由于产业技术进步成果具有外部经济的特征，政府为确保企业研发活动能够满足产业发展的需求，需要对从事创新活动的企业给予补贴。第三，现代产业体系的空间布局需要政府进行引导。在传统产业体系中，各产业是根据自身的需要在区域中进行布局，没有考虑与其他产业协同布局的整体效应。而在现代产业体系中，政府为发挥所有产业体系发展的协同效应，需要对区域内所有产业的布局进行合理规划。

3.1.2 市场在产业体系现代化中的功能定位

按照中国特色社会主义市场经济理论中对于"有为政府"的阐述，在商品经济条件下，市场机制是实现资源合理配置的有效方式。现代产业体系建设的根本目的是实现资源配置优化，以更好地满足人们对于各方面的需要。既然市场机制能够有效调节资源的配置，那么市场必然在推进产业体系现代化建设中发挥了基础性作用。市场机制通过价格、供求与竞争这三大规律对产业体系现代化建设产生影响。[①]

价格机制在产业体系变动中的作用。在社会主义市场经济中，产业体系结构的调整首先要遵循价格规律。由于在需求结构变动和产业技术发展这两方面的影响下，市场中那些商品需求量大、技术发展较快的产业，利用自身规模经济和生产成本低廉的优势，推动商品市场价格下降，使得自身在市场竞争中占据有利地位，其收益率必然要高于社会平均收益率，从而吸引区域内资源自动流入该产业，促使该产业扩大生产规模，增加投入产出，使得比重不断上升，最终在总体规模上超过原有的优势产业，成为产业体系中的重要产业。而原有的主体部门则变为一般产业，这就是产业体系调整与优化的一次过程。

供求机制在产业体系变动中的作用。供求机制主要通过供给与需求之间的作用规律对产业体系的调整产生影响。产品的供给和需求在价格波动和市场竞争的作用下一直处于变化的状态当中。为了实现自身利益最大化的目标，消费者会按照个人的收入水平对自身的消费结构进行调整，使得产业中

---

① 陈龙，伍旭中. 习近平新时代政府—市场观——市场经济3.0的政治经济学[J]. 广西社会科学，2019（12）：1-7.

的生产者必须改进生产技术和调整自身产品结构，以向市场推出质高价低的产品，从而实现了产业体系的调整与优化。总之，市场供求规律的作用一方面可以通过改善产业供给质量，淘汰落后产能，提高产业全要素生产率，增强产业有效供给能力；另一方面也可以通过推动企业兼并重组等方式推进产业整合，节约成本和资源，使更多的资金、技术、人力等生产要素投入到优势产业和企业，推动现代产业体系的发展。

竞争机制在产业体系变动中的作用。要清楚认识到，市场经济本质上就是一种相对自由的经济，这种自由的目的是促进市场竞争。在产业体系调整过程中，各产业能否在市场竞争中维持生存和发展，重点在于它们是否具备较强的竞争优势。区域中的产业部门为了能够在市场中获取竞争优势、防止被市场淘汰，必然会采取各种手段，如积极开展技术研发活动，以降低生产成本或提升产品质量。所以，市场竞争的最终结果使得各产业按照产业技术的先进水平依次出现兴起和衰落的交替，推动产业体系朝着现代化的方向演进。

3.1.3 企业在产业体系现代化中的功能定位

国有企业在我国产业体系现代化进程中扮演着重要的角色。第一，国有企业肩负着推进现代产业体系建设的战略使命。作为政府实行宏观调控的微观发力点，国有企业是履行社会责任的重要示范者和引领者，它会把落实政府战略导向视为自身承担社会责任的重要内容，针对产业体系现代化发展的薄弱环节、关键领域和消费者需求，积极开展与政府单位、科研机构以及非国有企业等的合作，以产业技术的进步、产品与服务质量的提升，推动产业结构的调整与优化，在关键共性类产业技术研究、战略性新兴产业发展、区域产业协调发展、乡村产业振兴等国家重大战略实施上，发挥着重大作用。第二，国有企业是推动产业技术进步、实现产业体系现代化的主力军。国有企业一般拥有较为丰富的创新资源和充足的高端人才。它们在遭遇不利的情况下，能够快速反应，迅速调动资源进行攻关，实现在"卡脖子"技术和关键共性技术的快速突破。它能充分利用自身的规模经济效应，在生产原材料购买、产品生产制造以及批量销售上表现得更为优异，使产业链的上下游企业能够拥有协同发展的优势，提升多个产业部门工艺设备、产品质量和流通循环等环节的效率。

民营企业在我国产业体系现代化进程中同样扮演着重要的角色。一方面，民营企业是推动产业技术进步、实现产业体系现代化的生力军。特别是在国际产业链逐渐向内深化的情况下，各国之间产业竞争更为激烈，一个国家若是想要在全球产业链中占据更为高端的位置，必须引导其国内民营企业走向创新发展的道路，以重大产业科技的突破推动生产率的提升，进而加快产业体系的现代化。另一方面，民营企业是完善现代产业体系的积极贡献者。民营企业为了获得更多的利益，会基于现实需求进行科技创新，把企业内有限的资本投入技术研发、规模化生产以及商业化推广等环节，不仅能吸纳更多的就业，而且也能获得更多数量和更高质量的创新产出成果，从而促进产业体系的现代化建设。

3.2　驱动现代产业体系发展的核心要素及其理论分析

3.2.1　驱动现代产业体系发展的核心要素

由前文对现代产业体系的内涵阐述可知，现代产业体系是一个多层次、多维度的复杂系统。然而，影响其发展的要素众多，例如产业政策、企业行为、科学技术、人力资源、金融发展、营商环境、生态环境等。对此，本书在参考中央相关论述和已有研究的基础上，将驱动现代产业体系发展的核心要素大致归纳为四类，即现代产业技术体系、现代产业流通体系、现代产业空间体系以及现代产业协调体系。

第一，科学技术是引领产业体系发展的根源动力，其进步有助于解放和发展产业体系的生产力。对此，习近平总书记表示："充分认识创新是第一动力，提供高质量科技供给，着力支撑现代化经济体系建设。"①可以看出，创新发展现代产业技术体系，有利于发挥科技创新对产业发展的引领作用，实现产业体系结构的整体优化。所以，现代产业技术体系是产业体系现代化的核心驱动要素之一。第二，流通是推动产业体系畅通发展的基础动力，其有序运转有助于现代产业体系实现良性循环。高效的流通体系可以在更大范围内将生产与消费联系在一起，促使交易范围的扩大，促进分工的深化，推动生产效率的提升。由此可见，现代产业流通体系是产业体系现代化的核心驱动要素之一。第三，空间是产业体系现代化发展的"承载动力"，其合理布局能够通过集聚效应助推产业体系现代化。第四，协调是产业体系现代化发展的可持续性动力，其形成有助于推动产业体系实现永续发展。习近平总书记曾指出："要建设资源节约、环境友好的绿色发展体系，实现绿色循环低碳发展、人与自然和谐共生。"②由此可见，现代产业协调体系是产业体系现代化的核心驱动要素之一。鉴于此，本书将驱动现代产业体系发展的核心要素按照技术、流通、空间和协调四个方面进行划分，因而形成了驱动产业体系现代化四大核心要素，即产业技术体系、产业流通体系、产业空间体系以及产业协调体系。推动现代产业体系的建设需要用具有整体性、联动性、层次性、协调性、开放性以及组织性等特点的系统观念对这四大体系的发展进行综合平衡与统筹推进。

产业技术体系的发展需要在政府引导与激励以及市场竞争规律的作用下，有效利用知识、技术以及人才等资源，促进基础理论研究、产业技术研发和技术成果转化之间的深度融合，从而促使驱动产业体系现代化发展的动力发生变革。产业流通体系的建立需要以政府的调控作为引导力，以市场改

---

① 习近平.努力成为世界主要科学中心和创新高地[J].共产党员，2021（08）：4-7.
② 深刻认识建设现代化经济体系重要性 推动我国经济发展焕发新活力迈上新台阶[J].紫光阁，2018（02）：8-9.

革作为拉动力，运用现代的信息技术与先进的管理方式对传统流通体系进行全面改造，逐渐形成的一个能够实现区域产业循环发展的有机体系。[①]产业空间体系的建设需要政府的合理规划和市场自发调节，以推动产业空间载体不断调整与优化自身的功能与布局，充分利用各个地区的优势，形成分工合理与结构合理的产业空间布局体系，从而满足区域产业体系现代化发展的需要。[②]产业协调体系的发展需要在政府强化监管和市场发挥主导作用的条件下，大力发展现代产业，改造传统产业以及淘汰落后产业，同时也要推动现有产业向现代生态产业转型，以提高生产性资源的利用效率和污染处理技术水平。[③]

3.2.2　驱动现代产业体系发展核心要素的理论分析

3.2.2.1　政治经济学对于产业技术体系的理论分析

根据马克思主义思想的观点，科学技术要想转化为现实的生产力，就需要在产业中得到大规模的应用。一个完整的经济体或是一个产业部门，要实现技术的长足发展与进步，必须是多项关联技术共同进步的结果，而绝不可能是由于某一方面或某一环节取得突破的结果。正是在一系列产业技术相互影响、相互补充、相互发展的条件下，产业技术体系才能逐渐健全。

产业组织理论在分析产业链的整体效应时，认为在国民经济社会发展的过程中，或者在工业化的不同阶段中，一个产业部门的技术发展或突破，可能通过产业之间的前后向关联效应，诱导其相关联产业对其技术进行改良，从而引起整个产业链各个环节的技术出现革命性变化。对此，马克思在剖析

① 陈浩东，潘勇. 双循环新发展格局下现代流通体系的构建、建设机理与发展路径[J]. 商业经济研究，2022（12）：5-8.

② 黄南，李程骅. 产业发展范式创新、空间形态调整与城市功能变迁——基于现代产业体系的城市转型研究[J]. 江海学刊，2015（01）：77-83+238.

③ 罗胤晨，李颖丽，文传浩. 构建现代生态产业体系：内涵厘定、逻辑框架与推进理路[J]. 南通大学学报（社会科学版），2021，37（03）：130-140.

社会再生产过程时，也提出了同样的看法。但是，对于支撑地区产业发展所需建立的产业技术体系而言，其形成与发展实质是一个技术群之间相互影响和促进的结果，而不仅仅是某一产业部门生产方式转变对另一产业部门生产方式产生影响的结果。所以，社会生产体系中的生产主体为实现价值增值的目标，试图通过提升生产技术水平以扩大自身的市场竞争优势，进而增大生产过程中可获得的超额利润，同时部门间的产业生产消费资料的循环流动也能不断调整和升级市场主体的生产条件。而随着技术持续进步和资本有机构成的不断增加，一般意义上的社会知识和技术会逐渐呈现自我推动和发展的特征。因此，马克思主义所定义的推动生产力发展的科学技术不仅仅指技术的进步，其实包括了两个方面的条件：一个是指科学技术的发明，另一个则是指科学技术的市场化应用。这正如马克思所说："社会生产力已经在多么大的程度上，不仅以知识的形式，而且作为社会实践的直接器官，作为实际生活过程的直接器官被生产出来。"①马克思在这用社会生产的"直接器官"来突出科学技术知识转化为直接生产力的重要性。科学技术转变成生产力的关键是科学技术是否能在市场上应用。值得注意的是，科学知识的积累并不能代表产业技术的进步，它在没有运用于生产过程之时，仅是以理论形式而存在；而在与生产相结合之后，它才能转变为技术，从而具体物化为现实的生产力。所以说自然科学知识仅仅是理论形式的生产力，只有当它被运用到生产活动中，才能变成现实的生产力。

作为一般意义上的社会生产力，科学知识作用的充分发挥，往往是依靠对生产工具、劳动者、组织运营管理的渗透才能得以实现。科学知识的现实应用，重点在于科学知识运用于实际的生产过程。换而言之，科学知识需要与人和物相结合，才能用于生产，进而转变为现实生产力。科学技术在生产过程中的使用，能够赋予生产要素扩张的能力，使得生产要素在生产过程创造更多的附加值。在西方经济学中，这种能力被定义为内生增长。由于技术

---

① 马克思, 恩格斯. 马克思恩格斯文集: 第8卷 [M]. 北京: 人民出版社, 2009: 358.

体系包含的内容多种多样，按照产业技术体系的内容组成，可将其作用区分为如下几个方面：

第一，能促使工艺流程发生变革。科学的实际应用主要体现在两个方面：一方面是通过总结以往的生产、生活经验转化而来的知识；另一方面则是概括为科学理论或方法，用于分析生产流程，使自然科学能够指导产品生产的具体过程。例如，物理中的力学知识在机器大设备生产的实际应用，经济学中劳动分工理论在大规模生产中发挥的作用。第二，能够改进生产工具。随着基础科学知识持续积累和前沿应用技术的不断突破，原有的研究设备、生产机器和运输工具也在不断升级。对此，《资本论》进行了详细的阐述："旧的机器、工具、器具等等就为效率更高的、从功效来说更便宜的机器、工具和器具等等所代替。"[①]在当前，生产工具改良的主要动力来源于科学信息技术的发展。鉴于数字经济产业在国民经济发展中的重要作用，各国都在加快新兴基础设施建设，实现对传统产业的数字化改造，使得原有的生产工具发生变革。新基建主要是指包括信息、融合和创新等基础设施的建设，其发展能加快推进现代产业技术体系的建设。第三，打破资源稀缺性的束缚。科学技术的应用既能扩大原有物质的数量或用途，并且会随着资本的增多而拓宽投资领域。正如马克思在其经典著作中所说："化学的每一个进步不仅增加有用物质的数量和已知物质的用途，从而随着资本的增长扩大投资领域。"[②]第四，保护和改善自然环境。自然科学的进步可分为两类：一类是为利用自然而取得的科学技术进步，另一类则是保证自然环境能长久利用的科学技术进步。并且后者与前者相比，处于更高的一个层次。近十多年以来，从我国坚持实施创新驱动发展，坚定不移走生态文明建设发展之路来看，科学技术的突破对自然环境的改善有着重大促进作用。第五，增强了资本原有的积累能力。科学技术的出现以及在生产过程的应用，推动了劳动生产率的提升，降低了单位产品的生产成本，因而同等数量的资本可以交换到

---

① 　马克思，恩格斯. 马克思恩格斯文集：第8卷［M］. 北京：人民出版社，2009：555.
② 　马克思，恩格斯. 马克思恩格斯文集：第5卷［M］. 北京：人民出版社，2009：698-699.

更多的生产性要素，从而使资本积累的能力有所提升。这也与马克思所表达的思想观点相吻合。

某一产业部门在新技术的突破与应用会推动其他产业部门的技术发生变革。在轻工业发展过程中，纺纱产业生产技术的突破，如力学或化学等科学的发展，可能通过前向关联效应带动织布或染色等产业发生技术革命。通过后向关联效应又能带动棉花种植行业采用新技术扩大自身的生产规模。此外，第一、二产业生产方式发生的革命是以交通运输方式转变为前提。在18世纪60年代英国工业革命中，火车的普及满足了当时大规模工业生产对运输的要求，从而使英国全社会的生产力水平取得突飞猛进的发展。在当前经历的第四次全球科学技术革命中，信息技术的发展和突破，不仅推动了工业部门生产制造的智能化，而且也创新了服务业的发展模式，例如借助互联网技术开展线上经营。

相较于熊彼特创新学说，马克思主义理论对于自然科学知识应用和转化的内容的论述显得更为丰富，其找到了科技创新驱动的真正发力点。其在系统分析后发现，科学因素只有在进入资本主义生产阶段后，才会被有意识地并加以大范围地发展及应用，从而在生活中具体显现出来，而且这种发展规模是以往时代所不能想象的。马克思表示，自然科学第一次为直接生产过程的服务形式只能是资本主义生产方式。其主要原因是科学技术产生的目的便是要使生产财富增加。①换句话说，科学理论要想成为现实生产力的要素，必须要被市场大规模地应用。

不同产业部门生产力发展水平的差异重点在于科技成果的差异。按照马克思主义理论的分析，科学知识或技术作为生产力要素，其转变为现实生产力的必要条件在于其是否能被恰当地运用于生产过程当中。如果把科学当成纯粹的理论，而不应用到实践中，那必然无法转化为生产力。因此，科学转变成生产力的途径是提高劳动生产率。

---

① 马克思,恩格斯. 马克思恩格斯文集: 第8卷 [M]. 北京: 人民出版社, 2009: 356-357.

3.2.2.2　政治经济学对于产业流通体系的理论分析

生产、分配、交换与消费这四大环节是一个完整的社会再生产过程。其中，交换实质上可理解为流通。流通不仅是一个独立的活动环节，而且还是连接生产者和消费者的重要纽带，同时也能调节分配活动过程所需的数量及其结构。因此，流通环节是社会扩大再生产和社会经济持续稳定增长的必要条件。在马克思主义理论当中，流通一般包括商品、货币以及资本的流通。其中，商品的流通是最基本的流通，它主要包括工业、粮食、农副产品以及国内与国外等方面的流通。广义上的流通是一个包括商品流、运输流、信息流以及货币流的集合体。在现代化经济体系发展过程中，流通能给产业体系现代化注入源源不断的"活水"，能够真实地反映出一个区域产业体系的发展状况。

按照马克思主义理论阐述的观点，企业在生产性资源购入和商品的生产与销售的循环和周转的过程当中，会与其他生产性或非生产性的企业在技术与经济等方面建立起合作关系，形成协同发展的产业体系结构。产业流通体系的建立与完善，会加速区域内产业资本的循环，使各产业部门之间的技术与经济联系、内在结构比例持续变动与调整，保证了价值和使用价值能够得到实现。因此，产业体系的现代化建设需要以顺畅的资本循环体系作为基础支撑，换句话说，完善的产业流通体系是保障现代产业体系合理健康发展的运行机制。对此，习近平总书记在中央财经委员会第八次会议上强调："构建新发展格局，必须把建设现代流通体系作为一项重要战略任务来抓。"[①]此外，国内循环和国际循环的实现同样离不开高效的现代流通体系。

在一个区域中，流通其实是一个复杂的体系，它与庞大的循环网络相连接，这种网络会把不同企业和不同产业部门联系起来，通过纵向与横向关联相互提取资本、购入生产资源以及售出商品，使得资本在不同部门中发生的

---

① 习近平主持召开中央财经委员会第八次会议强调 统筹推进现代流通体系建设 为构建新发展格局提供有力支撑[J]. 中国金融家，2020（09）：10–11.

生产和销售等阶段的总流动构成产业流通体系的运行过程。所以，一个完整的资本流通过程既包括生产活动，也包括价值的具体实现，其中货币循环则是维持区域资本循环的重要凭借，是产业流通体系中的重要内容。综合以上可知，流通体系是一个覆盖面非常广的体系，它不仅涵盖交通基础设施体系和商品流通体系，而且还包含物流运输体系、流通管理体系以及社会信用保障体系。尤其是随着数字信息技术不断发展与应用，流通体系还在不断扩大与升级。

3.2.2.3 政治经济学对于产业空间体系的理论分析

作为产业技术体系和产业流通体系这两者的空间载体，产业空间体系是指区域内产业技术和产业循环在一定的地理空间束缚下，逐渐形成的具有空间形态的一种产业体系。因而，一系列产业技术会在一定程度上决定产业空间体系的形成，与此同时，产业空间体系也会对产业技术的进步与市场应用产生相应的反作用，反映了产业体系建设中的空间布局机制是社会生产分工的结果。

结合马克思主义理论对产业进行狭义和广义这两种界定，本书可将现代产业空间体系的形成与发展视为各类资本由于不同区域间的资本流动，而把一些产业的生产流通环节转移至那些劳动生产率比较低的地区，导致各产业在空间上呈现出由某个国家或地区向另一个国家或地区转移的现象。所以，产业在空间上表现的具体形态，其实质是市场中的企业为了在激烈的竞争环境中获得更多的剩余，而在行业内或行业之间进行资本竞争活动产生的一种现象，它既是资本积累的客观要求，同时也是消除资本积累危机的一种必然结果。

马克思表示"自由竞争使资本主义生产的内在规律作为外在的强制规律对每个资本家起作用"[①]，而竞争最终又是由生产规模决定。马克思这句话

---

① 马克思,恩格斯.马克思恩格斯全集:第44卷[M].北京:人民出版社,2001:334.

表明，资本的本性具有追逐剩余价值尤其是超额剩余价值的冲动，这种冲动是体现在单个资本的不断循环，即资本以价值的形式进行自我增殖的过程。然而，当资本消耗完地区价值增殖的潜力时，克服生产区域限制而转移到其他地区自然会成为资本的选择。而且，单个资本的持续扩张的增殖过程是在同一产业部门内大量资本共同竞争的环境中实现的。就某一产业部门的单个资本而言，竞争的核心在于其自身的劳动生产率与产业部门整体的平均劳动生产率发展方向和水平的偏离程度，具体而言，是指个别劳动生产率若是高于整个产业部门的平均生产率，就能在市场中获得超额剩余价值；反之，若是低于整个产业部门的平均劳动生产率，企业将出现亏损或停止经营。所以，资本运动的常态表现为通过持续的资本积累与集中推动企业生产规模的扩大，从而不断提升劳动生产率。综合以上两个方面，可知企业的逐利行为使得产业扩大到一定规模时，会向其他地区转移，以通过对资本区位配置的调整推动生产率的提高。

在马克思主义理论中，劳动生产率的高低是由劳动者的作业经验积累、科学技术发展水平及其工艺应用情况以及外在自然环境等诸多因素决定的。[①]所以，企业总会有倾向性地选择那些具有充足的生产原材料、数量众多的熟练劳动力以及生产流程中社会联系度高的区域布局生产经营环节。企业对上述这些生产条件的青睐，促使产业部门内的资本不断在空间中进行流动，具体表现为资本跨区域布局生产经营环节以优化自身的配置，进而获取更高的超额剩余价值。与之相比，更为重要的是，生产资料投入的规模与产生的效能也能在很大程度上决定企业的劳动生产率，激励企业追求扩大自己的生产规模，不断采取资本跨区域并购的行为。

随着机器大工业的迅速发展和资本主义生产方式的迅速扩张，市场竞争形式也在逐渐走向高级化与复杂化，同一产业部门内不同资本为取得更高的超额剩余价值通过提升自身的劳动生产率而使商品出售价格变低，同时也让

---

① 马克思, 恩格斯. 马克思恩格斯全集：第44卷［M］. 北京：人民出版社，2001：53.

资本的积累和集中程度不断提高。在资本不断积累和企业规模持续扩张的情况下，企业内的资本有机构成也在不断增加，引起不同产业部门之间的资本有机构成出现明显差异，使得等量资本要投入不同数量的劳动力，进而创造出不同量的价值与剩余价值，提高了资本在不同产业部门间的竞争程度，最终诱导资本出现跨区域流动的情况。由于不同区域中不同产业在生产资料条件、科学技术知识和工艺发展状况、高素质劳动力的数量以及生产分工的程度和水平等方面会存在较大差异，许多企业为占据更有利的生产条件和更大的销售市场，会从事跨区域的资本再配置活动，从而造成大规模产业进行空间转移的浪潮。产业的空间转移既会出现整体跨区域转移的行为，也会出现以投资形式表现的资本跨区域、跨行业的行为。特别是后一种行为的发生，会使资本由生产利润率低的行业向利润率高的行业流转。从产业转移的结果来看，资本跨区域跨行业的流转会让社会的不同部门中各类资本在等量的条件下，获得一个较为平均的利润。从市场均衡的状态来看，资本在不同产业之间的流动会逐渐趋于静止，主要由于资本跨产业进行流动的动机的削弱或消失，此时资本在各产业间的配置就达到了一种均衡状态。在此基础上，纳入空间流动的因素同样如此，即一般均衡的利润也会使资本在不同区域和不同行业的流动达到一个短暂的均衡。这种均衡，不论是在中国市场，还是世界市场，结果都是一致的。

3.2.2.4 政治经济学对于产业协调体系的理论分析

在社会主义发展实践中，新中国成立初期对于产业体系发展方向的确定是以西方经济学和发展经济学中的结构主义为理论指导的，导致当时制定和实施了一些存在问题的政策措施。第一个问题是脱离了实际发展阶段，强调去工业化和大力发展服务业的思路和举措，造成区域产业结构优化升级的目标不仅未能实现，还导致产业结构出现"脱实向虚"现象；第二个问题是过于重视部分产业的发展，并且实施倾向性很强的产业政策，而没有意识到产业的发展是成体系进行的，是一个具有整体性和综合性等特点的变革过程，所以造成了政府所实施的不同产业政策之间发生冲突，甚至使得产业政策反而成为掣肘区域产业转型的不利因素。

产业体系结构反映的是国民经济中各产业在质上的关联方式和在量上的比例关系，它实则揭示了两个方面的联系：一个是市场联系，另一个是物质技术联系。其中，市场联系表现为各产业所生产的产品在市场上的交换关系，而物质技术联系则是因生产条件和技术工艺流程的不同所形成的一定规模的产业部门间的差异。这两种联系具有一定的内在要求，即从事社会生产的产业内部和各产业之间要相互协调。产业协调从量的角度来看，会表现出国民经济和产业结构按照特定比例发展的规律。马克思对此表示："要想得到与各种不同的需要量相适应的产品量，就要付出各种不同的和一定数量的社会总劳动量。"[①]所以说，按比例协调发展的规律是社会生产分工的一种必然要求。其一，社会分工会不断推动生产走向专业化，形成了所谓的"质的划分"，可以把社会劳动细分为从事特定生产的产业、企业以及劳动者，进而极大地促进劳动生产率的提升。其二，社会的分工也在不断推动生产趋向社会化，确定了社会劳动在量上的规则与比例，促使所有产业部门、企业以及劳动者逐渐形成一个联系更为紧密和相互依存的有机统一体。鉴于资源的有限性，社会必须在其所能支配的生产性资源中划定具体份额以生产各种不同的商品，因而社会要在商品的生产所需的劳动力和产品间维持特定的比例关系。社会分工水平越高，生产的社会化和专业化水平也会越高，不同产业部门、企业以及劳动者之间的联系和依存程度也会更加密切，导致社会劳动按比例分配的要求也会更为迫切。但是，价值规律的自动调节也容易造成按比例出现滞后性问题，对此，资本主义国家实行了"计划"经济政策，以化解由于价值规律的自发性所引起的比例失调。我国在成立的初期主要运用计划手段来调节经济，从而保证经济能按照一定的比例进行发展。由此可以发现，无论是在资本主义制度中，还是在社会主义制度中，经济都是按照一

---

① 马克思,恩格斯. 马克思恩格斯文集：第10卷[M]. 北京：人民出版社，2009：289.

定比例的规律运行的。在马克思主义理论当中，协调发展是指涵盖了质和量之间相互作用与相互转化的一个协调系统。这种系统化的协调体系应该是全方位的协调，主要体现在以下几个方面。

产业体系中基本要素的协调。这种协调是指从事劳动的主体与生产资料在社会生产活动中能够保持协调关系，它是产业体系协调的重要前提，只有在这个前提条件下，社会生产才能正常进行。而且，劳动者在这种协调关系中是主观因素，它能对协调关系的变化产生促进或阻碍作用，生产资料则是客观因素或者说物质条件，在协调关系中处于被动的一方。社会生产的顺利进行，就是需要这两者能够有机结合，创造出物质商品，从而达到满足消费者对于物质文化需求所要求的产业协调状态。当然，产业体系中基本要素的协调也涵盖了生产力和生产关系之间的协调。生产关系是指人们在劳动生产过程中所建立起来的社会关系，反映的是产业体系发展过程中人和人之间存在的关系。在马克思主义理论中，生产力与生产关系既可能存在相互协调的关系，也可能存在相互矛盾的关系。所以，在产业体系的发展过程中，要不断克服生产力与生产关系中存在的矛盾，实现基本要素之间的协调。

产业体系发展的社会化协调。产业体系中的社会化协调是要保证国民经济各部门按照一定比例进行发展，让现代市场经济能够正常运行的一种客观规律。正如马克思所说："一个单独的提琴手是自己指挥自己，一个乐队就需要一个乐队指挥。"[1]因此，社会化大生产的组织和实现需要在"有为政府"的宏观调控下，才能达到符合产业体系协调发展的规律。由于市场经济中存在局部失灵和各种弊端，单纯依靠市场经济不仅会使社会效率低下，还会造成巨大损失，所以这就需要政府进行宏观调控。此外，产业体系发展社会化中的国际协调是一种较高层次的产业协调。从产业体系发展社会化中的国际协调这一角度来看，由于不同国家的自由竞争与资本的自由流动，使得国际价值与国内价值转变成类似的国内生产价格，即转变成国际生产价格。

---

① 马克思, 恩格斯. 马克思恩格斯全集: 第44卷 [M]. 北京: 人民出版社, 2001: 374.

产业体系发展的经济结构协调。这种协调是指国民经济各个产业部门所占比例以及相应的组合效果。马克思主义理论将经济结构看作成人与人、人与自然两种关系的总和，同时也是隐蔽结构与实体结构的总和。在马克思主义理论中，产业结构的划分有双重含义：一个是将产业结构定义为从事物质资料生产的部门；另一个则把产业结构定义为从事同一性质生产或其他经济活动的主体的总和。其中，前者区分的产业结构，虽然可以科学阐述社会再生产的各种条件，总结一定的生产规律，但也会存在一定的缺陷，例如没有把非物质生产部门纳入其中。而按照后者的划分，不仅能合理阐释经济结构协调的含义，而且更能反映出产业体系发展中经济结构协调的重要性。

产业体系发展的空间协调。产业体系的现代化发展，在空间中表现为各产业部门根据一定的技术协同关系和投入产出间的联系，把技术进步按层次进行传递的一种过程。在产业体系现代化建设进程中，技术进步的结果不管是形成新的产业，还是完成对已有产业的改造，这种进步都需要在产业或产业群中得到应用，才能转化成现实的生产力，以提升这些产业或产业群的生产率，最终使得产业结构向高级化水平演进。另外，产业体系的结构变动在横向上表现为由技术进步所引起的部分产业的快速发展对其他同类产业产生引导作用，使技术进步快速向整个国民经济中的各个部门进行扩散。

3.3　现代产业体系发展驱动要素的逻辑遵循及其构建思路

3.3.1　产业技术体系层面的逻辑遵循及其构建思路

3.3.1.1　产业技术体系层面的逻辑遵循

创新是推动产业技术体系发展的内源动力。由前文分析可知，现代产业体系建设的动力机制是产业技术体系，而形成产业技术体系的核心则是创新。对于所有产业部门中的企业来说，产品生产和工艺流程的技术创新在于提升产品质量、改进工艺水平，通过降低产品的生产成本，或是直接创造能够满足市场多样化需求的新物品，从而提高单个企业甚至地区内某一产业的市场竞争力。某一产业技术的发展与进步经过产业的前后向关联效应可迅速扩散至区域内的其他产业，直接或间接地对其他产业的技术进步、生产规模、生产效率以及资源配置效率产生显著的促进效应。[①]某一产业的技术创新所运用的新思想、新思维、新方法在向外扩散的过程中会与其他产业已有的思想与方法产生碰撞、交流和融合，从而催生出适用于多个产业的复合型技术，进而开启新一轮的产业技术扩散和多产业创新的融合。产业技术的扩散与融合在产业体系中不断循环发展、不断完善，为创新发展提供支撑的基础设施，最终形成一个完整的产业技术体系，形成对创新资源的整合作用，进而影响到现代产业体系的发展。这种影响在外在上表现为新兴产业的兴起与落后产业的消亡、多产业的融合和协同发展；在内在上则表现为整体结构的升级与优化、产业组织的合理化与新型化、产业发展模式的可持续化以及市场体系的自由化。

3.3.1.2 产业技术体系层面的构建思路

产业技术体系的建设是一项非常复杂的系统性工程，它不仅要聚集各类生产要素、规划与布局各类平台、开展大量研发活动所支出的成本，而且要引导、规范与监管各类创新主体的行为，同时也要综合考虑区域内经济发展、社会生态以及制度文化等因素。产业技术创新体系需要包括政府、科研机构、企业等多方主体的积极参与。在产业技术体系建设的过程中，政府作为区域产业技术体系的倡导者，需要充分发挥引导作用，一方面要强化技术制度创新的力度，研究制定促进技术创新服务主体发展的多项政策，出台相应的服务规范及标准，为技术创新主体营造良好的制度环境。例如，在区域

---

① 魏庆文. 基于强度折减法的高边坡稳定性分析 [J]. 四川建筑, 2018, 38（03）: 111-112+115.

层面打造创新城市、在产业层面对高新技术产业给予税收减免或低息贷款，以及在微观层面对企业进行补贴，以集聚和建立更多高水平、专业化的技术创新主体。另一方面则是要围绕创新企业的发展生命周期，提供从技术研发环节到产品生产环节，以及面向市场消费者的完整技术链条服务，具体包括建立创新服务市场，打造高新技术型企业孵化器，创立技术引进服务机构与技术成果交易中心，整合区域内的知识、技术和人才等各类资源，促使区域创新主体提供更有竞争力的产品或服务。企业作为产业技术体系建设的核心，需要发挥应有的主体作用。科技领军型企业要充分发挥以市场需求、集成创新以及组织平台的优势，打通从科学技术强到企业强、产业强以及经济强的通道。这要以企业牵头，整合与集聚创新资源，形成跨部门、大协作和高强度的技术创新基地，开展产业共性关键技术研发、科学技术成果转化以及产业规模化、科学技术资源共享服务，推动重点产业技术项目发展，提高人才与资金的一体化配置水平，以强化区域产业技术创新能力。此外，各产业部门的企业可以开展技术与经济合作，加快创新要素的流动和循环，并且探索与科研机构、综合性大学等不同机构间的技术协同开发模式，建立产学研技术研究开发体系，从而提高技术创新的成功性和创新成果向现实生产力转化的可能性。

3.3.2　产业流通体系层面的逻辑遵循及其构建思路

3.3.2.1　产业流通体系层面的逻辑遵循

产业流通体系的完善能强化区域的联动性，成为生产性要素自由流转和交易成本减少的主要推动力。产业流通体系现代化发展，重点在于能借助现代化信息技术集聚和整合区域内的各类资源以提高资源的使用效率，以加快区域内生产性资源的集聚和由低级向高级跃迁的动态转换，从而加快产业体系现代化发展的进程。在厂商理论中，促使产业体系结构调整与优化的基本要素是资本、劳动力和技术。其中，对于资本来说，其流动需要遵循一定的市场规则，它不仅会自动流转到那些投资收益和生产效率更高的产业部门，而且也会向那些融资环境更为良好的地区流动；对于劳动者个体来说，他们往往希望在区域内能够寻找和其技能相匹配的工作岗位，以减少由于不必要的因素而造成的失业。在现代产业流通体系中，信息技术的利用有效提高人力资源和金融资源的配置效率，打破传统空间的束缚。

健全的产业流通体系对区域内的产业结构具有优化作用，这种作用主要体现在经济的溢出效应、集聚效应和一体化效应。第一，完善的基础设施是发展产业流通体系现代化的基本条件，它能提高区域内运输的便利性和降低区域内的交通成本，有利于发达地区服务业向欠发达地区转移，从而对欠发达地区产生经济溢出效应。[1]第二，发达地区凭借先进的生产技术和标准化的经营模式，在产业流通体系健全的条件下，能吸引发展较为缓慢甚至倒退产业的各类资源向其集聚，使区域内部分产业获得规模经济效益。第三，产业流通体系的完善可以推动区域内各个分散的市场联结成一体，使得各类生产性资源能实现高效、无缝的对接，从而满足先进制造业生产性资源需求。所以，这种一体化的市场明显有助于先进制造业的培育与壮大。综上所述，可以从完善信息基础设施、提高资源配置效率以及推动产业结构升级等方面加快产业体系的现代化建设。

3.3.2.2　产业流通体系层面的构建思路

经济正常的运行包括生产和流通这两个关键性环节，前者是核心，后者是手段。作为产业体系现代化发展壮大的关键推动力，产业流通体系的发展对区域流通基础设施投资建设、特色流通产业和新兴对外贸易产业等多个经济领域具有结构性与战略性的影响，与现代产业体系的发展呈现出相互促进、相互发展、相互共生的一种双赢关系。我国现代产业流通体系的快速发展从根本上来说是由于社会经济的快速发展对物质资源流通的客观需求产生

---

[1]　黎绍凯，朱卫平，刘东. 高铁能否促进产业结构升级：基于资源再配置的视角［J］. 南方经济，2020（02）：56-72.

的结果。

推动现代产业流通体系的建设，要注重发展多层次、多样化的流通性服务化新业态与新模式，继续深入推进供给侧结构性改革。第一，要加快流通体系重点领域的建设。主要是围绕流通主体的原材料采购、产品的销售与调配以及存储等重要功能进行强化。第二，不断完善新兴类流通基础设施。尤其是要在现代流通体系助推乡村振兴的机制探索过程中，努力提升新型流通基础设施覆盖的广度与深度。第三，深入推进流通领域内的法律制度建设，完善与规范相应的制度体系。建立市场主体进入的统一标准，促进各个地区的相互配合，以更好地满足市场主体各方面的经营需求。第四，充分利用数字信息技术，增加不同地区、不同产业间的交流与合作，加快各类创新性资源的流动，以此推动现代产业体系的发展。具体而言，产业流通体系的现代化建设需要注重区域网络体系、共享基础设施以及数字信息化平台等流通载体的打造，从而不断提高产业流通体系的联通化水平。

3.3.3　产业空间体系层面的逻辑遵循及其构建思路

3.3.3.1　产业空间体系层面的逻辑遵循

在现代区位理论中，产业空间体系发展的现代化应满足三个标准：一是要成本最低，二是要市场份额最大，三是要能产生聚集效益。这就意味着现代产业空间体系发展的重点内容是在区域一体化发展条件下，对各个地区的产业进行协同布局。第一，在现代产业空间体系中，不同地区的政府机构会加强沟通与交流，共享产业发展规划，在市场规范上达成共识，并结合地区要素禀赋差异确定和调整不同地区产业布局的取向，可以避免区域内部分地区的无效投资和重复建设，推动各地区进行合理的产业分工，引导不同地区形成专业化、特色化以及差异化的区域产业发展格局。[①]第二，现代产业空

---

① 盛斌,毛其淋.贸易开放、国内市场一体化与中国省际经济增长：1985～2008年[J].世界经济,2011（11）：44-66.

间体系可以扭转制造业产业结构比例居高不下的困境。当前，许多地区内的制造业存在着资源过剩问题，而第三产业却由于资源的匮乏难以发展壮大。对此，现代空间体系的发展可以营造良好的市场环境，有效促进不同地区产业资源的交换，使制造业的剩余资源有序地向新兴技术产业和现代服务业流转，从而促进现代产业的快速发展。第三，现代产业空间体系会促使各个地区不同部门内的企业开展在融资和科技创新等多领域内的合作，[①]提高区域内各类创新资源的整合，增强不同地区产业间的知识溢出效应，推动区域产业创新的发展与进步，进而影响产业体系现代化建设。

3.3.3.2　产业空间体系层面的构建思路

在总体上，产业空间体系的发展首先要高度重视规划设计，精准把握不同地区在地理位置上所处的节点以及各产业在经济发展中发挥的作用，在最大化发挥自身优势的同时能够联动周围资源形成产业空间整体，降低生产成本，提高利润率，不断实现各社会空间的经济共赢。第一，要持续优化产业空间体系的布局，根据各产业生产特点进行分工和布局，以确定不同产业在经济地理上的位置，在空间上形成发展合力，从而推动现代产业体系快速发展。第二，要制定产业空间体系协同发展策略，结合地区发展优势，引导其在特色产业上挖掘经济增长点，着重培育和发展区域特色产业城市群、科学规划、合理布局，明确不同地区在产业分工与合作上的定位，制定相配套的经济发展策略。第三，要持续扩大实现环境与经济协同发展的产业体系承载空间。在产业承载空间的开发利用上，需要以满足人们的利益诉求作为根本出发点，同时产业空间体系的重塑也应以实现人的全面发展为首要条件。这需要对承载产业的空间体系进行系统的规划与布局，使各产业能够在空间中进行动态性调整，才能保证发展经济的同时避免环境污染。总之，只有将产业发展置于良性发展轨迹中，才会持久兼顾效率提升与环境保护。

---

① 邵汉华, 刘克冲. 实体经济与要素投入协同发展的时空差异及效应研究——高质量发展视角[J]. 科技进步与对策, 2020, 37 (12) : 36-45.

在具体实施上，区域政府要将地理空间的特性和产业特色相匹配，根据产业功能安置不同的产业，筛选出需要重点发展的产业，巩固基础性产业，培育与发展新兴产业。要着力推动区域一体化发展，加快物质资料、资本和劳动力等资源在区域内的流通速度，使产业体系实现柔性化发展，有效减少地区之间"腾笼换鸟"举措下产业僵硬化布局所带来的各种成本与损失，使区域内资金和土地得到有效使用，让区域产业体系发展更具可持续性。要将龙头企业的培育和壮大作为形成产业集群的着力点，充分发挥大企业或大集团的示范和带动作用，引导资本、人才和技术等各类生产资源向龙头企业集聚，推动区域产业规模的扩大。要鼓励区域龙头企业进行技术改造和升级，努力打造核心品牌，增强龙头企业的市场竞争力，以形成产业集聚的重要支点，诱导其相关联的企业向该区域集聚，从而使该区域内的企业获得规模经济效益。

3.3.4　产业协调体系层面的逻辑遵循及其构建思路

3.3.4.1　产业协调体系层面的逻辑遵循

区域产业体系的协调是包括基本要素、产业技术、产业流通、产业空间和生态环境等全方位的协调。其中，生产要素的协调是指从事劳动的主体与生产资料在社会生产活动中能够保持协调关系，保障现代产业体系中的要素在生产过程中以最优的比例进行投入，从而实现生产性资源的有效配置。产业的生态协调则是产业生态化和生态产业化两方面综合作用的结果，是产业协调体系现代化建设的核心内容。产业协调体系的现代化体现在数字技术的运用上，这有利于产业体系现代化发展呈现出清洁和高效（绿色化和生态化）的特征，从而实现可持续发展。在产业协调体系现代化发展中，数字信息技术的运用可以跨越时空上的阻碍，一方面能够有效化解传统空间聚集所带来的城市交通拥堵、环境污染加重以及原材料供给不足等问题；另一方面，产业协调体系的现代化借助信息科学技术，可以使劳动力、资本、生产技术等资源跨时空进行组合，进行系统性生产，有效提高了生产性资源的效率。综上所述，现代产业协调体系的发展可以促使区域内产业部门实现可持续发展，从而加快产业体系的现代化建设。

3.3.4.2　产业协调体系层面的构建思路

在发展产业协调体系，推进产业体系现代化建设时，应重点做好协调体系的构建，主要包括以下四个方面：其一，实现制造业与服务业的协调发展。现代产业的协调体系，必须重视生产性劳动，重视制造业，特别是具有较高技术含量的高端制造业的发展。尤其要精准把握高端制造业与现代化服务业之间的关系，顺应经济体系转型升级的潮流，在深化供给侧结构性改革的进程中，助推传统制造业与信息技术服务业深度融合发展。其二，实现产能的协调发展。一方面，要注重化解传统制造业产能过剩的问题，以"消化一批、转移一批、整合一批、淘汰一批"这一调整思路为指导，充分运用市场机制、规章制度、创新突破化解产能严重过剩的问题；另一方面，引导有条件的企业通过设备改造和技术更新提高产品质量，主动压缩产能。结合市场需求情况和适应产业升级的需要，鼓励企业调整自身发展战略，进行跨地区和跨部门的减量化兼并与重组，实施产业迭代升级、卓越企业培育、绿色低碳集约、智能制造赋能、人才要素集聚五大攻坚战。其三，实现产业技术的协调发展。加强各市场主体间的区际合作，建立科技资源、人才资源等的共建共享机制，努力争取在重大产业技术上取得突破，以摆脱本国产业技术面临发达国家"卡脖子"的困境，如此才能实现产业协调体系的现代化发展，实现经济效益的最大化。其四，实现产业生态化的协调发展。要把生态环境放在同经济发展同等重要的位置上，建立健全的生态环境保护制度，制定强有力的政策，规范市场主体的生产行为，并对产业的污染排放数量进行明确规定，对于违反政策规定的企业进行严格惩处，促使企业进行技术研发，提高资源利用效率和降低污染排放，切实践行"绿水青山就是金山银山"的发展理念。

第4章

现代产业的评价指标体系及其测度

现代产业体系不同于传统产业体系，是以转变区域经济发展方式，推动区域产业结构优化升级，提高区域产业国际竞争力为发展目标的新型产业体系。党的十九大报告和国家领导人的多次重要讲话中强调要重点建设实现实体经济、科技创新、现代金融、人力资源协同发展的产业体系。因此，有必要构建一个系统、科学和有效的评价现代产业体系发展水平的指标体系，综合评价和分析一个国家或地区现代产业体系的发展状况，同时也为实证分析驱动现代产业体系发展的核心要素及评价其经济效应提供了可能。

4.1 评价指标体系构建的重要性、思想及遵循原则

4.1.1 构建的重要性

目前，现代产业体系研究中存在着一个非常重要的问题：如何科学反映出某一个国家或地区现代产业体系发展的状况，即如何通过经验分析出区域现代产业体系的发展水平。现代产业评价指标体系的构建，是对我国现代产业体系研究从定性向定量迈进过程中必不可少的一个环节。它既是评估现代产业体系发展现状的基础前提，又是现代产业体系理论研究需要拓展的重点方向，同时也能为当前评判现代产业体系发展水平提供科学的依据。总之，只有构建出一套科学、系统、严谨的评价指标体系，我们才能及时掌握各个地区现代产业体系发展状况，从而为政府加快现代产业体系的建设提供有效的建议。

4.1.2 构建思想

4.1.2.1 指标体系构建的目标

通过构建现代产业评价指标体系，科学量化我国各地区产业体系现代化程度，综合分析我国产业体系现代化水平，以寻找出我国现代产业体系发展中存在的薄弱环节，并通过比较不同区域现代产业体系发展水平，分析东部、中部与西部地区间现代产业体系发展的差距，以进一步探讨出不同城市之间现代产业体系发展水平随着时间推移而发生的变化。

4.1.2.2　评价指标体系构建的特点

当前，建立现代产业评价指标体系的思路可分为两种：一种是从理论出发，创造性地构建一个全新的系统评价体系；另一种则是基于已有评价体系进行完善，从而达到量化的目的。由于在指标体系构思上的创新，前者往往可以消除已有评价体系带来的弊端，并且更贴近现代产业体系建设的理论，因而具有较为优良的测度与评价能力，其弊端则是指标数据的获取较为困难。相较于前者，后者通过对已有指标体系的完善，在经验数据收集与整理上较为简便，相对应的弊端则是可能存在与理论脱离的情况。鉴于此，本书为了能消除构建过程中可能存在的问题，综合上述两种思路的优点，对评价指标体系进行了构建。

4.1.3　遵循原则

尽管经济学界相当重视产业体系领域内的研究，但目前较为系统与科学的对我国现代产业体系建设水平进行量化的研究依然非常欠缺。对此，本书试图从实体经济、科技创新、现代金融、人力资源协同发展的角度出发，通过对各地区各类统计数据的收集、处理及合成，构建了一个可以综合反映我国现代产业建设水平的指标体系。在构建这套评价指标体系时，本书遵循了以下原则。

4.1.3.1　科学性原则

指标体系的构建必须以科学反映为前提，其设计要将指标的量化过程与数据的真实性、可靠性、可获得性以及可行性考虑在内，并且要明确其实际意义，数据处理方法要合理，能够进行综合分析，以确保合成指数能够准确反映出我国现代产业体系的发展状况与建设水平。此外，各指标之间应该存在着相互联系和制约的关系，使得少数指标能够代替多个指标进行反映，从而确保本书可以合成出具有代表性的、能综合评价现代产业体系发展水平的指数。

4.1.3.2　系统性原则

指标体系构建的重点在于反映出现代产业体系作为一个系统的整体特征，这种系统性主要体现在两个方面：一方面，本书是以实体经济、科技创新、现代金融和人力资源作为四个主要维度，来构建现代产业评价指标体系的。另一方面，本书在指标构建上的目标是现代产业中四个维度的协调发展。因此，现代产业体系发展是一个十分复杂的系统，其指标选取要以重要性为标准，要能区分主次和取舍得当，系统反映出我国产业体系现代化程度。

4.1.3.3　可比性原则

站在时空的双重维度看，现代产业评价指标体系的构建需要有统一的量纲，以形成现代产业体系发展的时间序列，综合量化出我国现代产业体系的建设水平和发展效果，同时也能对国内不同地区在同一时段产业体系现代化建设的程度进行比较，寻找出地区发展水平落后的原因，通过借鉴发展良好地区的先进经验，为实现我国产业体系现代建设的协调发展提供合理的建议。

4.2　评价指标体系构建方法

从理论上讲，现代产业体系是一个多维概念，对其发展水平的测度涉及不同维度的多个指标，因此构建一套能够综合反映现代产业体系内涵，又具备数据可得性的综合评价指标体系是非常有必要的。本书以党的十九大报告中提出的要建立实体经济、科技创新、现代金融、人力资源协同发展的产业体系为指导,借鉴郭诣遂和于鸣燕[1]的研究,从实体经济、科技创新、现代金融、人力资源四个角度构建评估现代产业体系发展水平的指标体系,并结合地级市层面数据的可获得性和完整性,设置了4个一级指标、12个二级指标以及30个三级指标。具体变量名称及衡量方法如表4.1所示,以上变量数据主要来源于《中国城市统计年鉴》、各省份统计年鉴以及各城市统计年鉴。另外,考虑到现代产业体系这一概念最早于2007年提出和数据的可获得性,本书以2008—2019年为研究期限,对我国所有地级市2008—2019年现代产业体系发展水平进行测算。

表4.1　现代产业综合评价指标体系

维度	二级指标	三级指标	定义	数据来源
实体经济	产值	产值规模	地区生产总值（万元）	《中国城市统计年鉴》
		产业结构高级化指数	第三产业与第二产业产值之比（%）	《中国城市统计年鉴》
	投资	投资规模	固定资产投资总额（万元）	《中国城市统计年鉴》
		投资占比	固定资产投资总额占GDP比重（%）	《中国城市统计年鉴》
	就业	就业规模	从业人员年平均人数（万人）	《中国城市统计年鉴》
		就业占比	从业人员年平均人数占年末总人口数比重（%）	《中国城市统计年鉴》

[1] 郭诣遂,于鸣燕.江苏现代产业体系评价模式及构建路径研究[J].中国经贸导刊(理论版),2020(12):47-49.

续表

维度	二级指标	三级指标	定义	数据来源
科技创新	人力投入	R&D人员	R&D人员数（人）	《中国城市统计年鉴》
	资本投入	R&D规模	R&D内部经费支出（万元）	《中国城市统计年鉴》
		R&D投入强度	R&D经费支出占GDP比重（%）	《中国城市统计年鉴》
	创新产出	专利授权	专利授权数（件）	《中国城市统计年鉴》
		发明专利占比	发明专利授权数占专利授权数比重（%）	《中国城市统计年鉴》
现代金融	市场规模	人均存款	人均存款（元/人）	《中国城市统计年鉴》
		金融相关率	金融机构存贷款余额占GDP比重（%）	《中国城市统计年鉴》
		金融机构存贷比	金融机构贷款余额与存款余额之比（%）	《中国城市统计年鉴》
	市场深度	保险深度	保险业承保额占GDP比重（%）	《中国城市统计年鉴》
		保险密度	人均保险承保额收入（元/人）	《中国城市统计年鉴》
		金融从业人员占比	金融从业人员占就业人员比重（%）	《中国城市统计年鉴》
	市场潜力	人均GDP	人均GDP（元/人）	《中国城市统计年鉴》
		外贸依存度	进出口总额占GDP比重（%）	《中国城市统计年鉴》
		实际使用外资金额占GDP比重	当年实际使用外资金额占GDP比重（%）	《中国城市统计年鉴》

续表

维度	二级指标	三级指标	定义	数据来源
人力资源	基础水平	人口自然增长率	人口自然增长率（‰）	《中国城市统计年鉴》
		人口密度	常住人口密度（人/平方千米）	《中国城市统计年鉴》
	教育水平	教育支出占一般公共预算比重	教育支出占一般公共预算支出比重（%）	《中国城市统计年鉴》
		教育工作人员占比	从事教育工作人员占就业人员比重（%）	《中国城市统计年鉴》
		教育支出占比	教育支出占GDP比重（%）	《中国城市统计年鉴》
		普通高等学校在校生占比	普通高等学校在校生占总人口比重（%）	《中国城市统计年鉴》
	经验水平	专业技术人员占比	专业技术人员占总人口比重（%）	《中国城市统计年鉴》
		万人发明专利申请数	每万人发明专利申请数（件）	国家知识产权局
		万人拥有发明专利授权数	每万人拥有发明专利授权数（件）	《中国城市统计年鉴》
		全员劳动生产率	GDP与从业人员年平均人数之比（%）	《中国城市统计年鉴》

数据来源：根据相关文献整理绘制。

4.2.1 构建现代产业评价指标体系的四个维度

4.2.1.1 实体经济

实体经济是推动产业体系发展的着力点。产业体系现代化的实质是以提高供给体系质量和效益为主攻方向，不断做强、做优、做大实体经济，以推动产业体系的调整与重塑。实体经济的发展状况能够体现工业现代化、农业现代化和服务业现代化的水平。对于地区实体经济发展状况，本书参考刘冰和王安[1]的研究，并结合实际情况，选择从产值、投资和就业这三个方面的总体规模和整体比例进行评估，具体构建：①在实体经济产值上，采用地区产值规模和产业结构高级化程度进行测度。产值规模越大，产业结构高级化指数越高，反映出实体经济产值情况越好。②在实体经济投资上，使用地区固定投资规模和固定投资规模占GDP的比重进行衡量。投资规模越大，比重越高，表示实体经济投资力度越大。③在实体经济就业上，选用地区从业平均人数和地区平均从业人数占年末人口总数的比重进行度量。从业平均人数越高，比重越大，说明地区实体经济就业吸纳能力越强。

4.2.1.2　科技创新

科技创新是驱动产业体系发展的内在动力。科学技术现代化是引领生产力发展的第一动力，同时也是牵引产业体系发展的内在动力。在投资和人口阶段性优势消失的新时代，为实现可持续发展的目标，我国产业发展逐渐由依靠要素投入型向依靠创新驱动型模式转变。此外，完善的创新驱动体系，对加快技术进步、提高技术效率及形成规模效率能够产生明显的促进作用。综上所述，科技创新发展是调整产业体系的内在动力。[2]对于科研创新水平，本书参考张翼新[3]、范合君和何思锦[4]的研究，选择从地方科研人力投入水平、资本投入强度以及创新产出成果这三个方面进行综合反映。具体指标构建：①在人力投入上，采用地区研发人员数量进行测度。研发人员数量越多，表明地区科技创新知识、技术支撑条件越好。②在资本投入上，使用研

① 刘冰, 王安. 现代产业体系评价及构建路径研究: 以山东省为例[J]. 经济问题探索, 2020 (05): 66-72.

② 芮明杰. 构建现代产业体系的战略思路、目标与路径[J]. 中国工业经济, 2018 (09): 24-40.

③ 张冀新. 城市群现代产业体系的评价体系构建及指数测算[J]. 工业技术经济, 2012, 31 (09): 133-138.

④ 范合君, 何思锦. 现代产业体系的评价体系构建及其测度[J]. 改革, 2021 (08): 90-102.

发经费支出金额和投入强度进行衡量。地区研发费用越大，投入强度越高，表明地区科技创新资本投入力度越大。③在创新产出上，选用地区专利授权总数和发明专利占授权专利比重进行度量。专利授权数量越多，发明专利占比越高，说明地区科技创新产出情况越好。

4.2.1.3 现代金融

现代金融是支撑产业体系发展的必要条件。现代金融能够通过影响科技创新和实体经济推进产业体系的现代化，是现代产业体系保持持续、快速、健康发展的重要前提。[①]在科技创新发展上，金融的现代化有助于消除信息不对称和降低交易成本，提高各类生产要素配置效率。在实体经济发展上，现代金融不仅能快速聚集社会闲散资金为实体经济提供支持，而且可以有效分散技术开发和创业的风险，从而激发了实体经济的发展活力。对于地区现代金融发展状况，本书选择从地区金融市场发展的规模、深度以及潜力这三个方面进行综合度量。具体构建：①在市场规模上，采用地区人均贷款、金融机构存贷款余额所占GDP的比重以及金融机构贷款余额与存款余额之比进行测度。这些数值越大，表示现代金融市场规模的发展情况越好。②在市场深度上，使用人均保险承保额收入、保险业承保额占GDP比重以及金融从业人数占就业人员比重进行衡量。这些数值的大小体现了现代金融市场发展的深度，即数值越大，现代金融市场发展质量就越高。③在市场潜力上，选用人均GDP、进出口总额占GDP比重以及实际使用外资金额占GDP比重进行衡量。这些数值越大，说明该地区现代金融市场的发展潜力越强。

4.2.1.4 人力资源

人力资源是推动产业体系发展的核心要素。人力资源的持续积累和有效利用是人力资源现代化发展的重要途径，对科技创新、现代金融和实体经济

---

① 付保宗，周劲. 协同发展的产业体系内涵与特征——基于实体经济、科技创新、现代金融、人力资源的协同机制[J]. 经济纵横，2018（12）：23-33.

能够产生根源性的影响，进而推进产业体系的现代化。①人力资源积累的方式主要有劳动者个人能力的提高、工作经验的增加和各类知识与技术的共享等，而有效利用的方式主要有部门内的合理配置和部门间的动态流转。这两种方式的有机结合在为科技创新和现代金融发展提供人才支撑的同时，也弥补了实体经济关键岗位和重要环节的空缺。对于地区人力资源发展状况，本书参考既有文献，选择从人力资源的基础水平、地区教育水平以及劳动者的经验水平这三个方面进行综合考察。具体构建：①在基础水平上，采用地区人口自然增长率和常住人口密度进行测度。人口增长率和密度越高，反映出地区人力资源的基础越好。②在教育水平上，使用地区教育支出占一般公共预算比重、教育工作人员占就业人数比重、教育支出占GDP比重以及普通高等教育在校生占总人口比重进行衡量。这些比重值越大，表示人力资源发展状况越好。③在经验水平上，选用地区专业技术人员占总人口比重、每万人发明专利申请数、每万人拥有发明专利授权数以及GDP与全员劳动生产率进行衡量。这些数值越大，说明地区人力资源经验水平越高。

4.2.2 采用无量纲化处理原始数据

综合评价指标体系可以涵盖现代产业体系多个方面有用的信息，而且若是单独使用某一个二级指标或者某一维度中的一级指标，可能会导致对现代产业体系的片面解读，因此，与既有研究的常用做法保持一致，本书考虑将表4.1中的多个指标按照一定方法综合成一个现代产业体系发展指数。

首先，为了避免离群值对测算结果的影响，本书对表4.1所有指标进行了上下1%的缩尾处理。此外，由于每个指标的性质及计量单位存在一定差异，在计算综合指数之前，需要将所有指标进行标准化处理，即将原始数据转化为无量纲化指标。本书结合我国现代产业体系快速发展的特点，为缓解极端

---

① 农春仕. 加快人力资源与实体经济协同构建现代产业体系[J]. 现代经济探讨, 2020(08): 95-100.

值的影响，保持指数的平稳性，并借鉴郭峰等[①]的研究，采取对数型功效函数法进行标准化处理。具体而言，对数功效函数的公式如下：

$$d = \frac{\log x - \log x^l}{\log x^h - \log x^l} \times 100 \qquad (4.1)$$

式中，x 为变量在每一年度的取值，x^l 和 x^h 分别为变量取值的下限和上限，不同于既有文献常以最小值和最大值作为下限和上限，为了尽可能避免异常值对结果的干扰，本书分别选择5%分位数和95%分位数作为下限和上限。此外，为了使现代产业体系在地区之间和不同年份之间具有可比性，本书只依据固定时间2008年（研究跨期起点）的数据计算每个变量的下限和上限，而不是对每一年的数据分别进行计算。经过上述计算过程，可以得到每一年每个城市每个指标无量纲化后的取值。由于上述指标均为正向指标，取值越大的地区，相应指标的发展水平就越高。

4.2.3 运用主成分分析法确定权重

本书采用主成分分析法和熵权法[②]测算权重。本书为能进行更为细致的分析，在正文中主要采用主成分分析法对指标进行降维处理，把多指标转化为少数几个综合指标（即主成分），其中每个主成分都能够反映原始变量的大部分信息，且所含信息互不重复。最后得到现代产业体系发展综合指数以及实体经济、科技创新、现代金融、人力资源四个子指数，各指数权重具体确定过程如下。

4.2.3.1 适应性检验

首先对样本数据做KMO和 Bartlett球形度检验，KMO数值为0～1，该数

---

① 郭峰，王靖一，王芳，等. 测度中国数字普惠金融发展：指数编制与空间特征 [J]. 经济学（季刊），2020, 19（04）：1401-1418.
② 熵权法计算各指标权重请见附录。

值越接近于1，并且Bartlett 球形度检验值的显著性概率小于0.05时，认为越
适合做因子分析。检验结果如表4.2所示，KMO值为0.866，Bartlett球形检验
显著性概率为0.000，通过检验，为下一步的检验分析奠定了一定基础。

表4.2　KMO和Bartlett球形度检验

KMO 取样适切性量数		0.866
Bartlett球形度检验	上次读取的卡方	110 807.624
	自由度	435
	显著性	0.000

来源：笔者根据相关数据计算得到。

4.2.3.2　提取因子变量

在上述分析的基础上，利用 SPSS软件进行主成分因子提取，得到各因
子的特征值和贡献率，如表4.3所示。同时从因子分析的碎石图中也可以看出
（如图4.1所示），在第7个因子处的拐点最为明显，因此本书提取前7个因子
进行下一步的研究与探讨。

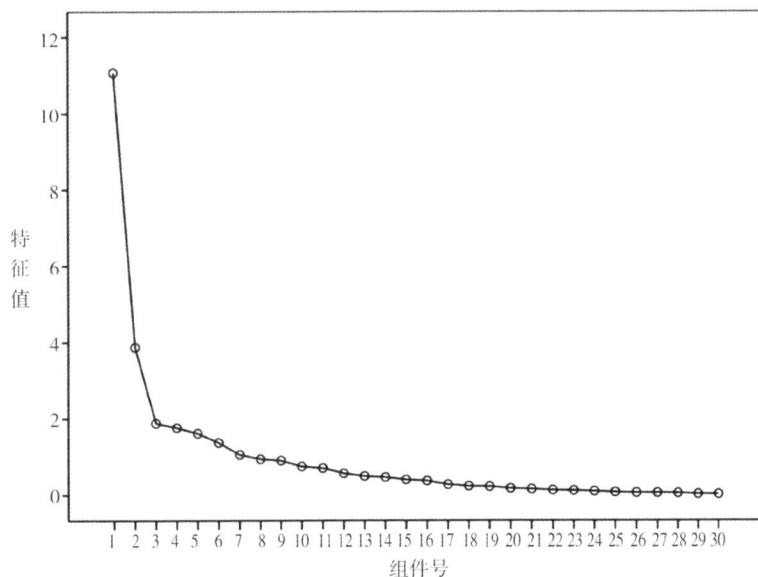

图4.1　碎石图

表4.3　解释的总方差

组件	初始特征值			提取载荷平方和			旋转载荷平方和		
	总计	方差百分比（%）	累积（%）	总计	方差百分比（%）	累积（%）	总计	方差百分比（%）	累积（%）
1	11.072	36.907	36.907	11.072	36.907	36.907	9.266	30.887	30.887
2	3.877	12.923	49.830	3.877	12.923	49.830	3.375	11.252	42.139
3	1.880	6.265	56.095	1.880	6.265	56.095	2.314	7.713	49.852
4	1.762	5.872	61.968	1.762	5.872	61.968	2.259	7.531	57.383
5	1.615	5.383	67.350	1.615	5.383	67.350	2.154	7.180	64.563
6	1.374	4.579	71.929	1.374	4.579	71.929	1.648	5.495	70.057
7	1.058	3.526	75.455	1.058	3.526	75.455	1.619	5.397	75.455
8	0.944	3.148	78.602						
9	0.907	3.023	81.625						
10	0.752	2.505	84.130						
11	0.709	2.363	86.494						
12	0.570	1.899	88.393						
13	0.496	1.655	90.047						
14	0.470	1.565	91.612						
15	0.404	1.348	92.960						
16	0.376	1.252	94.212						
17	0.278	0.927	95.139						
18	0.238	0.792	95.931						
19	0.225	0.751	96.682						
20	0.177	0.591	97.273						
21	0.159	0.529	97.802						
22	0.130	0.434	98.236						
23	0.119	0.397	98.633						
24	0.100	0.334	98.967						
25	0.079	0.263	99.230						
26	0.063	0.211	99.441						
27	0.062	0.207	99.648						
28	0.052	0.174	99.822						
29	0.028	0.095	99.917						
30	0.025	0.083	100.000						

提取方法：主成分分析。

来源：笔者根据相关数据计算得到。

4.2.3.3　建立因子载荷矩阵

提取主因子后建立载荷矩阵，由于初始矩阵的公共因子在各数据指标上的载荷较为接近，对公共因子分类的分析造成困难，故采用方差最大法对因子进行正交旋转处理，并以此创建因子载荷矩阵，以达到公共因子能更好地反映其各自经济含义的目的，旋转后的因子载荷矩阵如表4.4所示。

表4.4　旋转成分矩阵

名称	组件						
	1	2	3	4	5	6	7
b2	0.882	−0.024	−0.276	0.041	−0.091	0.045	0.058
b1	0.876	−0.002	−0.272	0.065	−0.070	0.101	0.052
b4	0.866	−0.066	−0.204	0.152	0.004	−0.023	−0.192
a1	0.866	0.038	−0.337	0.057	0.093	−0.163	0.063
d9	0.861	0.031	0.054	0.016	−0.085	0.224	−0.072
c1	0.851	0.304	0.156	−0.063	0.025	−0.071	−0.123
a5	0.842	−0.275	−0.180	0.168	0.093	−0.074	−0.181
d8	0.841	0.128	−0.043	0.029	0.056	−0.112	−0.040
c7	0.826	0.069	0.106	−0.198	0.079	−0.250	−0.010
a3	0.712	0.161	−0.294	0.065	0.359	−0.244	0.213
d7	0.688	0.435	0.003	−0.136	−0.135	0.139	0.098
a6	0.664	−0.340	0.408	0.027	0.211	−0.044	−0.255
d6	0.641	0.393	0.215	−0.104	0.128	0.318	0.167
c8	0.629	−0.192	0.121	0.130	−0.197	0.229	−0.121
b3	0.557	−0.263	−0.185	−0.137	−0.266	0.244	0.146
c5	0.543	0.099	0.426	0.349	−0.435	−0.336	0.196
d2	0.539	−0.341	−0.288	0.242	0.119	0.143	0.134

续表

名称	组件						
	1	2	3	4	5	6	7
c9	0.435	−0.128	0.279	−0.064	0.241	0.333	0.230
c3	0.398	0.237	0.150	−0.251	0.307	−0.086	0.072
c6	−0.201	0.822	−0.249	−0.030	−0.245	0.070	−0.016
d10	−0.086	0.788	−0.338	−0.076	−0.045	−0.169	0.230
a2	0.215	0.665	0.084	0.177	0.106	0.066	−0.383
d4	−0.452	0.653	−0.302	0.247	−0.196	0.121	0.008
c2	0.497	0.599	0.230	0.055	0.056	0.168	−0.280
c4	0.335	0.105	0.498	0.418	−0.475	−0.308	0.253
d3	−0.183	−0.315	−0.305	0.663	0.042	0.102	−0.096
d1	−0.060	−0.036	0.028	0.573	0.270	0.194	0.357
d5	−0.496	0.368	0.163	0.524	0.226	0.131	−0.255
a4	−0.226	0.340	0.229	0.123	0.641	−0.135	0.269
b5	0.011	0.073	0.204	−0.072	−0.130	0.628	0.202

提取方法：主成分分析。

来源：笔者根据相关数据计算得到。

4.2.3.4　计算各因子得分

由SPSS软件计算得到各因子得分系数矩阵如表4.5所示，由此可以得到7个因子的数学表达式，然后利用各个公因子特征根的方差贡献率作为权重系数，得到因子分析的综合评价函数，最终计算得到综合得分如表4.6所示。

$$F_{总} = \frac{1}{n} \sum_{i=1}^{n} F_i \qquad (4.2)$$

表4.5 成分得分系数矩阵

名称	组件						
	1	2	3	4	5	6	7
a1	0.160	0.080	−0.080	−0.033	−0.032	0.066	−0.124
a2	−0.010	−0.015	0.401	−0.043	−0.072	−0.065	−0.085
a3	0.162	0.086	−0.137	−0.020	−0.039	0.287	−0.127
a4	−0.014	−0.036	−0.027	−0.009	0.004	0.507	0.011
a5	0.112	−0.082	0.082	−0.100	−0.063	−0.052	−0.148
a6	−0.040	−0.288	0.209	0.039	−0.001	0.016	−0.070
b1	0.132	0.079	−0.051	−0.073	−0.034	−0.052	0.053
b2	0.133	0.081	−0.071	−0.051	−0.018	−0.055	0.022
b3	0.069	0.068	−0.168	−0.003	−0.019	−0.148	0.201
b4	0.113	−0.024	0.111	−0.088	−0.056	−0.098	−0.113
b5	−0.058	0.027	−0.031	−0.044	−0.027	−0.045	0.506
c1	0.028	−0.037	0.145	0.102	0.032	−0.002	−0.045
c2	−0.025	−0.039	0.344	0.022	−0.037	−0.056	0.050
c3	0.009	−0.042	0.004	0.172	−0.055	0.205	0.004
c4	−0.069	0.036	−0.094	−0.044	0.552	0.024	−0.015
c5	−0.039	0.028	−0.075	−0.014	0.499	0.008	−0.059
c6	0.024	0.265	0.067	0.023	−0.003	−0.110	0.030
c7	0.043	−0.049	−0.005	0.177	0.043	0.070	−0.123
c8	0.008	−0.078	0.104	−0.082	0.039	−0.174	0.124
c9	−0.013	−0.096	−0.058	0.000	−0.033	0.185	0.326
d1	0.044	0.033	−0.105	−0.329	0.097	0.307	0.206
d2	0.129	0.014	−0.113	−0.205	−0.064	0.059	0.075

续表

名称	组件						
	1	2	3	4	5	6	7
d3	0.078	−0.001	0.069	−0.415	−0.016	−0.040	−0.066
d4	0.031	0.252	0.063	−0.148	0.012	−0.078	0.037
d5	−0.058	−0.064	0.344	−0.251	−0.014	0.058	−0.029
d6	0.008	0.019	0.032	0.054	−0.018	0.129	0.306
d7	0.045	0.114	−0.004	0.086	0.030	−0.025	0.156
d8	0.082	−0.001	0.044	0.022	0.016	0.030	−0.081
d9	0.045	−0.031	0.093	−0.021	−0.016	−0.100	0.137
d10	0.081	0.308	−0.125	0.069	0.031	0.117	−0.050

提取方法：主成分分析；旋转方法：Kaiser标准化最大方差法。
来源：笔者根据相关数据计算得到。

表4.6　主成分分析得分

评价方法	得分
实体经济	0.596
科技创新	0.362
现代金融	0.846
人力资源	2.379
综合	4.183

来源：笔者根据相关数据计算得到。

4.3　测算结果分析

根据上文阐述的现代产业综合评价指标体系和测算方法，可以计算得到我国地级市层面2008—2019年的现代产业体系发展总指数以及四个分项指数。依据上文的测算结果，本部分主要对我国现代产业体系发展的趋势及空间特征进行系统性描述。

4.3.1　我国现代产业体系发展的整体趋势

图4.2展示了我国2008—2019年地级市层面现代产业体系发展总指数的变化趋势，从中可以看出，我国现代产业体系总指数在整体上会随年份推移而逐步提高。图中点线为变化趋势线，呈现为向右上方倾斜的直线。在样本期间，现代产业体系总指数在研究期初（即2008年）最小，实际值为2.59；而在研究期末（即2019年）为最大值，高达5.25，年均增长率为6.63%。由此可见，我国现代产业体系快速的增长趋势十分明显。

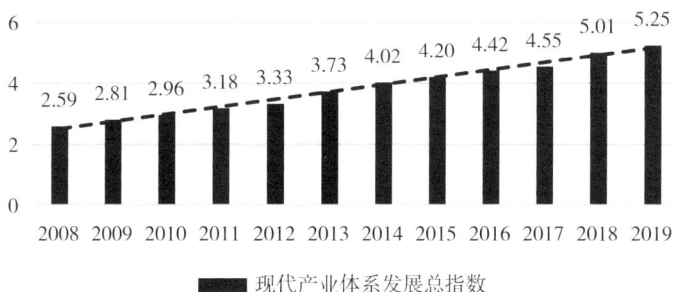

图4.2　2008—2019年我国现代产业体系的发展趋势

（来源：笔者根据相关数据计算得到）

　　由于上述现代产业体系发展指数的总体增长可能掩盖了我国现代产业体系不同层面之间的发展趋势差异，所以，本书将我国现代产业体系指数分解为实体经济发展指数、科技创新发展指数、现代金融发展指数以及人力资源发展指数四个分项指数。图4.3展示了我国2008—2019年现代产业体系四个分项指数的变化趋势，从中可以看出，总体上四个分项指数均表现为随着时间推移呈现出逐步提高的趋势。基于这一趋势，本书结合原始数据进行了更加细致的分析。第一，从实体经济方面来看，2008年实体经济指数为0.27，截至2019年这一指数上升到1.00，年均增长率高达12.64%；第二，从科技创新方面来看，2008年科技创新指数为0.40，到2019年该指数下降为0.36，年均增长率低至-0.95%；第三，从现代金融方面来看，2008年现代金融指数为0.67，截至2019年这一指数上升到1.05，年均增长率为4.17%；第四，从人力资源方面来看，2008年人力资源指数为2.18，到2019年该指数上升至2.59，年均增长率为1.58%。由此可以看出，在2008—2019年，我国现代产业体系四个分项指数中的实体经济发展指数增长速度最快，现代金融指数、人力资源指数的增长速度次之，科技创新指数增长最慢。值得说明的是，尽管人力资源指数在研究期增长速度较慢，但在数值上都远高于同期其他三个分项指标。

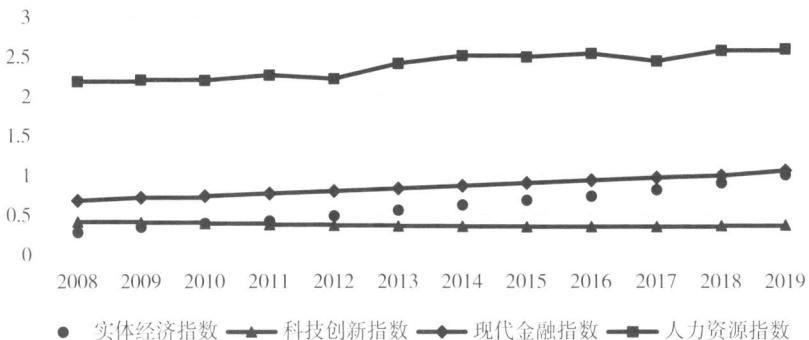

图4.3　2008—2019年我国现代产业体系分项指数发展趋势

（来源：笔者根据相关数据计算得到）

4.3.2 我国现代产业体系发展的地区异质性

图4.2中现代产业体系发展指数的总体增长还可能掩盖了我国不同地区之间关于现代产业体系发展的差异。进一步地，本书将在这一部分通过数据分析和地图形式更加直观地考察我国现代产业体系发展过程中存在的地区异质性。图4.4展示了2008—2019年我国东部、中部和西部现代产业体系发展指数的平均值，分地区来看，不同地区之间现代产业体系发展水平存在较大差异。从图中可以看出，东部在现代产业体系发展总指数、实体经济指数、科技创新指数以及现代金融指数方面均具备较高水平。而在现代产业体系发展总指数、现代金融指数以及人力资源指数方面，中部均低于西部。

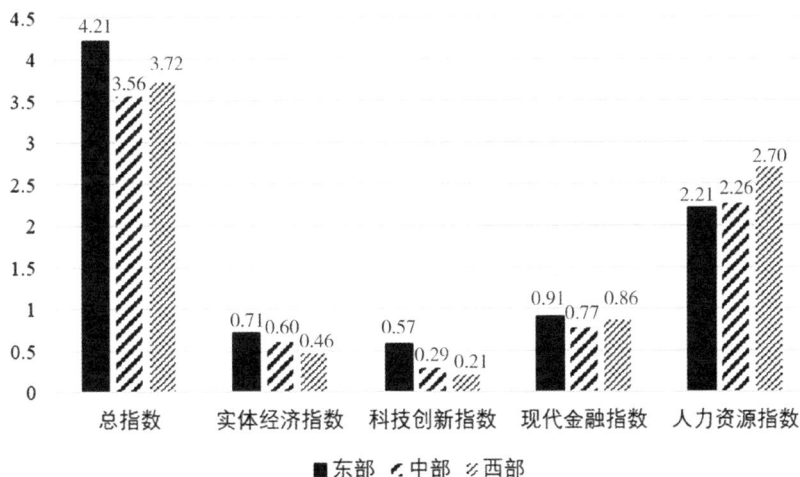

图4.4 2008—2019年东部、中部和西部现代产业体系发展指数平均值

（来源：笔者根据相关数据计算得到）

为了观察不同省份之间的现代产业体系发展差异，本书在图4.5中展示了2008—2019年我国30个省（自治区、直辖市）的现代产业体系发展总指数平均值。从图中可以看出，不同省（自治区、直辖市）之间的现代产业体系发展存在较大差异。其中，北京市、天津市和上海市的总发展指数较高，分别为9.60、8.97、8.06，四川省的总发展指数较低，仅为3.14。在图4.5的基础上，本书绘制了我国30个省（自治区、直辖市）现代产业体系发展梯队表，如表4.7所示。

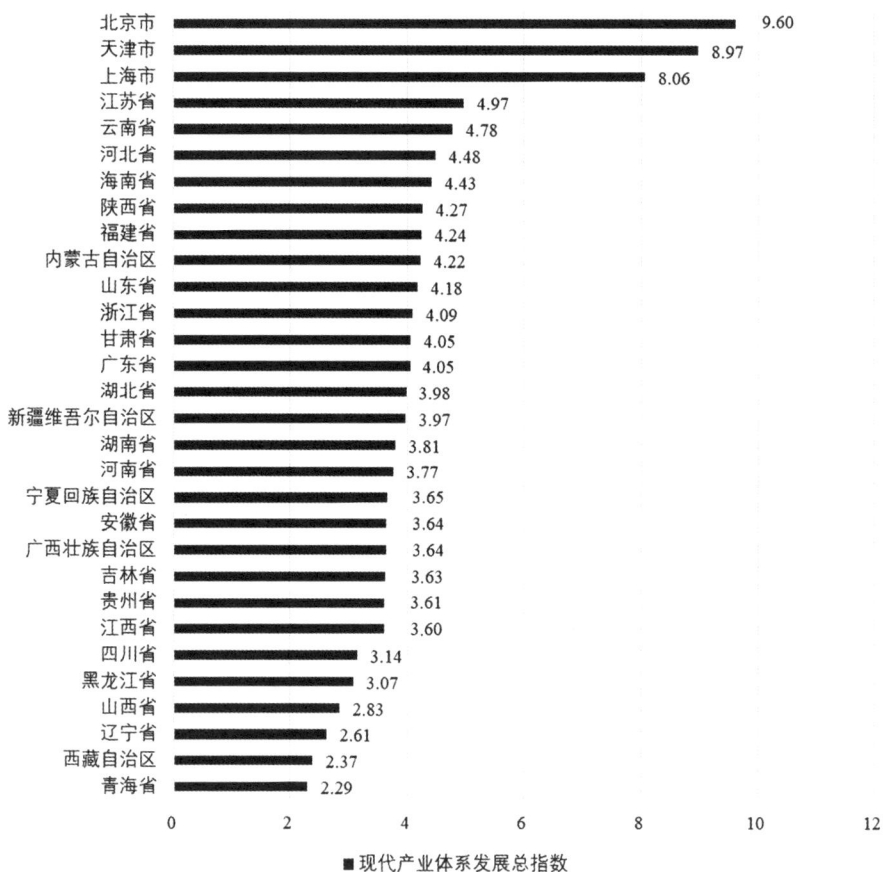

北京市 9.60
天津市 8.97
上海市 8.06
江苏省 4.97
云南省 4.78
河北省 4.48
海南省 4.43
陕西省 4.27
福建省 4.24
内蒙古自治区 4.22
山东省 4.18
浙江省 4.09
甘肃省 4.05
广东省 4.05
湖北省 3.98
新疆维吾尔自治区 3.97
湖南省 3.81
河南省 3.77
宁夏回族自治区 3.65
安徽省 3.64
广西壮族自治区 3.64
吉林省 3.63
贵州省 3.61
江西省 3.60
四川省 3.14
黑龙江省 3.07
山西省 2.83
辽宁省 2.61
西藏自治区 2.37
青海省 2.29

■现代产业体系发展总指数

图4.5　2008—2019年各省（自治区、直辖市）现代产业体系发展总指数平均值

（来源：笔者根据相关数据计算得到）

第一至第四梯队的划分均以2008—2019年现代产业体系发展总指数平均值的大小为依据，总指数平均值越大的省（自治区、直辖市），所在的梯队就越靠前。由表4.7可知，北京市、天津市和上海市为第一梯队（总指数平均

值大于等于8）；第二梯队（总指数平均值介于4和5之间）有江苏、云南、河北、海南、陕西、福建、内蒙古、山东、浙江、甘肃、广东共11个省（自治区）；第三梯队（总指数平均值介于3和4之间）有湖北、新疆、湖南、河南、宁夏、安徽、广西、吉林、贵州、江西、四川、黑龙江共12个省（自治区）；第四梯队（总指数平均值小于等于3）有山西、辽宁、西藏、青海共4个省（自治区）。从中我们不难发现，不同省（自治区、直辖市）之间发展存在较大差距，第一梯队均为直辖市且均处于东部，而第四梯队集中分布在中西部地区，这一结论与上文分东部、中部和西部考察的结果非常契合。

表4.7　我国各省（自治区、直辖市）现代产业体系发展梯队

梯度	得分	省（自治区、直辖市）	省（自治区、直辖市）个数
第一梯队	≥8	北京、天津、上海	3
第二梯队	4～5	江苏、云南、河北、海南、陕西、福建、内蒙古、山东、浙江、甘肃、广东	11
第三梯队	3～4	湖北、新疆、湖南、河南、宁夏、安徽、广西、吉林、贵州、江西、四川、黑龙江	12
第四梯队	≤3	山西、辽宁、西藏、青海	4

来源：笔者根据相关文献整理得到。

　　为了观察不同城市之间的现代产业体系发展差异，本书分别在图4.6和图4.7中展示了2008—2019年我国现代产业体系发展总指数平均值排在前十位和排在后十位的城市。从图4.6中可以看出，总指数最高的前十名城市依次为北京、广州、西安、天津、成都、长沙、呼和浩特、上海、武汉以及郑州，其中总指数最高的高达9.60，最低的仍然有7.91。从中我们不难发现，这10个城市中有4个为东部城市、3个为中部城市、3个为西部城市。从图4.7中可以看出，总指数最低的10个城市分别为海东、七台河、昌都、儋州、吕梁、资阳、双鸭山、乌兰察布、营口以及林芝，其中总指数最高为1.10，最低的为−0.34。在这10个城市中，有2个为东部城市、3个为中部城市、5个为西部城市。

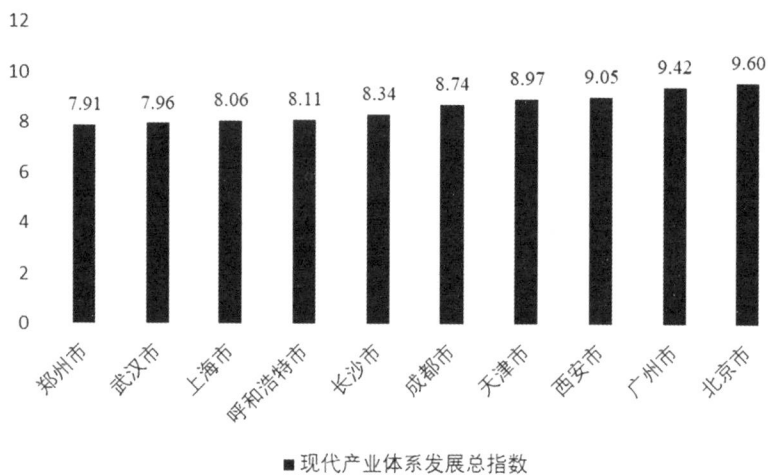

图4.6　2008—2019年现代产业体系发展总指数平均值前十位的城市

（来源：笔者根据相关数据计算得到）

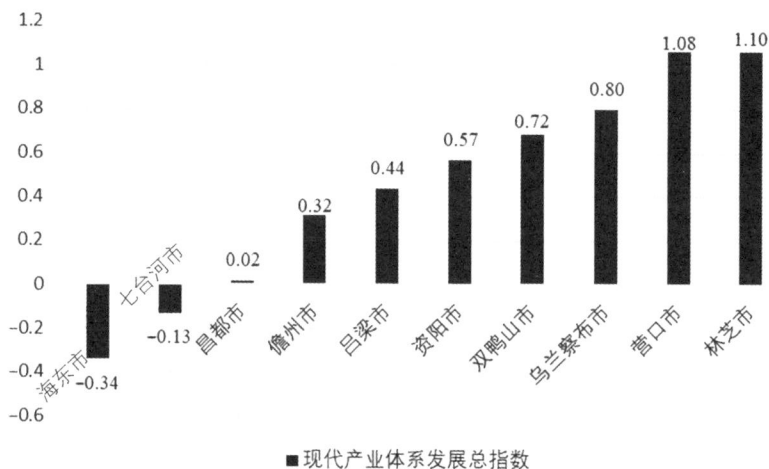

图4.7　2008—2019年现代产业体系发展总指数平均值后十位的城市

（来源：笔者根据相关数据计算得到）

4.3.3 我国现代产业体系发展的地区收敛性

根据前文分析，不同地区之间的现代产业体系发展存在较大差异。那么，现代产业体系发展在地区间的差距会随着时间如何变化呢？是进一步扩大还是将缩小差距？为了回答这一问题，本书首先对总指数和四个分项指数进行了分年度的描述性统计。表4.8为现代产业体系发展总指数的分年度描述性统计，从中可以看出，指数均值逐年增大，这与图4.1的结果保持一致。从标准差来看，如果标准差水平值随着时间推移逐渐变小，则意味着现代产业体系发展在不同城市之间的差距逐年缩小。实体经济发展指数、科技创新发展指数、现代金融发展指数以及人力资源发展指数四个分项指数的描述性统计分别如表4.9至表4.12所示，除了科技创新发展指数的标准差逐年增大以外，其他三个分项指数的标准差均表现出逐年减小的趋势。

表4.8　总指数分年度描述性统计

年份	观测值	均值	标准差	最小值	中位数	最大值
2008	295	2.59	1.49	−1.18	2.53	7.96
2009	295	2.81	1.51	−0.986	2.72	8.66
2010	295	2.96	1.6	−0.893	2.82	8.74
2011	295	3.18	1.65	−1.080	2.94	9.25
2012	295	3.33	1.72	−1.230	3.07	9.52
2013	295	3.73	1.77	−1.260	3.46	9.73
2014	295	4.02	1.84	−0.755	3.74	9.97
2015	295	4.20	1.89	−0.802	3.98	10.10
2016	295	4.42	1.98	−0.748	4.14	10.30
2017	295	4.55	2.01	0.081	4.30	10.80
2018	295	5.01	2.04	0.464	4.86	11.30
2019	295	5.25	2.06	0.357	5.21	11.70

来源：笔者根据相关数据计算得到。

表4.9　分项指数（实体经济）分年度描述性统计

年份	观测值	均值	标准差	最小值	中位数	最大值
2008	295	0.272	0.291	−0.651	0.248	1.94
2009	295	0.339	0.331	−0.594	0.304	2.18
2010	295	0.385	0.366	−0.613	0.337	2.21
2011	295	0.413	0.396	−0.588	0.351	2.21
2012	295	0.479	0.430	−0.565	0.395	2.21
2013	295	0.550	0.457	−0.509	0.461	2.22
2014	295	0.616	0.478	−0.519	0.532	2.22
2015	295	0.674	0.498	−0.604	0.588	2.22
2016	295	0.725	0.515	−0.669	0.640	2.26
2017	295	0.806	0.544	−0.66	0.712	2.3
2018	295	0.893	0.573	−0.642	0.81	2.31
2019	295	0.996	0.595	−0.624	0.916	2.32

表4.10　分项指数（科技创新）分年度描述性统计

年份	观测值	均值	标准差	最小值	中位数	最大值
2008	295	0.404	0.383	0.017	0.269	1.70
2009	295	0.395	0.384	0.017	0.268	1.70
2010	295	0.383	0.384	0.017	0.246	1.70
2011	295	0.368	0.381	0.017	0.239	1.70
2012	295	0.358	0.381	0.017	0.228	1.70
2013	295	0.350	0.381	0.017	0.223	1.71
2014	295	0.345	0.383	0.017	0.209	1.73
2015	295	0.341	0.386	0.018	0.202	1.75
2016	295	0.342	0.391	0.018	0.194	1.74
2017	295	0.341	0.400	0.017	0.189	1.73
2018	295	0.353	0.412	0.018	0.189	1.72
2019	295	0.363	0.423	0.015	0.195	1.72

表4.11　分项指数（现代金融）分年度描述性统计

年份	观测值	均值	标准差	最小值	中位数	最大值
2008	295	0.672	0.244	0.312	0.602	1.82
2009	295	0.710	0.263	0.320	0.633	1.89
2010	295	0.729	0.281	0.287	0.646	1.93
2011	295	0.761	0.297	0.303	0.683	1.99
2012	295	0.792	0.309	0.312	0.717	2.03
2013	295	0.824	0.319	0.292	0.745	2.04
2014	295	0.857	0.327	0.307	0.770	2.04
2015	295	0.891	0.343	0.300	0.812	2.05
2016	295	0.926	0.354	0.300	0.853	2.14
2017	295	0.959	0.361	0.333	0.874	2.13
2018	295	0.985	0.359	0.345	0.909	2.08
2019	295	1.050	0.373	0.368	0.976	2.13

表4.12　分项指数（人力资源）分年度描述性统计

年份	观测值	均值	标准差	最小值	中位数	最大值
2008	295	2.18	0.904	0.460	2.01	5.40
2009	295	2.20	0.932	0.609	2.02	5.62
2010	295	2.19	0.949	0.675	1.96	5.89
2011	295	2.26	0.999	0.686	2.00	6.46
2012	295	2.21	1.020	0.640	1.98	6.37
2013	295	2.40	1.080	0.486	2.13	6.82
2014	295	2.50	1.110	0.520	2.24	7.05
2015	295	2.49	1.150	0.510	2.23	6.88
2016	295	2.53	1.160	0.533	2.28	7.02
2017	295	2.43	1.180	0.433	2.13	7.02
2018	295	2.57	1.190	0.489	2.31	6.82
2019	295	2.59	1.240	0.517	2.27	6.73

最后，为了进一步检验地区现代产业体系发展差距在时间推移中发生的变化，本书采用经济学领域中有关研究地区经济收敛性的σ收敛模型进行了验证。σ收敛是针对存量水平的刻画，体现了地区现代产业体系偏离整体平均水平的差异与这一差异的动态变化过程。也就是说，倘若这种差异越来越小，那么可以认为地区现代产业体系存在一定的收敛性。因此，本书设计了如下所示的σ收敛模型：

$$\sigma_t = \sqrt{\frac{1}{n}\sum_{i=1}^{n}\left(\ln \text{Score}_{it} - \frac{1}{n}\sum_{i=1}^{n}\ln \text{Score}_{it}\right)^2} \qquad (4.3)$$

其中，i表示地区（省份和地级市等），n表示地区的数量，t表示年份，$\ln \text{Score}_{it}$表示第t年i地区的现代产业体系发展指数的自然对数，σ_t表示第t年现代产业体系发展指数的σ收敛检验系数。如果$\sigma_{t+1} < \sigma_t$，那么则意味着第$t+1$年的现代产业体系发展指数与第t年相比较更趋于收敛，即更具有收敛性。

在图4.8和图4.9中，本书分别展示了2008—2019年城市层面和省级层面现代产业体系发展指数的σ收敛检验系数。从图中可以看出，我国地区现代产业体系指数确实具有十分明显的收敛趋势。具体来看，我国城市层面和省份层面现代产业体系指数的σ收敛检验系数分别由2008年的0.531和0.308下降至2019年的0.368和0.236。图4.8和图4.9中的点线分别为我国城市层面和省份层面现代产业体系指数在2008—2019年的变化趋势线，可以明显地看出，趋势线向右下方倾斜，即随着时间推移地区之间的现代产业体系指数差距逐步缩小。

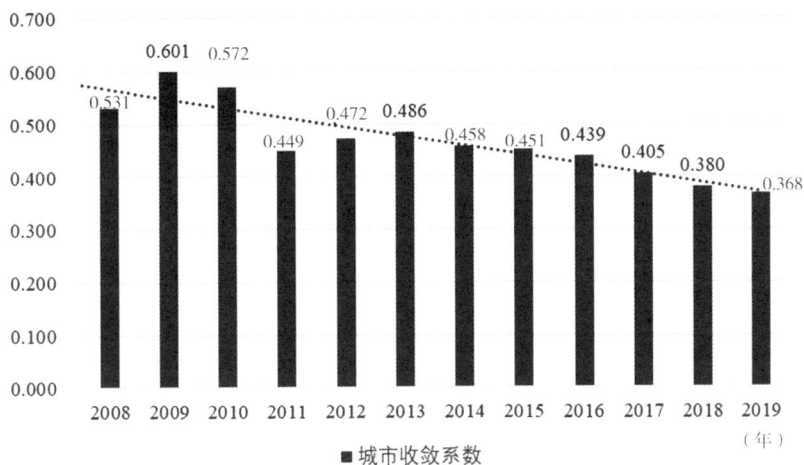

图4.8 2008—2019年城市层面现代产业体系发展收敛系数

（来源：笔者根据相关数据计算得到）

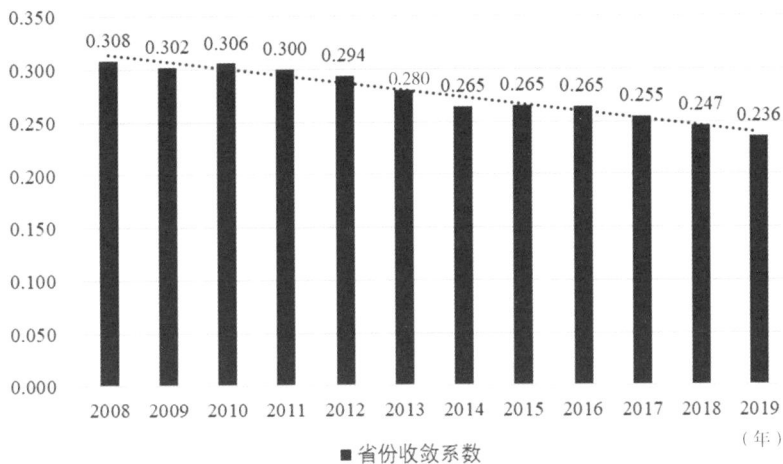

图4.9 2008—2019年省级层面现代产业体系发展收敛系数

（来源：笔者根据相关数据计算得到）

第5章

现代产业体系构建驱动要素的
实证检验

由第3章的理论分析可知，产业技术体系、产业流通体系、产业空间体系和产业协调体系的现代化发展可能对现代产业体系的构建产生重要的影响。由于这四种体系为本书原创性提出，且均属于较抽象的概念，为科学检验这四种体系与产业体系现代化之间的关系，本书利用第4章计算得到的现代产业体系发展指数，并选取现代产业体系构建的重要主体——政府所实施的与产业技术体系、产业流通体系、产业空间体系和产业协调体系相类似的实践背景作为政策冲击，具体以"创新型"城市试点政策为例对应产业技术体系、以"宽带中国"试点政策为例对应产业流通体系、以"城市群规划"试点政策为例对应产业空间体系、以"智慧城市"试点政策为例对应产业协调体系，采用双重差分模型对上述政策的效果进行评估，从而实现对我国代产业体系构建驱动要素的实证检验。

5.1　产业技术体系驱动现代产业体系构建的实证检验
——以"创新型"城市试点政策为例

5.1.1　"创新型"城市试点政策与产业技术体系现代化

5.1.1.1　"创新型"城市试点政策的背景

任何一个国家或地区的创新发展都需要以城市创新发展作为重要支点。国家科技创新合力的形成需要充分调动各地区在创新发展过程中的积极性与主动性，着力打造在全球具有较大影响力的科技创新中心，要建设具有超强辐射力的"创新型"城市。作为企业创新活动的现实载体，城市不仅是技术研发资源的集聚点，而且也是技术创新成果规模化应用的基地。激发城市创新的活力，对于发挥城市在发展中的带动作用具有重大意义。①

在此背景下，我国政府在2008年开始实施"创新型"城市试点的政策，陆陆续续将一些城市纳入"创新型"城市试点范围。相关政策文件中提出，"创新型"城市是指那些具有科技创新带动作用较为显著、自主探索意识强烈且经济社会发展水平较高的城市。从2008年政府将深圳市确立为首个"创新型"试点城市起，到2018年我国已先后设立了78个地级市以上级别的城市作为"创新型"城市建设的试点。各个试点城市依据自身的地理优势、资源禀赋、科技发展水平、产业优势等多方面的条件，开展了建设"创新型"城市的实践。②

---

① 李政，杨思莹. 创新型城市试点提升城市创新水平了吗？[J]. 经济学动态，2019（08）：70-85.

② 霍春辉，田伟健，张银丹. 创新型城市建设能否促进产业结构升级——基于双重差分模型的实证分析 [J]. 中国科技论坛，2020（09）：72-83.

5.1.1.2 "创新型"城市建设与产业技术体系的现代化

由"创新型"城市试点政策的背景可知,"创新型"城市建设与产业技术体系的现代化在许多方面存在相似之处,具体来说有以下几点:第一,在发展目标上,试点城市会将提升技术创新能力作为自身发展的核心目标,并将其贯穿到社会、经济、产业、环境等发展当中。在此基础上,政府机构会研究制定科学的技术创新发展规划,明确各产业技术创新的重点方向,并对高新技术产业予以多方面的支持,从而加快了城市技术进步的速度。因而,"创新型"城市建设的主要目的是加快区域整体技术创新的发展,这与产业技术体系现代化发展的根本目的相一致。第二,在建设模式上,"创新型"城市建设的主要模式是通过自身经济自主演变与政府干预综合影响的结果。在这个过程中,不同产业部门内的企业会按照自身发展情况和市场竞争程度确定符合自身长远发展的技术发展模式,同时政府为推动地方科技的发展,会以资助或补贴的形式引导各产业选择符合自身技术发展的模式,从而推动了城市的技术发展。第三,在创新资源上,建设"创新型"城市需要加强对知识、技术和人才等资源的整合,以提高创新资源的利用效率。一方面,试点城市会设立高新技术开发区、示范园区等多个创新空间载体,并实施相应的扶持政策,吸引或者培育一批创新型企业,以形成产业聚集效应。在此过程中,政府通过设立相应的技术创新服务公共机构,引导各产业部门内的企业进行知识、信息等方面的交流、创新项目的合作以及创新成果的交易。另一方面,试点城市会出台一系列引进技术人才的政策,针对技术人才进行服务优化,建立完善的绩效考核评价体系和丰厚的薪酬奖励体系,以调动技术人才的积极性。第四,在基础设施建设上,试点城市的政府会对与技术创新活动联系密切的信息基础设施建设增加投资,为技术创新活动提供基础性条件,以克服传统的时空跨越障碍,以降低科技市场交易主体间的信息非对称,从基础设施方面完善了城市技术创新体系。第五,在知识产权保护上,知识产权既是"创新型"城市建设的重要内容,又是衡量其城市创新水平的重要指标。

鉴于"创新型"城市建设在技术创新发展目标、建设模式、创新资源配置、基础设施建设和知识产权保护等方面与产业技术体系现代化发展具有一致性，本书将"创新型"城市试点视同区域发展现代产业技术体系的一类政策，从而对现代产业技术体系发展与产业体系现代化的关系进行了实证检验。

5.1.2　数据来源、变量定义以及计量模型设定

5.1.2.1　数据来源

考虑到"现代产业体系"这一概念最早于2007年提出，本书以2008—2019年为研究期限。本部分用到的核心指标主要来源于《中国城市统计年鉴》、各省份统计年鉴以及各城市统计年鉴等数据库资源。

5.1.2.2　变量定义

（1）被解释变量

本书的被解释变量为现代产业体系，借鉴相关文献的做法，从实体经济、科技创新、现代金融、人力资源四个角度构建评估现代产业体系发展水平的指标，并进一步采用主成分分析等降维处理方法计算综合指数。上一章节已经对我国地级市层面2008—2019年现代产业体系发展水平进行了测算。

（2）核心解释变量

本书的核心解释变量为"创新型"城市试点，采用"是否被列为'创新型'城市试点"这一虚拟变量来测度。如果某地级市在2008—2019年进入"创新型"城市试点名单，则变量赋值为1；否则，赋值0。是否被列入"创新型"城市试点以来自科技部公布的"创新型"城市名单为准。

（3）控制变量

为了保证回归结果的可靠性，本书控制了可能会对城市现代产业体系构建产生影响的重要因素：①基础设施水平。参考已有文献用每平方千米的

千米路程来表示。②机器人安装密度。借鉴王永钦和董雯[①]的做法，采用工业机器人安装密度作为代理变量，计算方法为Bartik工具变量法。③法治水平。参考卢峰和姚洋[②]、余明桂和潘红波[③]的研究，本书采用各省份的经济案件结案率，也就是结案数与收案数之比度量各地区的法治水平。④犯罪率。采用《中国检察年鉴》、各省市人民检察院工作报告公布的各省市犯罪率数据。为了尽可能减缓反向因果问题的干扰，上述指标均计算到省级层面。[④]

5.1.2.3　计量模型

将"创新型"城市试点政策作为一项准自然实验，考虑到"创新型"城市试点是经过几个阶段的批准，本书在刘传明和马青山研究的基础上，构建渐进DID模型。[⑤]模型构建为：

$$Industry_{it} = \alpha_0 + \alpha_1 Time * Tteat1_{it} + \gamma_j X_{jt} + \mu_i + \delta_t + \varepsilon_{it} \qquad (5.1)$$

其中，$Industry_{it}$代表城市i在t年的现代产业体系构建水平；$Time * Tteat1_{it}$表示试点当年及其以后年份设定为"1"，其余设定为"0"，其系数α_1反映"创新型"试点城市的政策效果；X表示省级层面控制变量集合，包括基础设施、法治水平、机器人应用水平和犯罪率；μ_i为城市固定效应；δ_t为时间固定效应；ε_{it}为随机误差项。

---

① 王永钦, 董雯. 机器人的兴起如何影响中国劳动力市场?——来自制造业上市公司的证据[J]. 经济研究, 2020, 55(10): 159-175.

② 卢峰, 姚洋. 金融压抑下的法治、金融发展和经济增长[J]. 中国社会科学, 2004(01): 42-55+206.

③ 余明桂, 潘红波. 政治关系、制度环境与民营企业银行贷款[J]. 管理世界, 2008(08): 9-21+39+187.

④ 本书在计算城市层面现代产业体系发展水平时，构建的评价指标体系涉及地级市层面的30个指标，因此很难再加入相对比较外生又随时间发生变化的地级市层面控制变量。因此本书选择加入四个省级层面又相对外生的控制变量，在后文中又做了平行趋势检验、PSM-DID以及安慰剂检验等，以保证估计结果的稳健性。

⑤ 刘传明, 马青山. 网络基础设施建设对全要素生产率增长的影响研究——基于"宽带中国"试点政策的准自然实验[J]. 中国人口科学, 2020(3): 75-88+127-128.

5.1.3　实证结果分析

5.1.3.1　基准回归结果

表5.1报告了"创新型"城市试点与现代产业体系的基准回归结果，其中我们主要关注核心解释变量"创新型"城市试点的系数估计值。第（1）列仅控制了城市和年份固定效应，可以看到核心解释变量系数在1%水平上显著为正，表明在入选"创新型"试点城市后，显著推动了当地现代产业体系的发展。第（2）至（5）列逐步加入了一些特征变量，结果依然发现"创新型"城市试点对现代产业体系产生了显著的正向作用。

表5.1　基准回归结果

变量	（1）	（2）	（3）	（4）	（5）
	现代产业体系	现代产业体系	现代产业体系	现代产业体系	现代产业体系
"创新型"城市试点	0.076***	0.076***	0.075***	0.074***	0.073***
	(0.011)	(0.011)	(0.011)	(0.011)	(0.011)
基础设施		0.084	0.094	0.019	0.026
		(0.223)	(0.223)	(0.219)	(0.219)
法治水平			0.060**	0.066***	0.060**
			(0.025)	(0.025)	(0.025)
机器人应用水平				0.024*	0.023*
				(0.014)	(0.014)
犯罪率					−0.096
					(0.060)
年份效应	YES	YES	YES	YES	YES
城市效应	YES	YES	YES	YES	YES
N	3 276	3 276	3 276	3 276	3 276
R^2	0.925	0.925	0.925	0.926	0.926

注：括号内为聚类稳健标准误；*、**和***分别表示10%、5%和1%显著性水平（下同）。

5.1.3.2　平行趋势检验

使用DID模型需要满足平行趋势假设，这就要求在开展"创新型"城市试点之前的时期内，处理组城市和对照组城市现代产业体系的变化趋势均为平行。考虑到"创新型"城市试点分阶段实施，因此借鉴相关文献的做法，本书采用事件分析法（event study）进行平行趋势检验，构建如下计量模型：

$$\text{Industry}_{it} = \gamma_0 + \sum_{k=-5}^{k=-2} \beta_k * D_{it}^k + \sum_{k=0}^{k=10} \beta_k * D_{it}^k + \gamma_1 X_{it} + \mu_i + \delta_t + \varepsilon_{it}$$

（5.2）

模型（5.2）以"创新型"城市试点前一年作为基准年份，其中，D_{it}^k 为"创新型"城市试点的年份虚拟变量，[①]其余变量含义与模型（5.1）相同。β_k 表示实验组和对照组在k期的差异。具体含义是，β_k 的系数在$k<0$时均不显著，表明在政策实施之前各城市不存在显著差异，满足平行趋势的假定；反之，不满足。为便于直观了解，我们将所有系数估计值β_k绘制成图5.1，其中实线部分展示了回归系数变化情况，虚线部分是95%的置信区间。从图中可以看出，通过了平行趋势检验。而在"创新型"城市试点后，即从$k=0$开始，系数曲线向右上方倾斜的趋势明显，系数值总体上呈上升趋势，且在统计上均显著为正，这意味着"创新型"城市试点对现代产业体系的边际效应会随着时间推移逐步增强。

---

① 如果城市i在第n年入选"创新型"城市建设试点，则令$k=t-n$（"创新型"城市试点相对时间）。当$k=4$时，D_{it}^4赋值为1，其他赋值为0。与此类推，当k等于-5，-4，…，8，9时，D_{it}^{-5}，D_{it}^{-4}，…，D_{it}^8，D_{it}^9相应赋值为1，其他赋值为0。

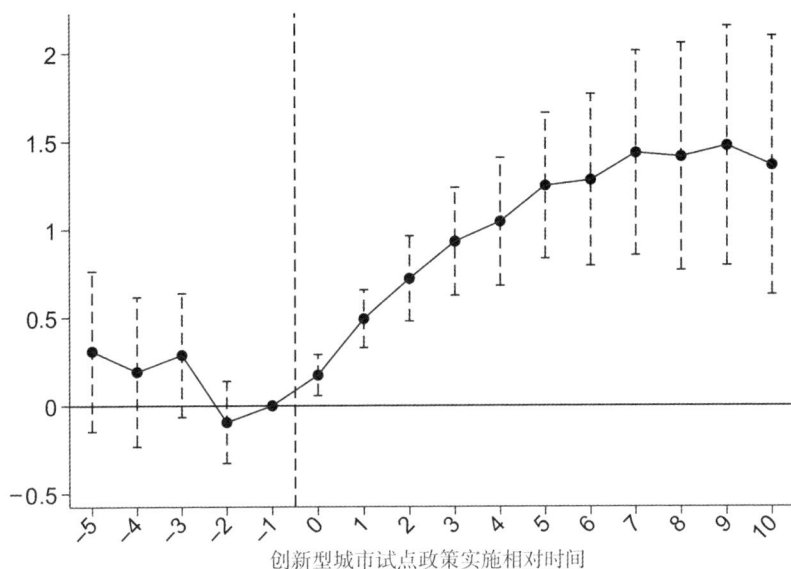

创新型城市试点政策实施相对时间

图5.1　平行趋势

5.1.3.3　内生性估计和稳健性检验

（1）基于倾向得分匹配的渐进双重差分估计

"创新型"试点城市不是随机选择的结果，可能存在选择偏差问题，从而导致渐进双重差分估计结果产生偏误。为避免这一问题，我们使用倾向得分匹配（PSM）的渐进双重差分估计。"创新型"试点工作分阶段实施，因此与传统PSM过程不同的是，我们对样本逐年进行匹配。首先，在各年子样本中分别将本书控制变量作为匹配变量计算出每个城市入选"创新型"城市试点的倾向得分值（即入选概率）；其次，在倾向得分值接近的处理组城市与控制组城市中筛选出与处理组样本相匹配的控制组样本；最后，将各年筛选出来的观测值合并，最终得到了匹配之后的新样本。在匹配方法选择上，我们分别采用了半径匹配、核匹配以及近邻匹配。基于上述方法重新估计结果如表5.2所示，第（1）列使用了半径匹配方法，可以看出核心解释变量系数在1%水平上显著为正；第（2）和（3）列分别使用了核匹配和近邻匹配方法，回归结果均表明，在充分考虑样本选择性偏差后，"创新型"城市试点显著推动了现代产业体系的建立。

表5.2 PSM-DID

匹配方法	（1）	（2）	（3）
	半径匹配	核匹配	近邻匹配
变量	现代产业体系	现代产业体系	现代产业体系
"创新型"城市试点	0.072***	0.073***	0.072***
	（0.011）	（0.011）	（0.011）
基础设施	−0.007	0.026	−0.004
	（0.218）	（0.219）	（0.218）
法治水平	0.059**	0.060**	0.062**
	（0.025）	（0.025）	（0.026）
机器人应用水平	0.023	0.023*	0.024
	（0.014）	（0.014）	（0.015）
犯罪率	−0.095	−0.096	−0.097
	（0.061）	（0.060）	（0.061）
年份固定效应	YES	YES	YES
城市固定效应	YES	YES	YES
N	3 203	3 276	3 215
R^2	0.928	0.926	0.927

（2）安慰剂检验

本书采用实验组城市进行随机给定的安慰剂检验。具体而言，在样本城市中随机选取相应数量的城市作为"创新型"试点城市，在入选当年及之后赋值为1，其他赋值为0，并将上述步骤重复进行1 000次。图5.2展示了安慰剂检验系数核密度分布，从图中可以看出，系数值主要分布在0附近，而基准回归中现代产业体系的系数估计值为0.073。

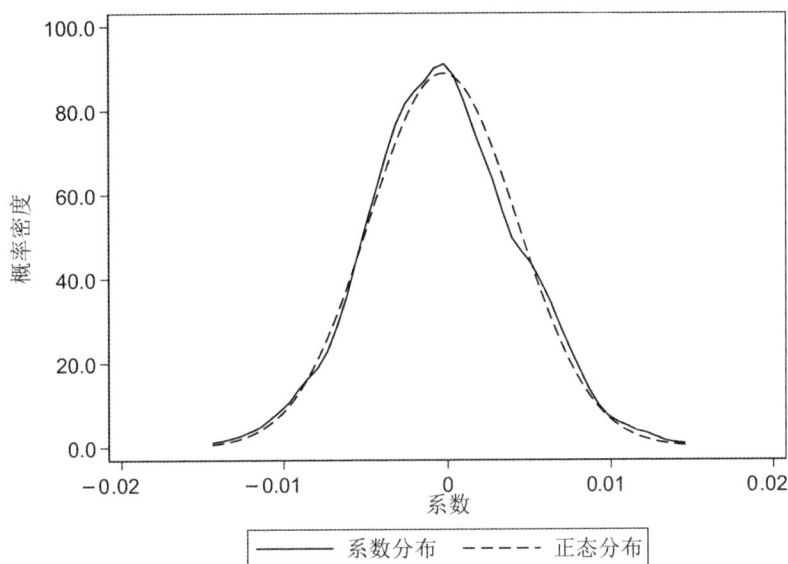

图5.2 安慰剂检验

5.2 产业流通体系驱动现代产业体系构建的实证检验
——以"宽带中国"试点政策为例

5.2.1 "宽带中国"试点政策与产业流通体系现代化

5.2.1.1 "宽带中国"试点政策的背景

为健全国家创新体系和建设创新型国家需要完善的信息基础网络实施提供支撑。不断完善和发展以信息化网络为重点内容的新型基础设施是我国建设"创新型"国家的重要发力点,也是我国实现社会主义现代化建设的必由之路。进入21世纪以来,世界各国政府都认识到信息基础设施建设的重要性，尤其是处于工业化进程中的国家，纷纷将新兴基础设施建设作为其国家发展的重点战略部署。这意味着信息通信业的发展成为各国竞争的新高点。在此背景下，我国政府制定了有关国家信息化发展的重大战略，在2014—2016年分批次将共计120个城市纳入到"宽带中国"建设试点名单中，该试点建设重点针对提升城乡宽带覆盖率等多个方面，以此加快推进我国新型网络基础设施建设。有关数据表明，截至2020年，中国移动通信基站建设的数量已增加到931万个，并且光缆线路总长度已经达到了5 000多万千米。[①]这些数据表明我国当前在通信网络覆盖水平上已处于全球领先位置。

5.2.1.2 "宽带中国"试点建设与产业流通体系的现代化

"宽带中国"试点建设作为一种信息化的基础设施建设，与产业流通体系的现代化有着许多相似点，主要反映在以下几个方面：第一，在新兴产业发展上，"宽带中国"试点建设通过完善网络基础设施，把数据转化成一种类似于技术的生产要素，从而催生和壮大了以5G、大数据、人工智能为代表的一大批新兴产业，[②]为区域产业发展赋予了新的动能。第二，在建设主体上，"宽带中国"因其建设的复杂性和引导与服务机制的缺失，需要政府起到主导作用，制定和实施合理的措施，有效整合各方力量，为区域内不同产业和不同企业创造良好的市场环境。第三，在信息产品和丰富信息消费内容上，"宽带中国"建设不仅需要拓展新兴服务业态，扩大物联网应用规模，而且也要提供非常丰富的信息资源，以减轻消费者的负担和扩大本地内需，实现产品或服务质量的升级。第四，在金融资源配置上，"宽带中国"试点建设能够推动区域金融市场服务与数字信息技术相结合，扩大金融市场服务的覆盖广度，拓宽传统金融机构对金融服务的边界，推动金融市场服务主体下沉，促使金融市场的富余资源流入中小微企业，有效缓解中小微企业的融

---

① 数据来源：笔者根据《中国互联网发展报告》相关数据整理所得。

② 张杰，付奎. 信息网络基础设施建设能驱动城市创新水平提升吗?——基于"宽带中国"战略试点的准自然试验[J]. 产业经济研究，2021(05)：1-14+127.

资约束困境，提高金融资源的配置效率。第五，在产业结构优化上，"宽带中国"试点建设有助于提高制造业生产环节对信息技术的利用水平，助推制造业生产柔性化发展，由"微笑曲线"的两端向高附加值环节跃迁，这个过程当然也加快了制造业与信息业的融合发展，从而实现了区域产业结构的升级。

鉴于"宽带中国"试点建设在新兴产业发展、建设主体、信息产品和丰富信息消费内容、金融资源配置和产业结构优化上与产业流通体系现代化建设作用相一致的特征，本书将"宽带中国"试点建设视同区域发展现代产业流通体系的一类政策，从而对现代产业流通体系发展与产业体系的现代化的关系进行了实证检验。

5.2.2　数据来源、变量定义以及计量模型设定

5.2.2.1　数据来源与变量定义

数据来源与前文保持一致。核心解释变量为"宽带中国"试点政策。用一个双差项来衡量"宽带中国"试点政策，如果该城市被选中且观察期在入选年之后，则取值为1，否则为0。被解释变量为现代产业体系，具体构建方式与前文保持一致。

5.2.2.2　计量模型设定

本节将"宽带中国"试点政策作为一项准自然实验，来考察"宽带中国"政策对现代产业体系构建的影响。"宽带中国"试点是分多次被批复的，因此要使用渐进DID模型。组别虚拟变量和时间虚拟变量的设置方式与本章第一节保持一致。渐进DID的双向固定效应模型构建为：

$$\text{Industry}_{it} = \alpha_0 + \alpha_1 \text{Time} * \text{Tteat2}_{it} + \gamma_j X_{jt} + \mu_i + \delta_t + \varepsilon_{it} \quad (5.3)$$

其中，Industry_{it} 代表城市 i 在 t 年的现代产业体系水平；$\text{Time} * \text{Tteat2}_{it}$ 代表该城市实施"宽带中国"政策；X 表示控制变量集合，包括基础设施、法治

水平、机器人应用水平和犯罪率；μ_i 表示城市固定效应；δ_t 表示时间固定效应；ε_{it} 表示随机误差项。

5.2.3 实证结果分析

5.2.3.1 基准回归结果

本书根据模型（5.3）的估计结果如表5.3所示，我们采用逐步加入控制变量的方式。其中我们主要关注核心解释变量"宽带中国"的系数估计值。第（1）列仅控制了城市和年份固定效应，可以看到核心解释变量系数在1%水平上显著为正，表明在入选"宽带中国"试点城市后，显著推动了当地现代产业体系的建设。第（2）至（5）列逐步加入了一些特征变量，结果依然发现"宽带中国"试点对现代产业体系产生了显著的正向影响。

表5.3 基准回归结果

变量	（1）	（2）	（3）	（4）	（5）
	现代产业体系	现代产业体系	现代产业体系	现代产业体系	现代产业体系
"宽带中国"	0.040***	0.040***	0.040***	0.041***	0.040***
	（0.012）	（0.012）	（0.012）	（0.012）	（0.012）
基础设施		0.014	0.027	−0.062	−0.055
		（0.223）	（0.223）	（0.218）	（0.218）
法治水平			0.076***	0.084***	0.078***
			（0.026）	（0.026）	（0.026）
机器人应用水平				0.028**	0.027*
				（0.014）	（0.014）
犯罪率					−0.091
					（0.060）
年份固定效应	YES	YES	YES	YES	YES
城市固定效应	YES	YES	YES	YES	YES
N	3 276	3 276	3 276	3 276	3 276
R^2	0.925	0.925	0.925	0.926	0.926

5.2.3.2 平行趋势检验

使用渐进双重差分法需要满足平行趋势假设，这就要求在实施"宽带中国"政策之前，实验组和对照组在现代产业体系构建的变化趋势保持一致。考虑到"宽带中国"政策也是分批次实施的，因此同样采用事件分析法进行平行趋势检验，构建如下计量模型：

$$\text{Industry}_{it} = \gamma_0 + \sum_{k=-8}^{k=-2} \beta_k * D_{it}^k + \sum_{k=0}^{k=4} \beta_k * D_{it}^k + \gamma_1 X_{it} + \mu_i + \delta_t + \varepsilon_{it}$$

（5.4）

图5.3为平行趋势检验的结果，满足平行趋势假设。

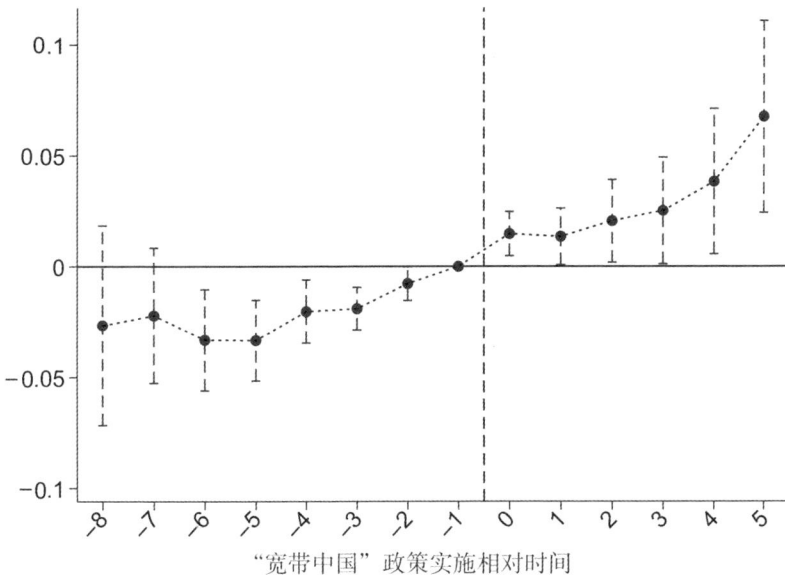

图5.3 平行趋势

5.2.3.3 内生性估计和稳健性检验

（1）基于倾向得分匹配的渐进双重差分估计

"宽带中国"试点城市在选择上可能存在偏误，使得入选城市和非入选城市之间存在资源以及信息化建设上的差异，这一政策以外的因素可能会影响回归结果。为此，本书首先采用倾向得分匹配方法对样本进行筛选，然后在该样本基础上使用渐进双重差分方法检验"宽带中国"政策对现代产业体系构建的影响。考虑到"宽带中国"政策分阶段实施，因此与传统PSM过程不同的是，我们对样本逐年进行匹配，具体的匹配方式与表5.1中保持一致。由表5.4的估计结果可知，无论采用何种匹配方式，"宽带中国"系数依然显著为正，表明匹配后"宽带中国"试点政策对现代产业体系建立的影响是稳健的。

表5.4　PSM-DID

匹配方法	（1）	（2）	（3）
	半径匹配	核匹配	近邻匹配
变量	现代产业体系	现代产业体系	现代产业体系
"宽带中国"	0.040***	0.040***	0.040***
	（0.012）	（0.012）	（0.012）
基础设施	−0.018	−0.055	−0.016
	（0.219）	（0.218）	（0.219）
法治水平	0.079***	0.078***	0.078***
	（0.026）	（0.026）	（0.026）
机器人应用水平	0.029**	0.027*	0.029**
	（0.014）	（0.014）	（0.014）
犯罪率	−0.095	−0.091	−0.096
	（0.060）	（0.060）	（0.060）
年份固定效应	YES	YES	YES
城市固定效应	YES	YES	YES
N	3 256	3 276	3 254
R^2	0.926	0.926	0.926

（2）安慰剂检验

与前面章节一样，本书继续使用安慰剂检验以进一步保证结果的稳健性，排除其他未知因素对估计结果的干扰。图5.4报告了重复1 000次的核密度分布，从图中可以看出，系数值主要在0附近波动，基准估计中，现代产业体系的系数值为0.04，这远大于安慰剂检验中得到的系数估计值，因此"宽带中国"试点政策有助于促进现代产业体系的构建并非偶然事件，基准结论稳健。

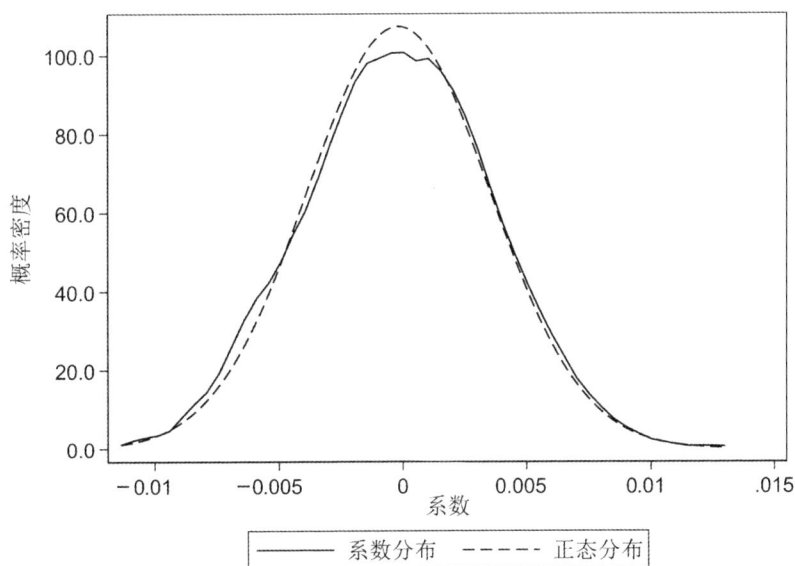

图5.4　安慰剂检验

5.3 产业空间体系驱动现代产业体系构建的实证检验
——以"城市群规划"试点政策为例

5.3.1 "城市群规划"试点政策与产业空间体系现代化

5.3.1.1 "城市群规划"试点政策的背景

城市群作为强化国际竞争力的空间载体，是目前全球各地区推进城市化和区域一体化发展的新趋势。在此背景下，世界各国把打造城市视为推动区域经济增长极形成的有效方式。根据有关数据显示，全球排名前十的城市居然发生了高达43%的经济活动。[①]由此可见，城市群建设对区域经济发展具有重大影响。

在20世纪80年代，理论研究者们率先将城市群发展的概念引入我国，随着不断地传播，又进入政府领导者的视野之中，此后成为部分区域发展政策的重点内容。对此，我国政府为了让一些在功能和空间上联系紧密的不同规模城市能够充分发挥出它们特有的优势，从而形成"1+1＞2"的协同发展效应，发布了《国家新型城镇化规划（2014—2020年）》。此后，分批次批复了长江三角洲、中原和北部湾等一系列国家级及地方性城市群的发展规划文件。至今，我国有高达70%以上的GDP是由城市群创造而来，所以，城市群发展已经成为推动国家经济社会发展的重要支撑和强大引擎。

5.3.1.2 "城市群规划"建设与产业空间体系的现代化

"城市群规划"建设对空间载体的扩大，使其与产业空间体系的现代

[①] 邓慧慧,潘雪婷,李慧榕. 城市群扩容是否有利于产业升级——来自长三角县域的经验证据[J]. 上海财经大学学报, 2021, 23（03）: 32-47.

化发展在很多方面较为相似，具体表现在如下几点：第一，在市场环境上，"城市群规划"会克服由于经济摩擦而造成的资源分散及市场分割等问题，加快了生产要素流动，推动资源互补，形成人口集聚，从而为城市群的产业升级创造了有利的市场环境。[①]对于企业而言，"城市群规划"建设会使市场规模扩大，会吸引更多的外商进行投资，加快了技术与资本积累进程，使得企业产品更新换代更加频繁，从而加剧了市场竞争。第二，在建设主体上，政府在"城市群"建设中发挥着主导作用，会在不同阶段出台各类城市建设规划，引导各个城市进行新经济空间的重构，通过建设各类产业发展园区强化与支撑城市群的发展，以解决产业空间狭小和联系脱节的问题。第三，在科学界定服务范围上，城市群建设要根据不同城市的辐射半径、交通设施条件以及它们联系的紧密程度确定各个城市功能定位，让每个城市结合自身的产业基础承担一定的产业服务功能，发挥各个城市的比较优势。第四，在产业空间布局上，"城市群规划"建设制定清晰明了的城市群产业空间布局规划。在产业发展上，许多新兴产业由于技术不成熟和规模体量不足面临着较高的风险，大量衰退产业则会因市场竞争力的不足而被淘汰。"城市群规划"建设通过对产业区位的合理布局，推动城市群产业形成现代化的分工布局体系，[②]借助空间的发散降低了产业发展的风险。

考虑到"城市群规划"建设在市场环境、建设主体、界定地区服务范围和产业空间布局上发挥着与产业空间体系现代化建设同样的作用，本书认为可以把"城市群规划"建设作为等同区域发展现代产业协调体系这一类政策，从而对现代产业空间体系发展与产业体系的现代化的关系进行实证检验。

---

① 刘乃全,吴友.长三角扩容能促进区域经济共同增长吗[J].中国工业经济,2017(06):79-97.

② 李洪涛,王丽丽.城市群发展规划对要素流动与高效集聚的影响研究[J].经济学家,2020(12):52-61.

5.3.2 数据来源、变量定义以及计量模型设定

5.3.2.1 数据来源与变量定义

数据来源与前文保持一致。本节的被解释变量为现代产业体系，具体的构建方式与前文保持一致。"城市群规划"是本节的核心解释变量，本节以虚拟变量的方式进行衡量。即若一个城市在某一年被纳入"城市群规划"，则该城市当年及以后年份赋值为1，之前年份赋值为0。控制变量包括基础设施、法治水平、机器人应用水平和犯罪率，具体度量方式与前文保持一致。

5.3.2.2 计量模型设定

城市群作为区域空间经济发展战略布局的一次重新调整，其规划实施不仅受到地区经济规模、基础设施条件的影响，而且受到不同城市区位、地形等自然因素影响，而现代产业体系的建设并非影响城市群规划的直接原因。这在一定程度上降低了现代产业体系构建与"城市群规划"之间的逆向因果关系，并由此导致内生性问题的发生，模型构建如下：

$$\text{Industry}_{it} = \alpha_0 + \alpha_1 \text{Time} * \text{Treat3}_{it} + \gamma_j X_{jt} + \upsilon_i + u_t + \varepsilon_{it} \quad (5.5)$$

由于本书研究对象为我国11个重要的城市群，各城市群规划并非在同一年出台，因此式（5.5）所示基准回归模型为渐进双重差分模型。其中，组别虚拟变量（Treat3）和时间虚拟变量（Time）的设置依据参考本章第一节内容，其系数α_1反映"城市群规划"建设对现代产业体系构建的影响；X表示控制变量集合，包括基础设施、法治水平、机器人应用水平和犯罪率；υ_i表示城市固定效应；u_t表示时间固定效应；ε_{it}为误差项。

5.3.3 实证结果分析

5.3.3.1 基准回归结果

在模型（5.5）中，"城市群规划"的估计系数值是我们重点关注的。

第（1）列仅加入了城市和年份固定效应，未加入控制变量，可以看到核心解释变量系数在10%水平上显著为正，表明在入选"城市群规划"试点城市后，显著推动了当地现代产业体系的建设。第（2）至（5）列逐步加入了一些特征变量，上述结果均显示，"城市群规划"试点政策的回归系数在较高的置信水平下显著为正，说明现代产业空间体系发展能够显著促进现代产业体系的构建。

表5.5　基准回归结果

变量	（1）现代产业体系	（2）现代产业体系	（3）现代产业体系	（4）现代产业体系	（5）现代产业体系
"城市群规划"	0.057*	0.047	0.047	0.067**	0.067**
	（0.032）	（0.032）	（0.032）	（0.033）	（0.033）
基础设施		0.845	0.861	1.136*	1.134*
		（0.647）	（0.648）	（0.587）	（0.587）
法治水平			0.102*	0.071	0.075
			（0.060）	（0.060）	（0.060）
机器人应用水平				−0.115***	−0.115***
				（0.042）	（0.042）
犯罪率					0.060
					（0.113）
时间固定效应	YES	YES	YES	YES	YES
城市固定效应	YES	YES	YES	YES	YES
N	3 272	3 272	3 272	3 272	3 272
R^2	0.833	0.834	0.834	0.836	0.836

5.3.3.2　平行趋势检验

使用渐进双重差分法需要满足平行趋势假设，即在没有实施"城市群规划"政策之前，实验组和对照组在现代产业体系构建的变化趋势保持一致。

与本章第一节一致，同样采用事件分析法进行平行趋势检验，构建如下计量模型：

$$\text{Industry}_{it} = \gamma_0 + \sum_{k=-5}^{k=-2} \beta_k * D_{it}^k + \sum_{k=0}^{k=10} \beta_k * D_{it}^k + \gamma_1 X_{it} + \mu_i + \delta_t + \varepsilon_{it}$$

（5.6）

图5.5实线部分展示了回归系数变化情况，虚线部分是95%的置信区间。从图中可以看出，在开展城市群试点之前，实验组城市与对照组城市并不存在明显差异，即通过了平行趋势检验。而在城市群试点后，即从横轴时间为0开始，系数曲线向右上方倾斜的趋势明显，系数值总体上呈上升趋势，且在统计上均显著为正，这意味着城市群试点对现代产业体系的边际效应会随着时间推移逐步增强。

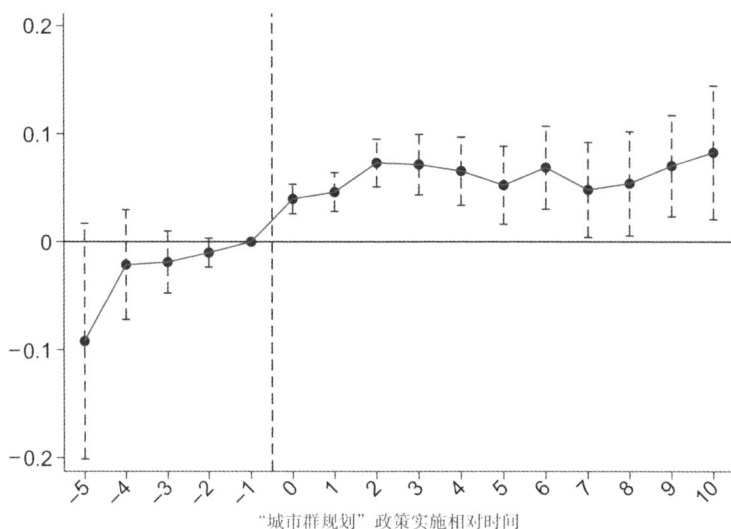

图5.5　平行趋势

5.3.3.3　内生性估计和稳健性检验

（1）基于倾向得分匹配的渐进双重差分估计

"城市群规划"建设的选择不是随机的，可能出现选择偏差的问题，从而导致渐进双重差分估计结果产生偏误。基于此，本书将PSM和DID结合起来进行稳健性估计，具体的检验方式与本章第一节保持一致。基于匹配后样本的估计结果如表5.6所示，第（1）列使用了半径匹配方法，可以看出核心解释变量系数在10%水平上显著为正。第（2）和（3）列分别使用了核匹配和近邻匹配方法，回归结果均表明，在充分考虑样本选择性偏差后，城市群显著推动了现代产业体系的建立。

表5.6　PSM-DID

匹配方法	（1）	（2）	（3）
	半径匹配	核匹配	近邻匹配
变量	现代产业体系	现代产业体系	现代产业体系
"城市群规划"	0.063*	0.058*	0.068*
	（0.034）	（0.034）	（0.043）
基础设施	0.851	0.795	0.388
	（0.597）	（0.617）	（0.665）
法治水平	0.059	0.095	0.068
	（0.072）	（0.080）	（0.104）
机器人应用水平	−0.130***	−0.136***	−0.093
	（0.041）	（0.047）	（0.059）
犯罪率	−0.044	−0.024	0.103
	（0.137）	（0.146）	（0.171）
城市固定效应	YES	YES	YES
时间固定效应	YES	YES	YES
N	2 791	2 512	1 964
R^2	0.850	0.853	0.849

（2）安慰剂检验

为进一步基准回归结果的稳健性，本书参照前文的做法，对"城市群规划"试点的处理组城市进行随机给定的安慰剂检验，具体做法与前文一致。

从图5.6可以看出，系数值在0附近波动，基准回归中现代产业体系的系数估计值为0.067，通过了安慰剂检验。

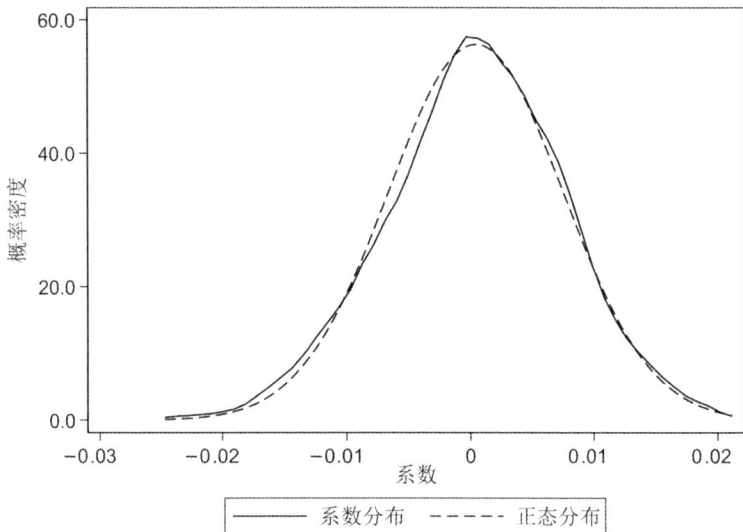

图5.6 安慰剂检验

5.4 产业协调体系驱动现代产业体系构建的实证检验
——以"智慧城市"试点政策为例

5.4.1 "智慧城市"试点政策与产业协调体系现代化

5.4.1.1 "智慧城市"试点政策的背景

数字化、信息化和智能化是世界各国家城市推进现代化建设的重点发展方向。"智慧城市"作为一种先进的城市发展模式，其概念最早由美国IBM公司提出，其建设愿景可以简要概括为充分运用数字信息技术，为世界各国城市发展提供支持。在"智慧城市"建设上，我国相较于欧美发达国家起步较晚。从2010年起，我国已公布的三批"智慧城市"试点共计290个，"十三五"规划中明确提出或正在建设的超过500个，而且这个数字预计将继续增长。此外，中国"智慧城市"建设在纵向上不断拓展和延伸，向上拓展至智慧城市群，向下延伸至智慧城镇。在住建部前后三次公布的约300个国家"智慧城市"试点名单中，县级城市有100个左右，县区有100个左右。

5.4.1.2　"智慧城市"建设与产业协调体系的现代化

由上述建设"智慧城市"的背景可知，"智慧城市"建设与产业协调体系现代化发展在许多方面存在相似之处，大致可以概括为如下三点：第一，在产业协调发展上，"智慧城市"既可以推动传统产业对自身生产设备进行更新换代，提高产品技术含量和生产效率，也可以促使传统产业对组织管理方式进行变革，实现智能化管理。[1]同时，也会催生出一大批新兴产业，如先进制造业和生产性服务业。"智慧城市"的建设要高度依赖于先进的技术，这间接推动了以新材料、新能源、大数据以及云计算等为代表的先进制造业和生产性服务业的发展。[2]所以，"智慧城市"的建设能促进传统产业与新兴产业之间的协调发展。第二，在集约化发展上，"智慧城市"建设可以统筹内部的各类资源，促使土地、厂房、资金及公共设施实现一体化运营，让资源达到合理与科学配置，从而降低了城市内不同产业和不同企业的生产经营成本，使得产业发展走向集约化。第三，在系统性发展上，"智慧城市"建设从整体上看，能够通过对互联网和物联网等信息技术的使用，把城市内的交通运输业、制造业、医疗服务业以及信息服务业等多个产业衔接成一个完整的产业系统，使城市产业实现系统化发展。第四，在可持续性发展上，"智慧城市"通过信息化管理能够把所有经济主体紧密相联系，能培

---

[1]　赵建军, 贾鑫晶. 智慧城市建设能否推动城市产业结构转型升级？——基于中国285个地级市的"准自然实验"[J]. 产经评论, 2019, 10（5）：46-60.

[2]　张钰静. 智慧城市能否促进经济增长——基于智慧城市建设的准自然实验[J]. 商业经济, 2017（09）：20-22.

育人力资源、生产性资源和绿色生产等新的发展动能，增强了产业发展的可持续性。[①]

鉴于"智慧城市"建设在产业协调、集约化发展、系统性发展与可持续性发展和产业协调体系现代化建设作用相一致的特征，本书将"智慧城市"试点视同区域发展现代产业协调体系的一类政策，从而对现代产业协调体系发展与产业体系的现代化的关系进行实证检验。

5.4.2 数据来源、变量定义以及计量模型设定

5.4.2.1 数据来源与变量定义

数据来源与前文保持一致。核心解释变量为"智慧城市"试点政策。采用双重差分项衡量，若该城市入选"智慧城市"战略试点，且观测时间在入选年份之后，则取值为1，否则为0。被解释变量为现代产业体系，具体构建方式与前文保持一致。

5.4.2.2 计量模型设定

本节将"智慧城市"政策作为一项准自然实验，继续考察产业协调体系建设对现代产业体系构建的影响。由于"智慧城市"试点也是分多次被批复的，因此要使用渐进DID模型。组别虚拟变量和时间虚拟变量的设置方式与前文保持一致。渐进DID的双向固定效应模型构建为：

$$Industry_{it} = \alpha_0 + \alpha_1 Time * Treat4_{it} + \gamma_j X_{jt} + \mu_i + \delta_t + \varepsilon_{it} \quad (5.7)$$

其中，$Industry_{it}$ 代表城市 i 在 t 年的现代产业体系水平；$Time * Treat4_{it}$ 表示"智慧城市"试点，其系数 α_1 反映"智慧城市"政策的实施对现代产业体系构建的影响；X 表示控制变量集合，包括基础设施、法治水平、机器人应用水平和犯罪率；μ_i 表示城市固定效应；δ_t 表示时间固定效应；ε_{it} 表示随机

[①] 张治栋，赵必武. 智慧城市建设对城市经济高质量发展的影响——基于双重差分法的实证分析[J]. 软科学，2021，35（11）：65-70+129.

误差项。

5.4.3　实证结果分析

5.4.3.1　基准回归结果

　　回归结果如表5.7所示，列（1）至（5）逐步加入控制变量进行回归，所有估计结果均表明"智慧城市"政策的实施对现代产业体系构建有显著的正向影响，说明"智慧城市"建设显著推动了现代产业体系的建设，这也说明产业协调体系建设对产业体系现代化有显著的正向影响。控制变量的估计结果表明，城市的法治水平和机器人应用水平对现代产业体系建设具有显著促进作用；犯罪率对现代产业体系具有显著抑制作用，与以往研究结论一致。

表5.7　基准回归结果

变量	（1）现代产业体系	（2）现代产业体系	（3）现代产业体系	（4）现代产业体系	（5）现代产业体系
"智慧城市"	0.041***	0.040***	0.040***	0.040***	0.040***
	（0.013）	（0.013）	（0.013）	（0.013）	（0.013）
基础设施		0.044	0.055	−0.027	−0.020
		（0.224）	（0.224）	（0.219）	（0.220）
法治水平			0.064**	0.071***	0.065**
			（0.025）	（0.025）	（0.026）
机器人应用水平				0.026*	0.026*
				（0.014）	（0.014）
犯罪率					−0.104*
					（0.059）
时间固定效应	YES	YES	YES	YES	YES
城市固定效应	YES	YES	YES	YES	YES
N	3 276	3 276	3 276	3 276	3 276
R^2	0.925	0.925	0.925	0.926	0.926

5.4.3.2　平行趋势检验

考虑到"智慧城市"试点分阶段实施，因此本书采用事件分析法进行平行趋势检验，构建如下计量模型：

$$\text{Industry}_{it} = \gamma_0 + \sum_{k=-5}^{k=-2} \beta_k * D_{it}^k + \sum_{k=0}^{k=10} \beta_k * D_{it}^k + \gamma_1 X_{it} + \mu_i + \delta_t \quad (5.8)$$

图5.7实线部分展示了回归系数变化情况，虚线部分是95%的置信区间。从图中可以看出，通过了平行趋势检验。而在"智慧城市"试点后，即从横轴值为0开始，系数曲线向右上方倾斜的趋势明显，系数值总体上呈上升趋势，且在统计上均显著为正，这意味着"智慧城市"试点对现代产业体系的边际效应会随着时间推移而逐步增强。

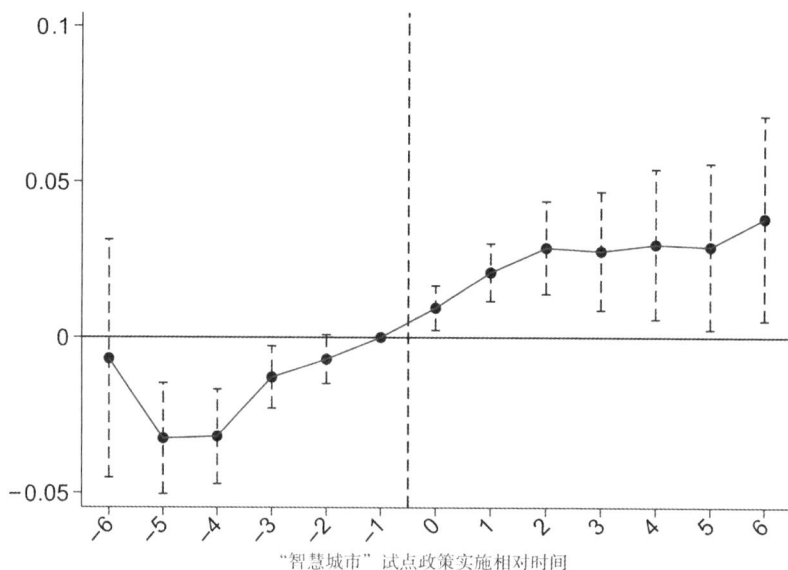

图5.7　平行趋势

5.4.3.3　内生性估计和稳健性检验

（1）基于倾向得分匹配的渐进双重差分估计

考虑到实施"智慧城市"政策的城市不是随机选定的，可能导致基准回归结果产生偏误。基于此，本书将PSM和DID结合起来进行稳健性估计，具体的检验方式与本章第一节保持一致。同样采用了半径匹配、核匹配以及近邻匹配三种方法。基于匹配后样本的估计结果如表5.8所示，第（1）列使用了半径匹配方法，可以看出核心解释变量系数在1%水平上显著为正；第（2）和（3）列分别使用了核匹配和近邻匹配方法，回归结果均表明，在充分考虑样本选择性偏差后，"智慧城市"政策的实施显著推动了现代产业体系的构建。

表5.8　PSM-DID

匹配方法	（1）	（2）	（3）
	半径匹配	核匹配	近邻匹配
变量	现代产业体系	现代产业体系	现代产业体系
智慧城市	0.039^{***}	0.040^{***}	0.039^{***}
	（0.013）	（0.013）	（0.013）
基础设施	0.088	−0.015	0.086
	（0.220）	（0.219）	（0.221）
法治水平	0.057^{**}	0.061^{**}	0.058^{**}
	（0.026）	（0.026）	（0.025）
机器人应用水平	0.022	0.025^{*}	0.022
	（0.014）	（0.014）	（0.014）
犯罪率	-0.122^{**}	-0.107^{*}	-0.121^{**}
	（0.059）	（0.059）	（0.059）
时间固定效应	YES	YES	YES
城市固定效应	YES	YES	YES
N	3 226	3 268	3 231
R^2	0.924	0.925	0.924

（2）安慰剂检验

为进一步基准回归结果的稳健性，在样本城市中随机选取相应数量的城市作为"智慧城市"试点城市，在入选当年及之后赋值为1，其他赋值为0。本书在此基础上重新进行估计，为提高安慰剂检验的有效性，将以上步骤重复进行1 000次。图5.8的系数值主要是在0值附近，表5.7中的基准回归的系数值为0.04，基准结果依然稳健。

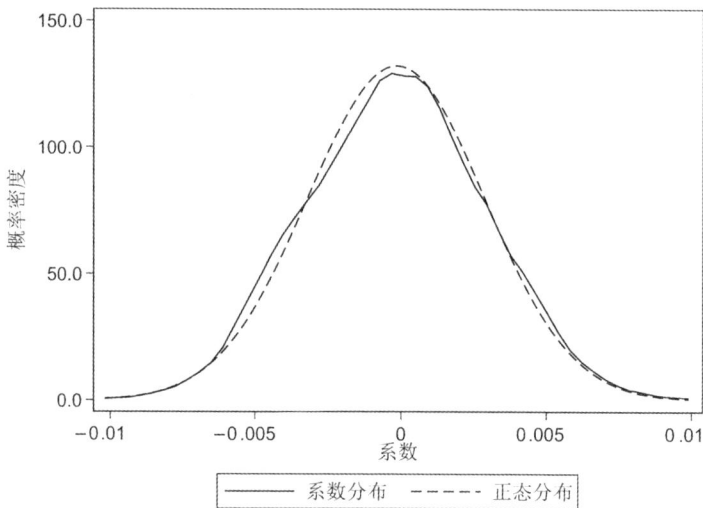

图**5.8**　安慰剂检验

5.5　研究结论与启示

5.5.1　研究结论

在本章中，研究的主要内容包括：第一，通过理论分析"创新型"城市建设在技术创新发展目标、发展模式、创新资源配置、基础设施建设和知识产权保护等方面与产业技术体系现代化建设作用的一致性，将开展"创新型"城市试点作为区域发展现代产业技术体系的一类政策冲击；第二，通过理论分析"宽带中国"建设在新兴产业发展、建设主体、信息产品和丰富信息消费内容、金融资源配置和产业结构优化上与产业流通体系现代化建设作用的一致性，将"宽带中国"试点政策作为区域发展现代产业流通体系的一类政策冲击；第三，通过理论分析"城市群规划"建设在市场环境、建设主体、界定地区服务范围和产业空间布局上与产业空间体系现代化建设作用的一致性，将"城市群规划"建设试点政策作为区域发展现代产业空间体系的一类政策冲击；第四，通过理论分析"智慧城市"建设在产业协调、产业系统和产业可持续发展上与产业协调体系现代化建设作用的一致性，将"智慧城市"建设试点政策作为区域发展现代产业协调体系的一类政策冲击；第五，使用双重差分面板估计模型（DID）分别对四大体系的关系进行了实证检验。

结果发现，四大体系的发展均能对产业体系现代化建设产生显著的促进作用。这一结论在使用PSM-DID模型重新估计、安慰剂检验、替换被解释变量以及控制省份–年份联合固定效应等多项检验后，仍然显著。

5.5.2　研究启示

通过对上述研究结论的分析，可以发现产业技术体系、产业流通体系、产业空间体系与产业协调体系作为驱动现代产业体系发展的根本动力、基础动力、承载动力与可持续动力，将在现代产业体系的构建中发挥激励机制、运行机制、布局机制与保障机制的作用。这四大体系能在政府、市场与企业的协同作用下实现有机结合，为现代产业体系构建带来科学有效的保障，同时也为我国现代产业体系构建提供了具体的实现路径，具体包括以下几个方面。

第一，从要素驱动向创新驱动转变。现代产业体系构建的关键在于从对资源和投资要素的依赖过渡到以创新作为核心驱动力。首先，培育创新要素。要在挖掘传统的以生产工艺为主的技术创新和以体制机制改革为主的制度创新潜力同时，注重对新要素、新产品、新市场机遇、新组织模式等创新潜力的发现和应用。其次，优化配置创新要素。一方面，充分了解现阶段产业转型过程中的技术、组织方式、制度体系等瓶颈，明确创新方向与需求；另一方面，完善创新发生的激励机制和创新要素的流动机制，实现创新要素供给与企业、产业、区域需求的有效匹配。最后，发挥创新协同效应。在新的科学技术和产业组织方式变革背景下，创新呈现出多元化多层次的复合特征。发挥创新协同效应就是在知识、技术、要素、产品、平台、组织、供应链、市场、组织模式、管理体制、制度等各个环节激发创新机会，拓展并延伸创新链，提高创新效率和创新潜力。

第二，从供需失衡向供需匹配转变。现代产业体系构建的基本路径是从低发展质量的社会供需失衡向高发展质量的社会供需匹配转变，具体包括产业投入要素和产业产出供需匹配两方面。一方面，产业投入要素的供需匹配必然要实现产业人才供给、产业资本供给、产业技术供给及产业政策供给结构的优化，使其与产业转型发展需求结构有效结合，具体包括：①提供人才支撑，培育具备大国工匠精神、企业家精神、前沿科研精神的高端人力资本；②提供金融支撑，以改革金融体制、完善金融体系促进创新研发应用及实体经济发展；③提供技术支撑，加强前沿科技基础理论突破，构建产业应用场景，拓展智能化模式；④提供政策支撑，将以政府为主导的产业创新激励政策和产业生态环境建设政策作为支撑。另一方面，产业产出的供需匹配就是要实现产业的产品与服务产出和未来经济社会的需求相结合。现代产业的产出供给要以满足绿色化、智能化、数字化、网络化、服务化、高端化的现代市场需求为基本要求，实现产出供需匹配。

第三，从产业分割向产业融合转变。新发展阶段下的现代产业体系构建应从宏观、中观和微观三个层面由产业分割向产业融合转变。宏观层面旨在加强三次产业间的业务关联、链条延伸和技术渗透，将工业化技术和成果广泛应用于农业和服务业，将服务业营销模式和经营理念渗透于工业和农业，探索新产业业态和运营模式，推动各产业相融相长、耦合共生；中观层面体现在产业内部重组导致的新旧产业组织模式更替，应加强建设网络基础设施，大力发展应用平台体系和智能化系统解决方案，深化新一代信息技术、人工智能等在企业、行业、产业层面的应用，降低交易成本，为宏观层面的产业融合奠定制度与运行效率基础；微观层面体现在大数据、互联网、人工智能等现代科学技术在企业组织和生产中的渗透应用，企业通过现代通用科学技术、信息资源等拓展自身生产和组织能力，消除或降低不同行业、产业间融合的技术与信息壁垒，以促进更高层面的产业融合。

第四，从全面开放向深度开放转变。现代产业体系的构建需深刻把握对外开放机遇，从经济发展初级阶段的全面开放向高质量发展阶段的有重点有目标的深度开放转型。首先，由参与全球贸易合作转向参与全球技术合作，构建现代产业体系的战略思路应由传统的技术引进和模仿创新转向自主创新，要充分利用全球科技革命的重要成果，加大与国际顶尖科研创新团队的技术咨询及交流合作力度，加快培育国际技术合作机会和竞争新优势。其次，在区域合作中积极寻找化解国内产业转型升级矛盾的解决方案，通过产业走出去检验产业现代化发展成效，增强整体产业素质和核心竞争力。

第6章

现代产业体系构建的经济效应评价

前文主要对现代产业体系构建的主体、内容、方式等进行了全面的论述与检验，但尚未对现代产业体系构建的现实意义展开分析，基于此，本章对现代产业体系建设的经济效应进行了综合评价，从而为产业体系的现代化提供理论依据。鉴于中央政府在2007年就明确了构建现代产业体系对于支撑经济高质量发展、顺应全球产业分工格局加速变化、促进产业协同发展的重要意义，本章主要从宏观、中观以及微观三个层面对构建现代产业体系的经济效应进行评价。

6.1　现代产业体系构建对宏观层面的经济效应评价

　　本章提及的宏观层面是基于城市层面的研究。首先，现代产业体系作为一个完整的体系，不仅体现在实体经济、各产业之间，更体现在产业发展所需要的人才教育等多个方面。现代产业体系的健康发展也需要多角度发力，而这恰好对应经济高质量的多维性要求。其次，现代产业体系的构建与人民利益息息相关，共同富裕作为社会主义的本质要求，也应作为现代产业体系构建所产生的经济效应中一个不可忽视的考察视域。最后，现代化经济体系的核心是现代产业体系，因此建立面向未来有强大国际竞争力的、适应人民美好生活需要的现代产业体系是关系"双循环"是否能够有效畅通的一个理论与实践都十分重要的问题。①本书主要关注现代产业体系构建对经济高质量发展、共同富裕以及国内国际双循环的影响。

6.1.1　数据来源、变量定义以及计量模型设定

6.1.1.1　数据来源

　　在实证分析中，本书收集了我国主要城市2008—2019年12个年度的指标数据。其中，所需要的数据主要来源于《中国城市统计年鉴》、各地级市统计年鉴以及统计公报等；高质量发展的各项指标原始数据来自《中国城市统计年鉴》、部分省市统计年鉴等；共同富裕数据来源于CEIC数据库以及《中国城市统计年鉴》；双循环的各项指标来源于《中国城市统计年鉴》。

---

① 芮明杰. 双循环核心：建立有强大国际竞争力的现代产业体系[J]. 上海经济, 2021(01)：1-10.

6.1.1.2　变量定义

（1）被解释变量

高质量发展：在早期的文献中，多数用全要素生产率作为经济增长的代理变量，以这种方式计算的高质量发展维度比较单一，本书在曾艺[1]和钞小静、任保平[2]研究的基础上，结合城市层面可获得的数据，设定了5个二级指标构成的多维度指标评价体系，对城市的经济高质量发展进行测算，得到高质量发展水平，具体测度方式如表6.1所示。

表6.1　高质量发展指标评价体系

二级指标	三级指标	定义
产业结构	产业结构高级化	第三产业/第二产业
	产业结构合理化	由三个产业间从业人员数和产值比例测度的泰尔指数
	生产性服务业占比	城镇单位从业人员中生产性服务业的占比（%）[3]
包容性TFP	包容性TFP指数	参考赵涛等[4]
技术创新	创新指数	专利申请数（件）

[1]　曾艺，韩峰，刘俊峰. 生产性服务业集聚提升城市经济增长质量了吗? [J]. 数量经济技术经济研究，2019, 36（05）: 83-100.

[2]　钞小静，任保平. 中国经济增长质量的时序变化与地区差异分析 [J]. 经济研究，2011, 46（04）: 26-40.

[3]　生产性服务业包括交通仓储邮电业，信息传输、计算机服务和软件业，金融业，租赁和商业服务业，科研、技术服务和地质勘查业。

[4]　在具体的数据处理上，资本投入指标借鉴相关文献选用1991年作为历史基期，并以当年固定资产投资占全省比例与张军等（2004）计算的各省份资本存量相乘，确定初期的城市资本存量，以9.6%的折旧率进行永续盘存法的测算；劳动力投入以全社会从业人员进行衡量，即单位从业人员、私营和个体部门从业人员之和；期望产出以2000年为基期进行平减处理获得实际GDP，平减指数选用城市所在省份的GDP平减指数；非期望产出则选用城乡收入差距，以城镇居民可支配收入和农村居民纯收入（或可支配收入）之比进行衡量，并取倒数转化为期望产出指标。

续表

二级指标	三级指标	定义
生态环境	二氧化硫去除率	在2011年用二氧化硫去除量/（二氧化硫产生量+二氧化硫去除量）衡量，此后通过（二氧化硫产生量−二氧化硫排放量）/二氧化硫产生量衡量
	工业固废综合利用率	工业固废综合利用率（%）
	$PM_{2.5}$	$PM_{2.5}$浓度（微克每立方米）
居民生活水平	人均GDP	（元/人）
	人均教育支出	（元/人）
	人均医院床位数	（张/万人）

指标来源：作者整理相关文献得到。

共同富裕：共同富裕发展水平的量化必须从共同富裕的基本概念和外延出发。本书采用4个二级指标、9个三级指标评价共同富裕的发展水平，具体指标测度如表6.2所示[①]。

表6.2 共同富裕指标评价体系

二级指标	三级指标	计算方法说明
收入水平共同提高	地区收入差距缩小	居民人均可支配收入/当年收入最高城市水平
	城乡收入差距缩小	农村居民人均可支配收入/城镇居民人均可支配收入
公共服务共同发展	教育保障差距缩小	普通中小学师生比/当年师生比最高城市水平
	医疗保障差距缩小	人均医疗机构床位数/当年人均床位数最高城市水平
	社会保障差距缩小	基本养老保险参保率/当年参保率最高城市水平
	购房保障差距缩小	居民人均收入除以商品房销售均价/当年比值最大城市水平
生态环境共同改善	绿化水平差距缩小	建成区绿化覆盖率/当年绿化覆盖率最高城市水平
文体事业共同繁荣	文化发展差距缩小	人均公共图书馆藏书量/当年人均藏书最多城市水平
	体育发展差距缩小	人均体育场馆个数/当年人均场馆最多城市水平

指标来源：笔者整理相关文献得到。数据来源：CEIC数据库以及《中国城市统计年鉴》。

[①] 李军鹏.共同富裕：概念辨析、百年探索与现代化目标［J］.改革，2021（10）：12-21.

双循环：就经济"内循环"而言，本书将消费基础、消费意愿、生产规模、劳动生产率和生产结构五个方面纳入"内循环"系统，[①]具体的测度方法如表6.3所示。[②]就经济"外循环"而言，"外循环"系统包括外资使用规模、进口贸易和出口贸易三个方面。其中，外资使用规模用当年实际使用外资金额占GDP比重衡量；进口贸易和出口贸易分别用进口贸易额占GDP的比重和出口贸易额占GDP的比重。本书借鉴葛鹏飞等的研究成果，用主成分分析法测算经济"内循环"与"外循环"的发展水平。[③]经济"内循环"与"外循环"测度指标设置如表6.3所示。[④]

表6.3　双循环指标评价体系

	一级指标	二级指标	三级指标
新型经济"内循环"系统与"外循环"系统的耦合协调系统	"内循环"系统	消费基础	人均可支配收入
		消费意愿	人均消费支出
		生产规模	固定资产投资总额占GDP比重（%）
		劳动生产率	GDP与从业人员年平均人数之比
		生产结构	三大产业部门产出占比与劳动生产率乘积之和
	"外循环"系统	外资使用规模	当年实际使用外资金额占GDP比重（%）
		进口贸易	进口贸易额占GDP比重（%）
		出口贸易	出口贸易额占GDP比重（%）

指标来源：笔者整理相关文献得到。数据来源：《中国城市统计年鉴》。

---

① 詹花秀.经济"脱实向虚"的缘起、轨迹与实质——兼论新冠肺炎疫情冲击下的实体经济发展对策[J].湖湘论坛，2020，33（04）：88-100.
② 龙少波，张梦雪，田浩.产业与消费"双升级"畅通经济双循环的影响机制研究[J].改革，2021（02）：90-105.
③ 葛鹏飞，韩永楠，武宵旭.中国创新与经济发展的耦合协调性测度与评价[J].数量经济技术经济研究，2020，37（10）：101-117.
④ 魏婕，任保平.新发展阶段国内外双循环互动模式的构建策略[J].改革，2021（06）：72-82.

（2）核心解释变量

本节核心解释变量为各城市现代产业体系的构建。主要是以党的十九大报告中提出的要建立实体经济、科技创新、现代金融、人力资源协同发展的产业体系为指导，借鉴相关研究，从这四个角度构建评估现代产业体系发展水平的指标。结合地级市层面数据的可获得性和完整性，本研究设置了4个一级指标、12个二级指标以及30个三级指标。在基准回归中用主成分分析法进行赋权，同时使用熵值法进行稳健性检验。在稳健性检验中，本研究借鉴相关文献构建省级层面综合评价指标。

（3）控制变量

为了尽可能缓解遗漏变量对估计结果产生的干扰，参考既有相关文献，本节也加入了一系列控制变量。城市层面的控制变量主要包括：①是否开通高铁。开通高铁取值为1，否则为0。②是否加入"宽带中国"。这一指标反映了城市的网络基础设施水平，城市加入"宽带中国"取值为1，否则为0。③是否加入"智慧城市"。加入"智慧城市"取值为1，否则为0。省级层面的控制变量主要包括：①犯罪率。采用《中国检察年鉴》、各省市人民检察院工作报告公布的各省市犯罪率数据。②机器人安装密度。本书利用地区机器人进口数量（金额）反映机器人应用水平，[①]为了能够计算城市层面机器人应用水平，本书借鉴王永钦和董雯[②]的做法，从第二次全国经济普查数据中选取了工业企业模块来计算各地级市（地区、自治州、盟）不同行业的就业人数，并结合IFR数据测算了各城市的工业机器人安装密度，以此测度城

---

① 国际机器人联合会（International Federation of Robotics，简称IFR）数据中含有50个国家在1993—2018年的工业机器人安装信息，涉及的行业包括以下六大类：农林牧渔业；采矿业；制造业；电力、热力、燃气及水生产和供应业；建筑业；教育业。

② 王永钦，董雯. 机器人的兴起如何影响中国劳动力市场？——来自制造业上市公司的证据[J]. 经济研究，2020，55（10）：159-175.

市机器人应用水平。[①] ③法治水平。参考现有文献用各省份的经济案件结案率表示。④基础设施水平。一个地区的基础设施水平会通过空间溢出效应和蒂伯特模型促进产业结构升级，并采用每平方千米的千米路程来衡量。

6.1.1.3 计量模型设定

本书构建回归模型来评估现代产业体系建立的宏观经济效用，主要从高质量发展、共同富裕和双循环角度出发，具体如式（6.1）所示。

$$Y_{i,t} = \alpha_0 + \alpha_1 \text{Industry}_{i,t} + \sum \alpha_j X_{i,t} + \mu_i + \nu_t + \varepsilon_{i,t} \qquad (6.1)$$

式中，i、t 分别表示城市和年份；Y 是本节的被解释变量，主要包括城市的高质量发展水平、共同富裕和双循环；核心解释变量 $\text{Industry}_{i,t}$ 表示 i 城市在 t 年的现代产业体系构建水平，其回归系数 α 反映出现代产业体系发展的宏观经济效应；$X_{i,t}$ 为控制变量的集合，用以控制影响被解释变量的经济社会因素，主要包括是否通高铁、是否加入"智慧城市"、是否加入"宽带中国"、犯罪率、机器人安装密度、法治水平和基础设施水平；μ_i 和 ν_t 分别表示城市和年份虚拟变量；$\varepsilon_{i,t}$ 表示随机扰动项。如表6.4所示。

表6.4 变量定义

变量类型	变量名称	定义
核心解释变量	现代产业体系	主成分分析法
被解释变量	高质量发展	家庭总收入/家庭规模（加1取对数）
	共同富裕	城镇家庭收入/城镇家庭规模
	双循环	农村家庭收入/农村家庭规模

---

① 具体计算方式如下：

$$\text{density}_{ct} = \sum_j \frac{\text{robot}_{jt}}{\text{emp}_{j,t=2008}} * \frac{\text{emp}_{c,j,t=2008}}{\text{emp}_{c,t=2008}}$$

其中，$\frac{\text{robot}_{jt}}{\text{emp}_{j,t=2008}}$ 是 j 行业机器人使用存量占每万名从业人员的比重，$\frac{\text{emp}_{c,j,t=2008}}{\text{emp}_{c,t=2008}}$ 则是2008年 c 城市中 j 行业从业人员占 c 城市所有从业人员的比重。

续表

变量类型	变量名称	定义
控制变量	是否开通高铁	城市开通高铁=1；否则=0
	是否加入"宽带中国"	城市实施"宽带中国"政策=1；否则=0
	是否加入"智慧城市"	城市入选"智慧城市"=1；否则=0
	犯罪率	采用《中国检察年鉴》、各省市人民检察院工作报告公布的各省市犯罪率数据
	机器人安装密度	机器人进口数量反映机器人应用
	法治水平	采用各省份的经济案件结案率
	基础设施	采用每平方千米的千米路程来衡量

6.1.2 实证结果分析

6.1.2.1 描述性统计分析

表6.5是本书主要变量的描述性统计结果。从表中可以看出，经济高质量发展指数的均值为33.75，最大值为98.69，最小值为6.376，标准差为15.30，表明不同城市间的经济发展质量差异较大，与余泳泽等的研究结论相近。[①]共同富裕、双循环同样呈现"均值小、标准差大"的特点。不同城市在犯罪率、机器人安装密度、法治水平、基础设施等方面也存在着明显的差异。

---

① 余泳泽，王岳龙，李启航. 财政自主权、财政支出结构与全要素生产率——来自230个地级市的检验[J]. 金融研究，2020（01）：28-46.

表6.5　描述性统计

变量	均值	方差	最小值	最大值
现代产业体系	3.858	1.884	−1.233	11.68
高质量发展	33.75	15.30	6.376	98.69
共同富裕	37.36	15.26	2.432	91.96
双循环	29.07	11.69	4.816	74.46
是否通高铁	0.456	0.498	0	1
是否加入"宽带中国"	0.370	0.483	0	1
是否加入"智慧城市"	0.309	0.462	0	1
犯罪率	0.0555	0.0259	0.0102	0.0997
机器人安装密度	9900	19000	47	140000
法治水平	0.498	0.0701	0.172	0.908
基础设施	0.412	0.186	0.0280	0.793

　　在模型实证前，可利用相关系数初步探查现代产业体系与高质量发展、共同富裕、双循环之间的关系，如表6.6所示。由此可知，现代产业体系和高质量发展、共同富裕、双循环的相关系数分别为0.691、0.393、0.512，且在10%统计水平上显著，说明现代产业体系与高质量发展、共同富裕、双循环之间存在显著的正相关，即两方的发展趋势具有趋同性，现代产业体系的建立显著提升了经济高质量发展、共同富裕和双循环水平。此外，对于其他变量而言，均与高质量发展、共同富裕、双循环存在显著的正相关关系。

　　图6.1至图6.3分别绘制了现代产业体系与经济高质量发展、共同富裕和双循环的散点图，初步可以观察到，现代产业体系指数越大，经济高质量发展、共同富裕、双循环发展水平越高，现代产业体系与经济高质量发展、共同富裕、双循环存在正相关关系，但共同富裕相较于其他两个增长较慢。

表6.6 相关系数矩阵

变量	(1)	(2)	(3)	(4)	(5)	(6)	(7)	(8)	(9)	(10)	(11)
高质量发展	1.000										
共同富裕	0.673*	1.000									
双循环	0.645*	0.575*	1.000								
现代产业体系	0.691*	0.393	0.512*	1.000							
是否通高铁	0.407*	0.379*	0.403*	0.385*	1.000						
是否加入"宽带中国"	0.291*	0.230*	0.188*	0.241*	0.128*	1.000					
是否加入"智慧城市"	0.391*	0.442*	0.297*	0.405*	0.317*	0.120*	1.000				
犯罪率	0.064	0.063	0.060	0.016	0.028	0.002	0.033	1.000			
机器人安装密度	0.343*	0.315*	0.334	0.255*	0.240*	-0.010	0.210*	0.037	1.000		
法治水平	0.064	0.078	0.035	0.040	0.021	-0.008	0.030	-0.050	0.001	1.000	
基础设施	0.158*	0.152*	0.348*	0.147*	0.276*	0.067	0.158*	-0.055	0.380*	0.036	1.000

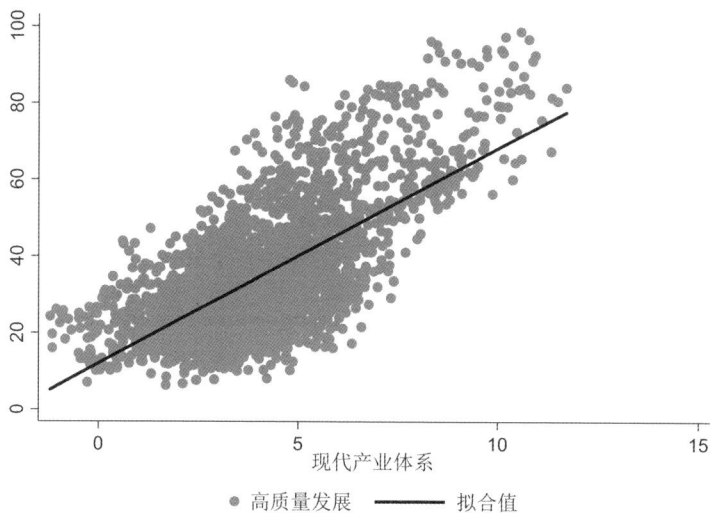

图6.1　现代产业体系与高质量发展散点图

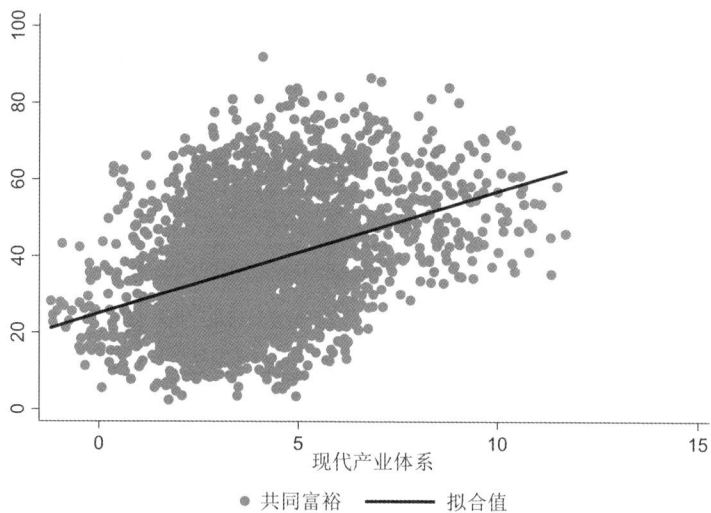

图6.2　现代产业体系与共同富裕散点图

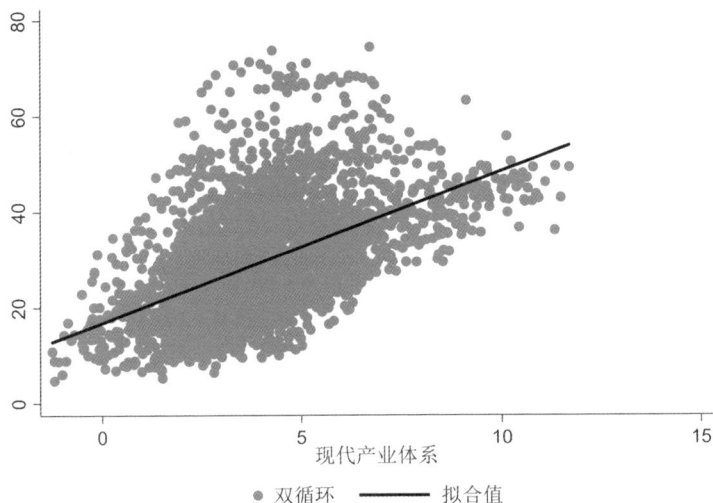

图**6.3**　现代产业体系与双循环散点图

6.1.2.2　基准回归结果

表6.7报告了现代产业体系与高质量发展、共同富裕和双循环的基准回归结果。在第（1）列中，现代产业体系的估计系数显著为正，表明现代产业体系建设促进了城市高质量发展。此外，在加入了控制变量的模型（6.1）中，各地区是否通高铁及是否加入"宽带中国"与经济高质量发展之间没有显著关系；是否加入"智慧城市"的系数值显著为负，说明加入"智慧城市"不利于提升本地区经济增长质量；机器人安装密度和城市法治水平对经济高质量发展无显著影响，而对于基础设施水平系数在1%水平下显著为正。

表6.7第（3）和（4）列报告了现代产业体系与共同富裕的线性估计结果。第（3）列只考虑了现代产业体系的建立与共同富裕的单变量关系，仅控制了城市和年份固定效应；在第（4）列，我们控制了城市和省级层面的控制变量。我们发现，在所有回归中，核心解释变量现代产业体系指数的估计系数均为正，但均未通过10%水平的显著性检验，表明从整体而言，现代

产业体系的建立对共同富裕无显著影响。考察其他控制变量，我们发现城市是否通高铁和是否加入"宽带中国"变量系数不显著，可能的原因是：这些变量对于大部分城市来说，在短期内不随时间变化或者变化很小，因此基本上被城市固定效应吸收了。犯罪率的系数值为负但不显著，说明控制地区的犯罪率有利于实现共同富裕。机器人安装密度和城市法治水平同样也未通过显著性检验。而基础设施水平与经济发展质量存在正相关关系，且在1%水平下保持显著，说明了提高城市的基础设施水平对于提升地区共同富裕的重要性。

第（5）和（6）列现代产业体系的系数均为正且在统计学意义上显著，表明从整体而言，现代产业体系的发展有助于提升双循环发展。从显著性上看，现代产业体系构建指数每提升一个标准差，双循环将提升约12个百分点。

表6.7　基准回归

变量	（1）	（2）	（3）	（4）	（5）	（6）
	高质量发展	高质量发展	共同富裕	共同富裕	双循环	双循环
现代产业体系	0.057 3***	0.054 7***	0.016 1	0.014 9	0.134 7***	0.121 4***
	(0.021 2)	(0.020 6)	(0.026 7)	(0.023 3)	(0.037 3)	(0.035 0)
是否开通高铁		0.008 4		0.020 1		0.042 9**
		(0.009 8)		(0.016 0)		(0.020 5)
是否加入"宽带中国"		0.000 0		0.000 0		0.000 0
		—		—		—
是否加入"智慧城市"		−0.026 8**		−0.068 0***		−0.019 8
		(0.011 5)		(0.021 1)		(0.025 6)
犯罪率		0.107 6*		−0.106 4		0.239 4**
		(0.060 8)		(0.095 0)		(0.113 8)
机器人安装密度		−0.014 9		0.024 7		−0.108 7***
		(0.015 5)		(0.028 4)		(0.034 9)

续表

变量	(1)	(2)	(3)	(4)	(5)	(6)
	高质量发展	高质量发展	共同富裕	共同富裕	双循环	双循环
法治水平		−0.008 3		0.017 5		0.044 1
		(0.037 7)		(0.0465)		(0.059 3)
基础设施		0.468 2**		1.559 5***		0.596 9
		(0.194 4)		(0.432 7)		(0.480 6)
常数项	3.376 5***	3.345 7***	3.532 8***	2.820 1***	3.126 8***	3.783 8***
	(0.031 8)	(0.130 4)	(0.040 1)	(0.247 3)	(0.056 0)	(0.283 5)
城市固定效应	YES	YES	YES	YES	YES	YES
时间固定效应	YES	YES	YES	YES	YES	YES
N	3 272	3 272	3 272	3 272	3 272	3 272
R^2	0.955 4	0.956 0	0.909 4	0.913 5	0.854 2	0.858 6

注：括号中为聚类稳健标准误；*、**和***分别表示10%、5%和1%显著性水平（下同）。

6.1.3 内生性估计、稳健性检验与异质性分析

6.1.3.1 内生性估计

从前文的基准回归中可以看出，现代产业体系显著促进了高质量发展和双循环发展，对共同富裕无显著影响，该结果可能是有偏的。一方面，可能存在一些影响现代产业体系但无法观测的因素，从而导致遗漏变量问题；另一方面，经济发展、双循环发展越好的城市越有可能发展现代产业体系。本书采用如下两种方法缓解上述内生性问题：（1）将现代产业体系发展变量进行滞后处理；（2）引入工具变量。

（1）滞后变量

第一种方法是加入滞后期的现代产业体系。本书只选择了滞后一期和滞后二期，因为滞后期数越大，样本规模越小。回归结果如表6.8所示，现代产

业体系的系数仍然显著为正，基准回归结果是稳健的。

表6.8　滞后变量

变量	（1）	（2）	（3）
	高质量发展	共同富裕	双循环
PanelA			
滞后一期现代产业体系	0.046 0**	0.005 6	0.077 4**
	（0.018 9）	（0.022 2）	（0.031 5）
常数项	3.397 7***	2.780 8***	3.745 8***
	（0.126 0）	（0.264 9）	（0.290 7）
N	2 999	2 999	2 999
R^2	0.959 6	0.902 8	0.865 8
PanelB			
滞后二期现代产业体系	0.043 5**	0.008 6	0.044 0*
	（0.017 7）	（0.021 6）	（0.027 2）
常数项	3.534 1***	2.819 7***	3.808 2***
	（0.146 0）	（0.296 5）	（0.313 2）
N	2 726	2 726	2 726
R^2	0.961 8	0.901 5	0.872 7
控制变量	YES	YES	YES
时间固定效应	YES	YES	YES
城市固定效应	YES	YES	YES

（2）工具变量

本书尝试找到一个工具变量，与误差项不存在相关关系，但与地区现代产业体系构建存在较强的相关关系，并且能通过影响现代产业体系进而影响经济高质量发展、共同富裕和双循环发展，即合适的工具变量应满足：可以解释现代产业体系的变化（"工具变量"的相关性），但除去现代产业体系这一途径以外，工具变量不会直接或间接影响到本书的被解释变量（"工具变量"的外生性）。[①]因此，本书借鉴黄群慧等的方法，采用初始的产业结构与全国的现代产业体系发展水平的交互项作为工具变量。[②]其中，初始产业结构用2007年各地级市产业结构高级化指数表示，具体采用三个产业之间的比例关系与各产业劳动生产率乘积的加权值衡量产业结构高级化，并基于两阶段最小二乘法（2SLS）考察现代产业体系对经济高质量发展、共同富裕和双循环发展的影响。[③]

工具变量法的回归结果如表6.9所示。第一阶段回归结果表明，工具变量满足相关性条件，表明工具变量对现代产业体系发展指数具有很强的解释力，并且不存在弱工具变量问题，拒绝了工具变量不可识别假设。列（2）至（4）报告了第二阶段的结果，结果显示，现代产业体系发展指数系数均是正显著，且均大于基准回归的结果，这表明经过内生性处理后现代产业体系发展水平的提高仍然可以促进经济高质量发展及双循环发展，对共同富裕无显著影响，说明并未受到双向因果的影响。

表6.9 基于工具变量法的回归结果

变量	第一阶段	第二阶段		
	现代产业体系	高质量发展	共同富裕	双循环
现代产业体系		2.7397^{***}	1.6591^{***}	1.1987^{***}
		（0.6896）	（0.5382）	（0.3284）
工具变量	0.1632^{***}			
	（0.0461）			
控制变量	YES	YES	YES	YES

① 方颖，赵扬. 寻找制度的工具变量：估计产权保护对中国经济增长的贡献[J]. 经济研究，2011，46（05）：138-148.
② 黄群慧，余泳泽，张松林. 互联网发展与制造业生产率提升：内在机制与中国经验[J]. 中国工业经济，2019（08）：5-23.
③ 袁航，朱承亮. 国家高新区推动了中国产业结构转型升级吗[J]. 中国工业经济，2018（08）：60-77.

续表

变量	第一阶段	第二阶段		
	现代产业体系	高质量发展	共同富裕	双循环
城市固定效应	YES	YES	YES	YES
年份固定效应	YES	YES	YES	YES
弱IV检验	105.92			
	［16.38］			
IV可识别检验	12.55			
	<0.000>			
N	3272	3272	3272	3272

注：括号中为聚类稳健标准误；*、**和***为10%、5%和1%显著性水平。在第（1）列中，采用Cragg-Donald Wald F统计量进行弱工具变量检验，采用Stock和Yogo提供的容忍10%扭曲下对应的临界值；工具变量的可识别检验采用Kleibergen-Paap rk LM统计量，尖括号内报告相应的P值（下同）。

6.1.3.2　稳健性检验

本书通过更换现代产业体系测度指标、改变核心解释变量的测度方式、加入省份和年份的联合固定效应三种方式进行稳健性检验。

（1）替换核心解释变量

前文主要从科技创新、现代金融、人力资源、实体经济四个方面构建了现代产业体系综合评价指标，但其所构建的指标忽略了现代产业体系发展中的其他重要问题（如绿色生态等），所以本节从六个方面构建省级层面的综合评价指标。这一指标在选择过程注重各个维度之间的联系，在技术层面既可以简便地判断出不同地区的发展差异，又能观察到一个地区的动态变化。此外，为保证后续研究的方便，评价体系选取的指标均为正向指标。最终确定了17个一级指标、41个二级指标，具体如表6.10所示。

表6.10 现代产业体系的评价指标体系

维度	一级指标	二级指标
发展环境	营商环境及市场化	企业经营环境
		市场化指数
	开放化	进口总额占 GDP 比重
		出口总额占 GDP 比重
		外商投资额占 GDP 比重
支撑体系	人才储备	R&D人员数
		研究生人数
		高等院校数
	资本存量	外资投资总额
		年末金融机构存款余额
	科技创新	专利授权数
		发表科技论文数
		R&D 经费投入强度
农业现代化	农业投入水平	劳均资金投入
		农村宽带接入用户数
		单位耕地面积总动力数
		节水灌溉面积占耕地总面积比重
	农业产出水平	土地生产率
		第一产业劳动生产率
		农民人均可支配收入
工业现代化	工业投入水平	人均装备率
		信息化与工业化融合指数
		R&D经费占工业增加值比重
	工业产出水平	全员劳动生产率
		工业成本费用利润率
		工业增加值占 GDP 比重
	污染治理水平	工业固体废物综合利用率
		工业污染治理完成投资占工业产值比重

续表

维度	一级指标	二级指标
服务业现代化	服务业投入水平	地方财政商业服务业等事务支出
		城镇现代服务业从业人员数占城镇就业人口数比重
	服务业产出水平	技术市场交易额
		人均现代服务业生产总值
		现代服务业生产总值占服务业比重
	专业化程度	金融业区位商
		其他现代服务业区位商
产业可持续发展	治理情况	环境污染治理投资总额
		环境污染治理投资总额占GDP比重
	绿化情况	森林覆盖率
		城市绿地率
	天气情况	空气质量达标天数
	水资源情况	人均水资源量

指标来源：作者根据相关文献整理得到。

数据来源：《中国分省企业经营环境指数报告》、国家统计局、各省份生态环境管理部门、《中国环境统计年鉴》《中国统计年鉴》《中国科技统计年鉴》《中国信息化与工业化融合发展水平评估蓝皮书》《中国农村统计年鉴》《中国分省份市场化指数报告》《中国贸易外经统计年鉴》、教育部官方网站。

故本节依据上述方法重新构建现代产业体系指数，并将重新估算的指数作为本节核心解释变量的替换变量引入模型中再估计，得到回归结果如表6.11所示。替换核心解释变量后，高质量发展和双循环均在1%的水平上显著为正，对共同富裕依旧无显著影响，说明本研究的实证结论不会随核心解释变量构建指标的改变发生变化，验证了本研究基准回归结果的稳健性。

表6.11 省级层面现代产业体系

变量	（1）	（2）	（3）
	高质量发展	共同富裕	双循环
省级层面现代产业体系	0.193 2***	0.291 7***	0.492 6***
	（0.041 6）	（0.079 6）	（0.081 2）
控制变量	YES	YES	YES
时间固定效应	YES	YES	YES
城市固定效应	YES	YES	YES
常数项	3.058 7***	2.243 6***	3.050 4***
	（0.147 3）	（0.285 4）	（0.334 9）
N	3 276	3 276	3 276
R^2	0.956 5	0.915 5	0.863 6

（2）熵值法

在基准回归中，我们采用主成分分析法确定现代产业体系的权重。在诸多综合评价方法的具体应用中，熵值法相比于主观评价法更能够客观准确地评价研究对象。[①]本书继续使用熵值法重新确定现代产业体系指标权再进行稳健性检验，结果如表6.12所示，第（1）列为重新估计的现代产业体系对高质量发展的影响，核心解释变量系数在5%水平上显著为正，表明现代产业体系对高质量发展产生了显著的正向作用，第（2）和（3）列也与基准回归结果保持一致，结论具有稳健性。

表6.12 熵值法

变量	（1）	（2）	（3）
	高质量发展	共同富裕	双循环
现代产业体系	0.034 4**	0.005 4	0.103 9***
	（0.017 1）	（0.097 1）	（0.025 9）

---

① 具体测度方法参见附录。

续表

变量	（1）高质量发展	（2）共同富裕	（3）双循环
控制变量	YES	YES	YES
城市固定效应	YES	YES	YES
时间固定效应	YES	YES	YES
常数项	3.824 5***	4.296 4***	3.903 7***
	（0.191 4）	（0.329 3）	（0.241 1）
N	3 272	3 272	3 272
R^2	0.910 9	0.592 8	0.905 7

（3）加入省份和年份联合固定效应

考虑到省份层面随时间变化的不可观测因素对回归结果的影响，我们在基准回归的基础上加入省份与年份的联合固定效应。结果如表6.13所示，现代产业体系对高质量发展、共同富裕、双循环的影响与基准回归结果一致。

表6.13　加入省份和年份的联合固定效应

变量	（1）高质量发展	（2）共同富裕	（3）双循环
现代产业体系	0.050 3***	−0.001 4	0.046 8*
	（0.016 8）	（0.020 5）	（0.024 2）
控制变量	YES	YES	YES
城市固定效应	YES	YES	YES
时间固定效应	YES	YES	YES
省份–年份固定效应	YES	YES	YES
常数项	3.389 0***	3.577 5***	3.258 6***
	（0.026 1）	（0.032 7）	（0.039 4）
N	3 248	3 248	3 248
R^2	0.966 9	0.939 7	0.915 3

（4）动态效应模型

对上节静态面板模型回归结果进行分析后，我们没有考虑到被解释变量的惯性问题，这可能导致回归结果存在偏误。在本节我们引入滞后一期的被解释变量，构建一个动态面板模型来实证分析现代产业体系对宏观经济效应的影响，并进一步检查基准回归结果的稳健性。动态面板模型构建如下：

$$y_{it} = \alpha + \rho y_{i,t-1} + \beta X_{it} + u_i + \varepsilon_{it} \quad (t = 2, \cdots, T) \qquad (6.2)$$

其中，X_{it}是随着时间改变变化的个体特征；u_i代表个体异质性的截距项；ε_{it}是随着个体和时间改变而变化的扰动项，假定其独立同分布且与u_i不相关。

根据动态面板模型的回归结果，分别引入高质量发展、共同富裕和双循环的滞后一阶变量后，通过了Sargan检验，回归系数均显著，验证了被解释变量的动态效应理论，即高质量发展、共同富裕和双循环发展均存在惯性。

根据系统GMM模型回归结果，现代产业体系的建立对高质量发展和双循环的回归系数分别为0.050 3和0.046 8，但模型（2）变量未通过显著性检验，表明现代产业体系的建立对共同富裕依旧无显著影响，与基准回归结果一致。

表6.14　动态面板模型

变量	（1）	（2）	（3）
	高质量发展	共同富裕	双循环
现代产业体系	0.050 3***	−0.001 4	0.046 8*
	（0.016 8）	（0.020 5）	（0.024 2）
控制变量	YES	YES	YES
时间固定效应	YES	YES	YES
城市固定效应	YES	YES	YES
常数项	3.389 0***	3.577 5***	3.258 6***
	（0.026 1）	（0.032 7）	（0.039 4）
AR（1）	−7.508 6***	−11.78 1***	−7.388 7***

续表

变量	（1）	（2）	（3）
	高质量发展	共同富裕	双循环
AR（2）	−0.918 6	8.630 7***	0.694 1
Sargan test	1 907.814	1957.302	254.990 2
N	3 001	3 001	3 001

6.1.3.3 异质性分析

现代产业体系指数还包括四个分项指数，表征现代产业体系发展水平的内涵更加具体。各维度内涵的侧重点不相同，因此，本节进一步检验现代产业体系发展的不同维度对高质量发展、共同富裕等的影响，估计结果如表6.15所示。

第（1）列结果显示，实体经济和现代金融对高质量发展具有显著的正向影响，科技创新和人力资源的估计系数显著为负，但是由于后者的负向作用小于前者，因此总指数呈现出现代产业体系显著促进了经济高质量发展。第（2）列结果显示现代金融指数为−0.390 0，并在1%水平上显著，表明现代金融对共同富裕有显著的负向影响，其他维度指数对共同富裕的影响均不显著。第（3）列结果显示实体经济的发展显著促进了双循环发展，而科技创新显著抑制了双循环，现代金融、人力资源对双循环无显著影响。

表6.15 异质性估计

变量	（1）	（2）	（3）
	高质量发展	共同富裕	双循环
实体经济	0.174 3***	0.092 3	0.259 6***
	（0.036 3）	（0.065 5）	（0.084 1）
科技创新	−0.218 1***	−0.148 7	−0.517 1***
	（0.061 5）	（0.112 6）	（0.135 7）

变量	（1）高质量发展	（2）共同富裕	（3）双循环
现代金融	0.300 5***	−0.390 0***	0.165 7
	（0.085 1）	（0.145 7）	（0.154 0）
人力资源	−0.216 9***	−0.113 3	0.011 1
	（0.041 9）	（0.073 6）	（0.082 4）
控制变量	YES	YES	YES
时间固定效应	YES	YES	YES
城市固定效应	YES	YES	YES
常数项	3.552 2***	3.281 6***	4.067 4***
	（0.145 2）	（0.264 4）	（0.300 0）
N	3 276	3 276	3 276
R^2	0.958 4	0.915 9	0.863 1

6.2 现代产业体系构建对中观层面的经济效应评价

企业是要素配置的核心主体，其在全球产业价值链中的掌控能力和国际竞争力直接决定产业体系的可持续竞争水平。因此，现代产业体系的主体层面亟待解决的问题是如何培育本国的"链主"企业，构建"以我为主"的价值链体系。在中观层面，本节主要关注现代产业体系构建对企业绩效、企业创新以及企业污染排放的影响。

6.2.1 数据来源、变量定义以及计量模型设定

6.2.1.1 数据来源

本节的被解释变量所用数据主要涉及三个企业数据库。第一，企业的基本信息、生产和财务数据来源于国家统计局的工业企业数据库；第二，企业的创新数据来自相应的专利数据库；第三，企业的污染排放、能源消耗、减排设备等信息来源于中国生态环境部的环境统计重点工业企业数据库。本节将这三个企业数据库进行匹配和整理，构造一个涵盖2008—2014年企业环境绩效、企业专利、其他特征等信息的面板数据集。现代产业体系数据主要来源于《中国城市统计年鉴》和国家知识产权局。

6.2.1.2 变量定义

（1）被解释变量

①企业绩效：本节以总资产收益率和净资产收益率衡量企业绩效，因为与管理费用相比，总资产收益率和净资产收益率在债务偿还情况、盈利能力和经营能力等方面能够全面反映公司的经营情况，是财务管理的主要指标。

②企业创新：参考Fang等[1]、顾夏铭等[2]、何瑛等[3]的做法，本节的企业创新用专利申请量来衡量，具体定义如表6.16所示。

③企业污染排放：本节选择企业二氧化硫排放量、工业企业化学需氧排放量、烟尘排放量作为企业污染排放的基础度量指标，即企业当年SO_2排放总量、烟尘排放量、工业企业化学需氧量分别占当年总产值之比，微观环境数据来源于中国生态环境部提供的环境统计重点工业企业数据库，包括企业层面的污染排放、能源消耗、减排设备等信息，使用的时间跨度为2008—

① FANG V W, TIAN X, TICE S. Does stock liquidity enhance or impede firm innovation? [J]. The Journal of Finance, 2014, 69（5）: 2085-2125.

② 顾夏铭, 陈勇民, 潘士远. 经济政策不确定性与创新——基于我国上市公司的实证分析 [J]. 经济研究, 2018, 53（2）: 109-123.

③ 何瑛, 于文蕾, 戴逸驰, 等. 高管职业经历与企业创新 [J]. 管理世界, 2019, 35（11）: 174-192.

2014年。该数据来自生态环境部的历年环境统计年报，数据来源权威。[①②③]该数据库包含生态环境部重点监控的污染企业，这些企业的污染排放量占所在县（市）区总排放的85%以上。统计内容主要为国家重点监控的污染物，包括二氧化硫、烟尘、粉尘、化学需氧量等，只要有一种污染物达到监控要求，该企业就会被列入重点监控名单。

（2）核心解释变量

核心解释变量为现代产业体系。具体的构建方式与第4章保持一致，但需要指出的是，由于企业的数据只统计到2014年，因此现代产业体系选用2008—2014年的数据。

（3）控制变量

为了更有效地识别现代产业体系对企业绩效、企业创新和企业污染排放的影响，我们在控制变量集合中考虑了企业、城市和省份方面的因素。①企业年龄，取对数处理。②杠杆率，用企业负债总额与资产总额之比度量。③企业规模，用企业资产总额取对数度量。④固定资产比重，用企业固定资产总额与资产总额之比度量。⑤赫芬达尔指数。⑥是否开通高铁。开通高铁取值为1，否则为0。⑦是否加入"宽带中国"。这一指标反映了城市的网络基础设施水平，城市加入"宽带中国"取值为1，否则为0。⑧是否加入"智慧城市"。加入"智慧城市"取值为1，否则为0。⑨犯罪率。采用《中国检察年鉴》、各省市人民检察院工作报告公布的各省犯罪率数据。⑩机器人安装密度。具体测算方式与前文保持一致。⑪法治水平。参考现有文献，本书采用各省份的经济案件结案率，也就是结案数与收案数之比度量各地区的法治水平。

①　LIU M, SHADBEGIAN R, ZHANG B. Does environmental regulation affect labor demand in China? Evidence from the textile printing and dyeing industry [J]. Journal of Environmental Economics and Management, 2017（86）: 277-294.

②　HE L Y, LIN X, ZHANG Z. The impact of De-Globalization on China's economic transformation: Evidence from manufacturing export [J]. Journal of Policy Modeling, 2020, 42（3）: 628-660.

③　CUI J, TAM O K, WANG B, et al. The environmental effect of trade liberalization: Evidence from China's manufacturing firms [J]. The World Economy, 2020, 43（12）: 3357-3383.

⑫基础设施水平。一个地区的基础设施水平会通过空间溢出效应和蒂伯特机制促进产业结构升级,与前文一致,本节采用每平方千米的千米路程来衡量。

表6.16　变量定义

变量类型	变量名称	定义
核心解释变量	现代产业体系发展指数	主成分分析法构建
被解释变量	企业绩效 (总资产收益率)	用企业利润总额与资产总额之比度量
	企业绩效 (净资产收益率)	利润总额(千元)−应交所得税(千元)/资产总计(千元)−负债合计(千元)
	专利申请量	专利申请总数加1取对数
	实用专利申请量	实用专利申请总数加1取对数
	发明专利申请量	发明专利申请总数加1取对数
	外观专利申请量	外观专利申请总数加1取对数
	二氧化硫排放量	二氧化硫排放强度(排放量/工业总产值)
	烟尘排放量	烟尘排放量(千克)/工业总产值
	化学需氧量排放量	化学需氧量排放量(千克)/工业总产值
控制变量	企业年龄	取对数处理
	杠杆率	用企业负债总额与资产总额之比度量
	企业规模	资产总额取对数
	固定资产比重	用企业固定资产总额与资产总额之比度量
	赫芬达尔指数	企业总资产占行业所有企业的份额
	是否开通高铁	城市开通高铁=1,否则=0
	是否加入"宽带中国"	城市实施"宽带中国"政策=1,否则=0
	是否加入"智慧城市"	城市加入"智慧城市"=1,否则=0
	犯罪率	采用《中国检察年鉴》、各省市人民检察院工作报告公布的各省市犯罪率数据
	机器人安装密度	机器人进口数量反映机器人应用
	法治水平	采用各省份的经济案件结案率
	基础设施	采用每平方千米的千米路程来衡量

指标来源:笔者根据相关文献整理得到。

6.2.1.3 计量模型设定

$$Y_{i,j,t} = \alpha_0 + \alpha_1 \text{Industry}_{i,t} + \sum \alpha_j X_{i,t} + \mu_i + \nu_t + \varepsilon_{ijt} \qquad (6.3)$$

其中，Y为被解释变量，主要包括企业绩效、企业创新和企业污染排放；$\text{Industry}_{i,t}$为本书的核心解释变量，表示城市i在第t年的现代产业体系构建水平；X表示控制变量；ε_{ijt}为随机扰动项。

6.2.2 实证结果分析

6.2.2.1 描述性统计分析

通过描述性统计分析初步探索各变量间的变化规律。从表6.17的描述性统计结果可以看出，被解释变量企业创新的均值为1.987，最大值为6100，最小值为 0，标准差为30.06，说明我国区域间的创新水平存在较大差异。企业绩效、企业污染排放等也均存在较大的地区差异。

表6.17 描述性统计

变量	均值	方差	最小值	最大值
企业绩效（总资产收益率）	0.109	0.319	−4.377	44.09
企业绩效（净资产收益率）	0.998	292.6	−230 00	110 000
专利申请总量	1.987	30.06	0	6 100
实用型专利	0.780	8.293	0	1 700
发明型专利	0.819	23.43	0	5 800
设计型专利	0.389	7.268	0	1 000
二氧化硫排放量	0.961	2.383	−9.593	10.04
烟尘排放量	1.338	1.289	0.000 100	10.10
化学需氧量	0.994	1.208	0	13.89

续表

变量	均值	方差	最小值	最大值
年龄	12.87	10.20	1	185
杠杆率	0.559	0.327	0.000 100	35.79
企业规模	11.42	1.589	7.974	15.42
固定资产比重	0.379	0.229	0.023 0	0.937
赫芬达尔指数	0.000 100	0.005 30	0	1
是否开通高铁	0.516	0.500	0	1
是否加入"宽带中国"	0.493	0.500	0	1
是否加入"智慧城市"	0.201	0.401	0	1
犯罪率	0.055 3	0.026 8	0.010 2	0.099 7
机器人应用	4 200	4 800	47	28 000
法治水平	0.484	0.0864	0	1
基础设施	0.464	0.166	0.028 0	0.922

6.2.2.2 基准回归结果

现代产业体系与企业绩效两者间相关关系的基准回归结果如表6.18所示。列（1）和列（2）中现代产业体系回归系数为0.000 5、0.395 0，但不具有统计水平上的显著性，说明现代产业体系发展对企业绩效不存在显著影响。列（3）至列（6）为企业创新对现代产业体系回归的结果，结果表明，现代产业体系与企业创新的回归系数显著为正，表明现代产业体系的构建能显著提高企业绩效。企业污染排放强度对现代产业体系回归的结果展示在表6.18中。列（7）至列（9）分别使用二氧化硫、烟尘和化学需氧量度量企业的污染排放强度，结果表明无论使用何种方式度量企业污染排放，现代产业体系的估计系数均在1%的显著水平上为负，表明现代产业体系的构建会降低企业污染排放。

表6.18　基准回归

变量	(1) 企业绩效（总）	(2) 企业绩效（净）	(3) 专利申请总量	(4) 实用型	(5) 发明型	(6) 设计型	(7) 二氧化硫	(8) 烟尘	(9) 化学需氧量
现代产业体系	0.000 5	0.395 0	0.038 4***	0.020 4***	0.025 9***	0.005 4*	-0.434 2***	-0.202 6***	-0.053 4***
	(0.003 6)	(1.824 1)	(0.005 8)	(0.004 3)	(0.003 7)	(0.003 1)	(0.023 9)	(0.013 4)	(0.013 8)
企业年龄	-0.000 4***	-0.114 8	0.004 4***	0.003 0***	0.002 7***	0.000 7***	0.001 5*	-0.001 0**	-0.001 0***
	(0.000 1)	(0.090 5)	(0.000 3)	(0.000 2)	(0.000 2)	(0.000 1)	(0.000 9)	(0.000 4)	(0.000 4)
杠杆率	-0.148 0***	3.893 9	-0.087 9***	-0.038 3***	-0.060 6***	-0.017 3***	0.439 6***	0.121 2***	0.001 7
	(0.010 9)	(3.086 9)	(0.007 2)	(0.004 1)	(0.005 0)	(0.002 4)	(0.048 2)	(0.018 8)	(0.011 2)
企业规模	-0.024 8***	-0.088 9	0.154 5***	0.101 8***	0.089 8***	0.031 0***	-0.399 0***	-0.199 4***	-0.180 4***
	(0.001 0)	(0.228 5)	(0.002 1)	(0.001 6)	(0.001 6)	(0.001 1)	(0.006 1)	(0.002 7)	(0.002 6)
固定资产比重	0.044 0***	1.871 2	-0.18 13***	-0.102 6***	-0.076 5***	-0.052 2***	1.852 9***	0.907 0***	0.615 9***
	(0.004 5)	(1.905 6)	(0.010 4)	(0.007 8)	(0.007 8)	(0.004 9)	(0.035 9)	(0.018 2)	(0.017 8)
赫芬达尔指数	0.051 7	-0.728 6	1.234 1*	0.844 6*	1.017 6***	0.191 5	-2.311 2	-0.466 0	-0.263 2
	(0.044 5)	(3.076 0)	(0.441 4)	(0.393 3)	(0.353 6)	(0.122 5)	(2.044 1)	(0.442 0)	(0.304 8)
是否开通高铁	-0.022 1***	-1.964 9	0.013 7***	0.011 1***	0.003 9	0.006 8***	-0.210 1***	-0.086 3***	-0.193 4***
	(0.002 5)	(1.409 3)	(0.004 4)	(0.003 3)	(0.002 9)	(0.002 2)	(0.018 3)	(0.009 4)	(0.009 2)
是否加入"宽带中国"	-0.012 8***	-0.767 9	0.012 5***	0.007 8**	0.006 2**	0.007 4***	-0.043 5**	-0.016 7	0.016 1
	(0.002 2)	(0.939 1)	(0.004 7)	(0.003 5)	(0.003 0)	(0.002 3)	(0.0185)	(0.010 1)	(0.010 4)

续表

变量	(1) 企业绩效（总）	(2) 企业绩效（净）	(3) 专利申请总量	(4) 实用型	(5) 发明型	(6) 设计型	(7) 二氧化硫	(8) 烟尘	(9) 化学需氧量
是否加入"智慧城市"	-0.009 5***	0.313 8	0.025 5***	0.014 4***	0.020 7***	0.007 8***	-0.105 9***	-0.027 6**	-0.076 2***
	(0.003 6)	(0.620 0)	(0.006 1)	(0.004 6)	(0.004 2)	(0.002 8)	(0.023 2)	(0.011 9)	(0.010 9)
犯罪率	0.075 7***	13.376 9	-0.208 8***	-0.131 7***	0.002 0	-0.112 3***	0.780 1***	-0.265 7***	-0.067 4
	(0.021 5)	(15.868 6)	(0.047 0)	(0.035 9)	(0.031 3)	(0.024 5)	(0.173 5)	(0.093 1)	(0.110 9)
机器人安装密度	-0.018 1***	2.384 4	0.024 2***	0.022 0***	0.032 6***	-0.021 9***	-0.121 8***	-0.188 6***	-0.119 4***
	(0.003 5)	(2.740 1)	(0.008 1)	(0.006 0)	(0.005 6)	(0.004 1)	(0.034 5)	(0.020 4)	(0.019 7)
法治水平	0.011 7	4.988 3	0.036 5*	0.008 6	0.043 9***	-0.006 3	-0.314 2***	0.162 3***	0.231 3***
	(0.009 0)	(7.731 1)	(0.022 2)	(0.016 4)	(0.015 5)	(0.010 9)	(0.092 6)	(0.049 3)	(0.042 4)
基础设施	0.330 5***	31.865 0	0.618 4***	0.330 7***	0.781 9***	-0.019 1	-5.717 8***	-1.408 2***	1.682 6***
	(0.084 0)	(60.138 7)	(0.154 4)	(0.117 7)	(0.107 2)	(0.070 8)	(0.675 2)	(0.424 5)	(0.366 6)
常数项	0.489 4***	-32.028 8	-1.936 5***	-1.315 0***	-1.474 4***	-0.107 4***	8.329 2***	5.438 5***	3.187 7***
	(0.040 9)	(39.604 3)	(0.084 5)	(0.064 2)	(0.058 5)	(0.040 9)	(0.346 5)	(0.202 8)	(0.188 3)
时间效应	YES	YES	YES	YES	YES	YES	YES	YES	YES
城市效应	YES	YES	YES	YES	YES	YES	YES	YES	YES
N	235 375	235 112	280 218	280 218	280 218	280 218	165 756	170 587	147 820
R^2	0.063 4	0.000 2	0.144 7	0.112 5	0.116 2	0.025 2	0.180 0	0.169 7	0.130 1

6.2.3　内生性估计、稳健性检验与异质性分析

6.2.3.1　内生性估计

前文得到的核心结论是：现代产业体系的构建对企业绩效不存在显著影响，但会显著提升企业的创新水平，降低企业污染物的排放。本节继续使用滞后变量和工具变量法缓解内生性问题，进一步确保结果的可靠性。

（1）滞后变量

表6.19为滞后变量的回归结果。Panel A为现代产业体系滞后一期的估计结果，结果表明：现代产业体系对企业绩效无显著影响，但现代产业体系促进了企业创新，减少了企业污染排放，这与本节的基准结论一致，Panel B和Panel C中的结果也与基准回归结果一致。

（2）工具变量

一方面，基准回归中可能存在一些影响现代产业体系但无法观测的因素，从而导致遗漏变量问题；另一方面，现代产业体系的构建会显著促进企业创新，但反过来，创新高的企业所在的城市也会加大对现代产业体系的构建力度，从而产生反向因果问题。因此，本节通过工具变量法识别现代产业体系对企业绩效、创新、污染排放影响的净效应。工具变量的具体构建方法与现代产业体系构建的宏观经济效应评价中保持一致。

表6.20报告了工具变量回归结果。在考虑内生性问题之后，现代产业体系依然对企业绩效无显著影响，对企业创新呈现出显著正向影响，且会显著降低企业的污染排放，该结论与基准回归结果一致。

表6.19　滞后变量

变量	（1）	（2）	（3）	（4）	（5）	（6）	（7）	（8）	（9）
PanelA									
滞后一期	0.0017	0.5576	0.0434***	0.0240***	0.0279***	0.0076**	-0.4777***	-0.1790***	-0.0709***
	（0.0042）	（2.7089）	（0.0065）	（0.0048）	（0.0042）	（0.0033）	（0.0256）	（0.0138）	（0.0138）
常数项	0.5112***	-16.7819	-1.7308***	-1.1135***	-1.5059***	-0.0368	6.8894***	5.2383***	3.1753***
	（0.0562）	（50.5749）	（0.1034）	（0.0793）	（0.0715）	（0.0511）	（0.3805）	（0.2232）	（0.2149）
N	191476	191258	236340	236340	236340	236340	134972	142379	113373
R^2	0.0608	0.0003	0.1444	0.1130	0.1178	0.0246	0.1737	0.1638	0.1306
PanelB									
滞后两期	0.0047	1.0365	0.0488***	0.0278***	0.0327***	0.0079**	-0.4355***	-0.1296***	-0.0477***
	（0.0052）	（3.0744）	（0.0071）	（0.0053）	（0.0046）	（0.0034）	（0.0295）	（0.0152）	（0.0155）
常数项	0.7126***	19.1508	-1.5519***	-0.9097***	-1.5371***	-0.0249	4.3377***	2.8943***	3.6538***
	（0.0786）	（59.7626）	（0.1342）	（0.1051）	（0.0929）	（0.0662）	（0.4296）	（0.2257）	（0.2375）
N	153218	153065	198077	198077	198077	198077	107484	116720	82764
R^2	0.0572	0.0003	0.1447	0.1141	0.1189	0.0245	0.1632	0.1591	0.1351

续表

PanelC

变量	（1）	（2）	（3）	（4）	（5）	（6）	（7）	（8）	（9）
滞后三期	0.002 6	0.708 7	0.043 5***	0.024 6***	0.029 8***	0.007 3**	−0.360 0***	−0.113 3***	−0.044 0***
	（0.004 7）	（2.684 9）	（0.006 7）	（0.004 9）	（0.004 2）	（0.003 3）	（0.027 2）	（0.014 3）	（0.014 3）
常数项	0.715 3***	20.168 3	−1.518 8***	−0.888 3***	−1.515 6***	−0.019 8	3.857 0***	2.829 2***	3.568 6***
	（0.080 1）	（61.854 7）	（0.133 9）	（0.104 8）	（0.092 7）	（0.066 0）	（0.427 0）	（0.225 3）	（0.236 8）
N	153 214	153 061	198 065	198 065	198 065	198 065	107 479	116 715	82 72 8
R^2	0.057 2	0.000 3	0.144 7	0.114 1	0.118 9	0.024 5	0.162 3	0.159 2	0.135 1
控制变量	YES	YES	YES	YES	YES	YES	YES	YES	YES
城市固定效应	YES	YES	YES	YES	YES	YES	YES	YES	YES
年份固定效应	YES	YES	YES	YES	YES	YES	YES	YES	YES

表6.20　工具变量法

变量	(1)	(2)	(3)	(3)	(4)	(5)	(6)	(7)	(8)	(9)
	第一阶段					第二阶段				
现代产业体系		−0.254 2	−3.963 6	0.259 5	0.176 8***	0.152 6***	0.048 9***	−1.826 9***	−0.598 7***	−1.080 4***
		(23.048 4)	(27.339 4)	(0.020 6)	(0.015 4)	(0.013 7)	(0.009 8)	(0.090 6)	(0.046 0)	(0.050 6)
	0.332 3***									
	(0.003 4)									
控制变量	YES	YES	YES	YES	YES	YES	YES	YES	YES	YES
时间效应	YES	YES	YES	YES	YES	YES	YES	YES	YES	YES
城市效应	YES	YES	YES	YES	YES	YES	YES	YES	YES	YES
弱IV检验	30 496.20 [16.38]									
IV可识别检验	6 743.95 <0.000>									
N	255 716	212 311	212 068	255 716	255 716	255 716	255 716	154 809	159 481	134 896

6.2.3.2　稳健性检验

（1）替换核心解释变量

尽管在基准回归中我们以此为依据构建了现代产业体系指标，但是部分学者指出，该指标并没有考虑到绿色生态问题。[①]因此，我们进一步从发展环境、支撑体系、农业现代化、工业现代化、服务业现代化以及产业可持续发展六个方面构建省级层面综合评价指标。结果如表6.21所示，现代产业体系的发展显著促进了企业创新、减少企业污染排放，但对企业绩效无显著影响，表明基准回归结论仍然稳健。

（2）熵值法

基准回归使用主成分分析法对现代产业体系进行权重计算，此部分将使用熵值法对现代产业体系进行权重计算。表6.22是使用熵值法对现代产业体系进行权重计算的回归结果。现代产业体系对企业创新的影响显著为正，对企业污染排放的影响显著为负，而对企业绩效无显著影响，变更现代产业体系度量方式不影响结论。

（3）加入省份和年份的联合固定效应

为了控制省份–年份层面不可观测因素的影响，我们加入省份与年份的联合固定效应，回归结果如表6.23所示，第（1）和（2）列为现代产业体系对企业绩效的影响，核心解释变量系数在统计意义上不显著，表明现代产业体系对企业绩效无显著影响。第（4）至（6）列为现代产业体系对企业创新的影响，核心解释变量系数均显著为正，表明现代产业体系对企业创新产生了显著的正向作用。第（7）至（9）列为现代产业体系对企业污染排放的影响，核心解释变量系数在1%水平上显著为负，表明现代产业体系对企业污染排放产生了显著的抑制作用。

---

① 范合君,何思锦.现代产业体系的评价体系构建及其测度[J].改革,2021(08)：90-102.

表6.21　省级层面现代产业体系

变量	(1)	(2)	(3)	(4)	(5)	(6)	(7)	(8)	(9)
省级现代产业体系	0.030 9	−4.238 8	0.048 2*	0.020 9*	0.110 7***	0.045 3***	−0.449 8***	−0.012 3*	−0.042 2*
	(7.011 0)	(7.532 4)	(0.025 2)	(0.018 6)	(0.016 8)	(0.012 4)	(0.104 6)	(0.063 4)	(0.063 7)
常数项	0.417 8***	−21.551 5	−1.981 0***	−1.327 2***	−1.689 9***	0.010 8	8.560 4***	5.052 2***	2.970 8***
	(0.048 7)	(53.675 8)	(0.109 8)	(0.082 4)	(0.075 6)	(0.054 2)	(0.429 8)	(0.247 3)	(0.222 1)
控制变量	YES	YES	YES	YES	YES	YES	YES	YES	YES
城市效应	YES	YES	YES	YES	YES	YES	YES	YES	YES
时间效应	YES	YES	YES	YES	YES	YES	YES	YES	YES
N	235 459	235 196	280 354	280 354	280 354	280 354	165 890	170 717	147 870
R²	0.063 4	0.000 2	0.144 4	0.112 3	0.116 1	0.025 2	0.176 1	0.167 2	0.129 9

表6.22　熵值法

变量	(1)	(2)	(3)	(4)	(5)	(6)	(7)	(8)	(9)
现代产业体系（熵值法）	−0.028 6	1.374 3	0.094 3***	0.058 7***	0.057 0***	0.021 4***	−0.792 1***	−0.303 8***	−0.163 7***
	(3.004 6)	(3.699 3)	(0.009 1)	(0.006 8)	(0.006 0)	(0.004 6)	(0.037 3)	(0.018 9)	(0.018 7)
常数项	0.533 6***	−33.439 2	−2.015 5***	−1.370 2***	−1.516 6***	−0.130 8***	8.856 2***	5.630 0***	3.348 6***
	(0.040 1)	(46.473 3)	(0.085 4)	(0.064 8)	(0.059 5)	(0.041 2)	(0.349 8)	(0.203 6)	(0.189 0)
控制变量	YES	YES	YES	YES	YES	YES	YES	YES	YES
城市效应	YES	YES	YES	YES	YES	YES	YES	YES	YES
时间效应	YES	YES	YES	YES	YES	YES	YES	YES	YES
N	235 459	235 196	280 354	280 354	280 354	280 354	165 890	170 717	147 870
R²	0.063 8	0.000 2	0.145 2	0.112 9	0.116 6	0.025 4	0.181 7	0.170 0	0.130 8

表6.23　加入省份和年份的联合固定效应

变量	(1)企业绩效（总）	(2)企业绩效（净）	(3)企业创新	(4)实用型	(5)发明型	(6)设计型	(7)二氧化硫	(8)烟尘排放量	(9)化学需氧量
现代产业体系	0.0014	0.0336	0.0401***	0.0224***	0.0264***	0.0055*	-0.4572***	-0.2103***	-0.0589***
	(0.0037)	(2.1487)	(0.0060)	(0.0044)	(0.0037)	(0.0031)	(0.0242)	(0.0136)	(0.0139)
常数项	0.4813***	2.0579	-1.5155***	-1.0269***	-0.9110***	-0.2947***	5.2762***	3.5447***	3.0024***
	(0.0115)	(4.7876)	(0.0261)	(0.0201)	(0.0198)	(0.0130)	(0.0791)	(0.0373)	(0.0345)
控制变量	YES	YES	YES	YES	YES	YES	YES	YES	YES
城市固定效应	YES	YES	YES	YES	YES	YES	YES	YES	YES
时间固定效应	YES	YES	YES	YES	YES	YES	YES	YES	YES
省份-年份固定效应	YES	YES	YES	YES	YES	YES	YES	YES	YES
N	235 375	235 112	280 218	280 218	280 218	280 218	165 756	170 587	147 820
R^2	0.0661	0.0009	0.1472	0.1150	0.1188	0.0262	0.1847	0.1741	0.1355

6.2.3.3　异质性分析

由于现代产业体系的发展还包括实体经济、科技创新、现代金融和人力资源等方面的提升，表征现代产业体系发展水平的内涵更加具体。各维度内涵的侧重点不相同，因此，本书需要进一步分析实体经济、科技创新、现代金融和人力资源对企业绩效、企业创新和企业污染排放的影响。估计结果如表6.24所示，第（1）列为现代产业体系四个分维度对企业绩效的影响，结果显示，实体经济、科技创新和人力资源的提升对企业绩效具有积极影响，具体表现为实体经济、科技创新和人力资源每增加1单位，企业绩效分别提升0.033 9、0.009 3和0.066 3个单位，而现代金融的提升对企业绩效的提升具有抑制作用。第（3）列为现代产业体系四个分维度对企业创新的影响，结果显示，科技创新和人力资源的提升对企业创新具有积极影响，科技创新和人力资源每增加1单位，企业绩效分别提升0.110 4、0.059 6个单位，而实体经济对企业创新有显著的抑制作用，现代金融对企业创新无显著影响。第（7）列为现代产业体系四个分维度对企业污染排放的影响，结果显示，实体经济、科技创新、现代金融和人力资源均对企业污染排放有抑制作用。

表6.24 异质性估计

变量	(1)	(2)	(3)	(4)	(5)	(6)	(7)	(8)	(9)
实体经济	0.033 9***	−5.711 7	−0.049 9***	−0.046 7***	−0.024 6**	−0.013 0	−0.295 1***	0.016 9	0.126 1***
	(0.005 0)	(5.146 6)	(0.014 4)	(0.011 1)	(0.009 6)	(0.007 8)	(0.060 1)	(0.026 6)	(0.022 2)
科技创新	0.009 3*	−1.651 7	0.110 4***	0.070 7***	0.055 0***	0.042 0***	−0.205 6***	−0.216 5***	−0.245 5***
	(0.005 5)	(1.650 7)	(0.014 7)	(0.011 1)	(0.009 7)	(0.007 2)	(0.058 4)	(0.031 0)	(0.029 3)
现代金融	−0.225 2***	−19.420 3	0.031 5	0.022 7	0.022 1	−0.012 0	−1.153 1***	−0.346 4***	−0.264 8***
	(0.025 2)	(17.669 2)	(0.027 4)	(0.020 7)	(0.017 9)	(0.013 3)	(0.111 5)	(0.059 9)	(0.063 1)
人力资源	0.066 3***	18.885 9	0.059 6***	0.041 9***	0.044 0***	0.006 5	−0.139 5**	−0.090 7**	0.073 4**
	(0.018 0)	(14.349 9)	(0.014 8)	(0.011 0)	(0.009 7)	(0.007 4)	(0.061 4)	(0.031 7)	(0.032 9)
常数项	0.521 8***	−39.629 1	−1.944 2***	−1.326 6***	−1.484 8***	−0.097 9**	8.559 4***	5.472 3***	3.145 3***
	(0.041 6)	(44.216 3)	(0.084 8)	(0.064 3)	(0.058 8)	(0.041 2)	(0.346 3)	(0.202 7)	(0.188 0)
控制变量	YES	YES	YES	YES	YES	YES	YES	YES	YES
城市固定效应	YES	YES	YES	YES	YES	YES	YES	YES	YES
时间固定效应	YES	YES	YES	YES	YES	YES	YES	YES	YES
N	235 459	235 196	280 354	280 354	280 354	280 354	165 890	170 717	147 870
R^2	0.067 0	0.000 3	0.145 6	0.113 2	0.117 0	0.025 5	0.184 3	0.171 2	0.131 9

6.3 现代产业体系构建对微观层面的经济效应评价

构建现代产业体系，必然要坚持以人民为中心。人民群众是历史的创造者，是决定党和国家前途命运的根本力量，要依靠人民群众创造伟大的历史事业。同时，它强调需要促进和保护创业精神，鼓励更多的社会行为者参与创新和创业。有必要建立一支有知识、有技能、有创新精神的工人大军，提倡模范工人和工匠精神。另一方面，强调建立现代化经济体系的目的是增加人民的福利，即满足人们对美好生活日益增长的需求。[①]因此，本书主要从家庭收入、城乡收入差距以及家庭创业方面考察现代产业体系构建的微观层面经济效应，以分析现代产业体系的构建为人民生活所带来的实质性变化。

6.3.1 数据来源、变量定义以及计量模型设定

6.3.1.1 数据来源

本节所需的数据来自中国家庭追踪调查（CFPS），这是一个由北京大学中国社会科学调查中心进行的全国性、高权威性的大规模社会调查项目。这是一项全面而有意义的全国性社会调查，每两年进行一次；在2010年、2012年、2014年、2016年和2018年共进行了5次调查，建立并公布了社区问卷数据库、家庭问卷数据库、成人问卷数据库和儿童问卷数据库等。结合研究的需要，本书最终选用2010年、2012年、2014年、2016年和2018年五轮调查数据，进一步剔除变量存在缺失的样本后，最后保留的有效样本数量分别为33 482个、34 842个、12 737个、32 727个、28 534个个。现代产业体系构建

---

① 黄群慧. 浅论建设现代化经济体系 [J]. 经济与管理, 2018, 32 (01)：1-5.

的相关数据主要来源于《中国城市统计年鉴》、各省份统计年鉴以及各城市统计年鉴。

6.3.1.2　变量定义

（1）被解释变量

①人均家庭收入：人均家庭收入用（家庭收入–家庭支出）/家庭规模计算，[①]家庭规模为家庭里同灶吃饭人数。

②城乡收入差距：城乡收入差距参照程名望和张家平的做法，本书主要选取了城市居民人均纯收入和农村居民人均可支配（纯）收入作为衡量城乡收入的代理指标，并且通过二者的显著性作为城乡收入差距的衡量指标。[②]

③家庭创业：文献常见的方法是将其定义为虚拟变量，作为家庭创业的指标。[③④⑤]对于退出创业的家庭，这一部分样本很少，暂不分析，将其从相关观察值中剔除。[⑥]

（2）核心解释变量

本节的核心解释变量为现代产业体系。具体的测度方法与前文所述保持一致。

① 其中家庭收入变量直接来自CFPS数据库中的家庭问卷，包括工资性收入、经营性收入、财产性收入、转移支付收入和其他收入。

② 程名望，张家平. 互联网普及与城乡收入差距：理论与实证[J]. 中国农村经济，2019（02）：19-41.

③ 周广肃，李力行. 养老保险是否促进了农村创业[J]. 世界经济，2016，39（11）：172-192.

④ 周广肃，谭华清，李力行. 外出务工经历有益于返乡农民工创业吗?[J]. 经济学（季刊），2017，16（02）：793-814.

⑤ 周广肃，谢绚丽，李力行. 信任对家庭创业决策的影响及机制探讨[J]. 管理世界，2015（12）：121-129+171.

⑥ 对家庭创业的定义，在四轮数据中，也存在一定的差异。2010年识别家庭创业的问题为"您家是否参与经营或完全经营非农产业"，而2012—2016年三轮数据识别问题为"过去一年，您家是否有家庭成员从事个体经营或开办私营企业"，本书在实证分析中，为保证面板数据的完整性，没有考虑上述两个问题在识别家庭创业方面的差异，但若将2010年数据剔除，研究结论也依旧稳健。

（3）控制变量

为了更加准确地研究现代产业体系构建的微观经济效应，本书从户主、家庭和城市层面对变量进行控制。其中，户主层面的控制变量包括年龄、性别、户口、婚姻状况和教育水平。性别是一个二元变量，编码为0表示女性、1表示男性。受访者的婚姻状况由一个二元变量来衡量，已婚受访者赋值为1、未婚受访者赋值为0。此外，我们还考虑了受访者的社会经济特征，例如教育程度，教育程度是连续变量，表示受访者的受教育年限。在家庭层面，控制变量包括家庭规模、老年人比例和少儿比例。在城市层面，控制变量包括：城镇化率用各市年末城镇人口占常住人口比重测度；若城市开通高铁则取值为1，没有开通则取值为0；若城市实施"宽带中国"政策则取值为1，否则为0；若城市入选"智慧城市"则取值为1，否则为0，如表6.25所示。[①]

表6.25　变量定义

变量类型	变量名称	定义
核心解释变量	现代产业体系发展指数	主成分分析法构建
被解释变量	人均家庭收入	家庭总收入/家庭规模（加1取对数）
	城镇人均家庭收入	城镇家庭收入/城镇家庭规模
	农村人均家庭收入	农村家庭收入/农村家庭规模
	家庭创业	家庭创业=1，否则=0

[①] 住房和城乡建设部于2012年11月22日正式发布了《关于开展国家智慧城市试点工作的通知》，并印发了《国家智慧城市试点暂行管理办法》和《国家智慧城市（区、镇）试点指标体系（试行）》两个文件，即日开始试点城市申报。2013年1月，住房和城乡建设部公布了首批智慧城市试点名单，同年8月和2015年4月又相继公布了第二批和第三批智慧城市试点名单。智慧城市依托物联网、云计算、互联网和大数据等新兴的信息科学技术，推动城市中政治、经济、文化等各个子系统的互相联合和高度融合，是促进城市化与信息技术融合发展的崭新模式，尤其是所涉及的技术领域伴生于信息基础设施建设，可被视为信息基础设施建设的一种有效尝试。

变量类型	变量名称	定义
控制变量	年龄	（岁）
	性别	男性=1，女性=0
	婚姻	已婚=1，未婚=0
	户籍	城镇户籍=1，农业户籍=0
	教育年限	（年）
	家庭规模	家庭同灶吃饭人数
	老年人比例	家庭60岁以上老年人数量
	少儿比例	家庭16岁以下儿童数量
	城镇化率	用各市年末城镇人口占常住人口比重测度
	是否开通高铁	城市开通高铁=1，否则=0
	是否实施"宽带中国"	城市实施"宽带中国"政策=1，否则=0
	是否入选"智慧城市"	城市入选"智慧城市"=1，否则=0

6.3.1.3　计量模型设定

为探究现代产业体系对家庭收入、城乡收入差距及家庭创业的影响，本书设定如下基准回归模型：

$$Y_{i,j,t} = \alpha_0 + \beta_0 \, \text{Industry}_{it} + \gamma_0 \, X_{ijt} + \nu_t + \delta_i + \varepsilon_{ijt} \tag{6.4}$$

式中，i，j，t 分别表示城市、家庭和年份；Industry_{it} 代表城市 i 在 t 年的现代产业体系水平；被解释变量 Y 分别表示家庭的人均年收入、城镇和农村家庭的人均收入及家庭创业，其中，城乡收入差距的检验主要是通过分城镇和农村样本的分组估计；其系数 β_0 反映现代产业体系对被解释变量的影响，如反映城镇居民人均收入的 β_0 不显著，而反映农村居民人均收入的 β_0 显著，说明现代产业体系缩小了城乡收入差距，反之，扩大了城乡收入差距；X_{ijt} 为主要的控制变量；ν_t 和 δ_i 分别为省份、年份固定效应；ε_{ijt} 为残差项。

6.3.2 实证结果分析

6.3.2.1 描述性统计分析

表6.26是主要变量的描述性统计分析，可以看到，家庭收入最大值为13.12，最小值为5.707，说明不同家庭之间收入差距较大；现代产业体系指数描述性统计结果表明无论是主成分分析法还是熵值法的现代产业体系都存在较大差异，且尚处于较低水平。户主教育年限最大值为22，平均值为6.857，说明户主的平均教育年限较低；家庭规模最大值为26，最小值为1，平均值为3.794，说明不同家庭之间差异较大，且平均规模较小，但家庭老年人口比重和少儿比重相对较高；城镇化水平最大值为1，最小值为0，平均值为0.478，说明城市的整体城镇化还未达到平均水平。

表6.26 描述性统计

变量名称	均值	方差	最小值	最大值
家庭收入	10.27	1.202	5.707	13.12
人均家庭收入	9.049	1.156	4.615	12.14
家庭是否创业	0.088 3	0.284	0	1
现代产业体系（主成分）	4.296	2.135	−0.244	10.78
现代产业体系（熵值法）	7.462	3.467	3.139	16.44
年龄	54.03	12.63	16	97
性别	0.756	0.429	0	1
婚姻	0.900	0.299	0	1
户籍	0.293	0.455	0	1
教育年限	6.857	4.638	0	22
家庭规模	3.794	1.800	1	26
老年人比例	0.233	0.339	0	2
少儿比例	0.123	0.164	0	2
城镇化率	0.478	0.500	0	1
是否开通高铁	0.450	0.498	0	1
是否加入"宽带中国"	0.467	0.499	0	1
是否加入"智慧城市"	0.266	0.442	0	1

6.3.2.2 基准回归结果

表6.27报告了现代产业体系微观经济效应的基准回归结果。第（1）列结果显示，现代产业体系的回归系数在1%水平上显著为正，表明从整体而言，现代产业体系的构建有助于提升家庭收入。考察控制变量发现，家庭户主特征的变量系数基本都显著。其中，户主的婚姻状况、户籍以及教育年限与家庭收入呈正相关，家庭中老年人比例和少儿比例会降低家庭收入。同时，随着城市城镇化率的提升、城市高铁的开通、城市加入"智慧城市"、城市加入"宽带中国"，家庭收入也相应得到了提升。

表6.27第（2）和（3）列报告了分别使用城镇和农村样本估算模型的结果。现代产业体系的建立仅对农村居民的家庭收入有显著的正向影响，对城镇居民的影响并不显著。根据第（3）列的回归结果，当现代产业体系指数提升1个标准差时，农村家庭收入将提升10.3个百分点。

表6.27第（4）列报告了现代产业体系与家庭创业的基准回归结果。可以看到，现代产业体系系数在1%水平上显著为负，表明从整体而言，现代产业体系建立对居民创业行为有抑制作用。不过，这并不一定表明所有的现代产业体系指数都对家庭创业有显著抑制作用。

表6.27 基准回归

变量	（1）	（2）	（3）	（4）
	收入	城镇人均收入	农村家庭人均收入	家庭创业
现代产业体系指数	0.090 3***	0.016 9	0.102 6***	−0.018 8***
	（0.022 0）	（0.031 3）	（0.030 9）	（0.006 6）
年龄	−0.004 1***	−0.002 5***	−0.006 3***	−0.001 0***
	（0.000 7）	（0.000 9）	（0.001 0）	（0.000 2）
性别	−0.041 2***	−0.036 0*	−0.040 9*	0.021 5***
	（0.015 4）	（0.019 2）	（0.023 8）	（0.004 7）

续表

变量	（1） 收入	（2） 城镇人均收入	（3） 农村家庭人均收入	（4） 家庭创业
婚姻	0.117 8***	0.096 5***	0.124 7***	0.012 4**
	（0.023 1）	（0.030 1）	（0.034 2）	（0.005 7）
户籍	0.475 8***	0.423 8***	0.534 0***	−0.018 1**
	（0.018 4）	（0.021 2）	（0.042 1）	（0.007 1）
教育年限	0.040 4***	0.048 9***	0.033 2***	0.002 8***
	（0.001 6）	（0.002 2）	（0.002 2）	（0.000 5）
老年人比例	−0.256 1***	0.006 2	−0.537 5***	−0.051 8***
	（0.023 6）	（0.031 5）	（0.033 6）	（0.005 9）
少儿比例	−0.630 9***	−0.579 1***	−0.699 4***	0.062 2***
	（0.038 2）	（0.054 3）	（0.052 7）	（0.013 0）
城镇化率	0.189 4***	0.000 0	0.000 0	0.048 1***
	（0.015 4）	（0.000 0）	（0.000 0）	（0.005 7）
是否开通高铁	0.131 3***	0.147 8***	0.112 6***	−0.005 6
	（0.015 0）	（0.021 6）	（0.021 2）	（0.005 0）
是否加入 "宽带中国"	0.053 6***	0.134 7***	−0.003 5	−0.002 4
	（0.016 1）	（0.024 6）	（0.021 4）	（0.005 4）
是否加入 "智慧城市"	0.060 9***	0.068 1***	0.068 3***	0.011 5**
	（0.015 1）	（0.021 8）	（0.021 3）	（0.005 4）
常数项	8.579 8***	8.721 5***	8.743 6***	0.112 7***
	（0.055 7）	（0.076 8）	（0.079 5）	（0.016 9）
城市效应	YES	YES	YES	YES
时间效应	YES	YES	YES	YES
N	44 252	21 155	23 097	44 252
R^2	0.342 5	0.337 8	0.235 1	0.033 7

6.3.3　内生性估计、稳健性检验与异质性分析

6.3.3.1　内生性估计

从表6.27可以看出，现代产业体系显著提升了人均家庭收入，尤其是农村家庭收入，但对城镇家庭收入无显著影响，同时会抑制家庭创业，但该结果可能是有偏的。一方面，在影响家庭收入及创业的诸多因素中，可能存在一些对现代产业体系产生影响的无法观测的因素，从而导致遗漏变量问题；另一方面，人均家庭收入越高的城市现代产业体系构建水平也越高，我们采用如下三种方式缓解内生性问题：一是以滞后变量作为核心解释变量；二是加入家庭固定效应；三是引入工具变量。

（1）滞后变量

本节使用滞后期的现代产业体系构建指数替换原始的核心解释变量，回归结果如表6.28所示，可以发现第（1）和（3）列现代产业体系的系数仍然显著为正，表明现代产业体系的构建对人均家庭收入和农村人均家庭收入有正向影响；第（2）列系数不显著，对家庭创业的影响依旧显著为负，再次证实基准回归结果的可靠性。

表6.28　滞后变量

变量	（1）人均家庭收入	（2）城镇人均家庭收入	（3）农村人均家庭收入	（4）家庭创业
	PanelA			
滞后一期现代产业体系	0.092 5***	0.020 6	0.104 9***	−0.016 3***
	（0.020 4）	（0.030 5）	（0.027 3）	（0.006 3）
常数项	8.579 9***	8.717 6***	8.744 5***	0.108 9***
	（0.054 2）	（0.075 7）	（0.075 9）	（0.016 4）
N	44 252	21 155	23 097	44 252
R^2	0.342 6	0.2354	0.235 4	0.033 7

续表

变量	（1）	（2）	（3）	（4）
	人均家庭收入	城镇人均家庭收入	农村人均家庭收入	家庭创业
PanelB				
滞后两期现代产业体系	0.103 9***	0.038 0	0.109 9***	−0.015 6**
	（0.025 6）	（0.037 3）	（0.036 4）	（0.007 4）
常数项	8.707 9***	8.810 3***	8.889 3***	0.107 7***
	（0.064 8）	（0.089 4）	（0.093 0）	（0.019 2）
N	32 729	15 481	17 248	32 729
R²	0.312 5	0.321 1	0.198 5	0.037 9
PanelC				
滞后三期现代产业体系	0.091 8***	0.040 6	0.091 4***	−0.014 3**
	（0.023 4）	（0.035 7）	（0.031 8）	（0.006 9）
常数项	8.727 3***	8.808 8***	8.919 6***	0.105 4***
	（0.062 8）	（0.087 3）	（0.088 6）	（0.018 6）
N	32 729	15 481	17 248	32 729
R²	0.312 4	0.321 1	0.198 4	0.037 9
城市效应	YES	YES	YES	YES
时间效应	YES	YES	YES	YES

（2）加入家庭固定效应

由于定量分析中存在一些可能影响家庭收入和创业行为的因素但无法观察，本节在方程（6.4）的基础上增加了家庭固定效应。

$$Y_{it} = \alpha_0 + \beta_0 \, \text{Industry}_{it} + \gamma_0 \, X_{ijt} + \nu_t + \delta_i + c + \varepsilon_{ijt} \quad （6.5）$$

回归结果如表6.29所示，在控制家庭固定效应后，现代产业体系的系数仍然与基准回归基本保持一致。

表6.29 加入家庭固定效应

变量	（1）	（2）	（3）	（4）
	人均家庭收入	城镇人均家庭收入	农村人均家庭收入	家庭创业
现代产业体系	0.068 0*	0.030 6	0.136 2***	−0.007 7
	（0.037 2）	（0.055 3）	（0.051 8）	（0.010 3）
控制变量	YES	YES	YES	YES
家庭效应	YES	YES	YES	YES
城市效应	YES	YES	YES	YES
时间效应	YES	YES	YES	YES
常数项	8.782 8***	9.629 0***	8.439 3***	0.088 3***
	（0.135 1）	（0.104 3）	（0.245 5）	（0.023 1）
N	42 259	19 605	22 219	42 259
R^2	0.648 3	0.675 4	0.569 5	0.585 7

（3）工具变量法

本节尝试找到一个工具变量，合适的工具变量应满足：可以解释现代产业体系的变化（"工具变量"的相关性），但除去现代产业体系这一途径以外，工具变量不会直接或间接影响到家庭收入、创业（"工具变量"的外生性）。工具变量的具体构建方式与前文保持一致。

工具变量的回归结果如表6.30所示。第一阶段回归结果显示，工具变量系数在1%的水平上显著为正，第一阶段F统计量为732.20，工具变量满足相关性条件远远大于10，表明工具变量对现代产业体系构建指数具有很强的解释力。列（2）至（5）结果显示，现代产业体系构建指数系数均是正显著，且均大于表6.27基准回归的结果，说明忽略内生性问题会低估现代产业体系对家庭收入和创业的影响。该结果表明，经过内生性处理后现代产业体系发展水平的提高仍然可以提高家庭收入、缩小城乡差距、抑制家庭创业，说明并未受到双向因果的影响。

表6.30　工具变量法

变量	（1）	（2）	（3）	（4）	（5）
	第一阶段	第二阶段			
现代产业体系		1.132 5***	0.966 0	1.897 0***	−0.027 7***
		（0.100 7）	（0.098 8）	（0.590 9）	（0.032 3）
工具变量	0.204 0***				
	（0.007 5）				
控制变量	YES	YES	YES	YES	YES
城市效应	YES	YES	YES	YES	YES
时间效应	YES	YES	YES	YES	YES
N	44 252	44 252	21 155	23 097	44 252
R^2	0.573	0.086 3	0.089 8	−0.150 2	0.025 1
弱IV检验	2 479.13				
	［16.38］				
IV可识别检验	594.94				
	<0.000>				

6.3.3.2　稳健性检验

为了进一步提高本节结论的可靠性和稳健性，我们通过更换核心解释变量测度指标、改变核心解释变量的测度方式、加入省份和年份的联合固定效应三种方式进行稳健性检验。

（1）替换核心解释变量

在稳健性检验中，我们将核心解释变量替换为省级层面的现代产业体系。回归结果如表6.31所示，第（1）列现代产业体系系数在1%水平上显著为正，表明现代产业体系对家庭收入产生了显著的正向作用。省级层面的现代产业体系对城乡收入差距和家庭创业的影响也均与基准回归结果保持一致。

表6.31　省级层面现代产业体系

变量	（1）人均家庭收入	（2）城镇人均家庭收入	（3）农村人均家庭收入	（4）家庭创业
省级层面现代产业体系	0.008 1***	0.253 2	0.139 3**	−0.027 5**
	（0.077 7）	（0.117 3）	（0.107 6）	（0.020 8）
控制变量	YES	YES	YES	YES
城市效应	YES	YES	YES	YES
时间效应	YES	YES	YES	YES
常数项	8.685 4***	9.256 0***	8.629 8***	0.140 9***
	（0.157 6）	（0.245 5）	（0.210 7）	（0.042 9）
N	44 252	21 155	23 097	44 252
R^2	0.342 0	0.337 9	0.234 5	0.033 4

（2）熵值法

在基准回归中，我们采用主成分分析法确定现代产业体系的权重，具体的测度方法与前文一致。[①]结果如表6.32所示，这与基准回归结果保持一致，表明结论具有稳健性。

表6.32　熵值法

变量	（1）人均家庭收入	（2）城镇人均家庭收入	（3）农村人均家庭收入	（4）家庭创业
现代产业体系（熵值法）	0.215 6***	0.229 3	0.093 6**	−0.016 2*
	（0.027 8）	（0.037 2）	（0.045 9）	（0.009 3）
控制变量	YES	YES	YES	YES
城市效应	YES	YES	YES	YES
时间效应	YES	YES	YES	YES
常数项	8.309 1***	8.331 7***	8.713 7***	0.117 0***
	（0.068 3）	（0.092 2）	（0.107 3）	（0.021 9）
N	44 252	21 155	23 097	44 252
R^2	0.343 5	0.339 8	0.234 7	0.033 5

① 具体测度方法参见附录。

（3）加入省份和年份的联合固定效应

为了控制省份–年份层面不可观测因素的影响，我们在基准模型中进一步控制了城市所在省份与年份的联合固定效应，回归结果如表6.33所示，第（1）列核心解释变量系数在1%水平上显著为正，表明现代产业体系对人均收入差距产生了显著的正向作用；第（2）至（4）列也均与基准回归结果一致。

表6.33　省份和年份联合固定效应

变量	（1）人均家庭收入	（2）城镇人均家庭收入	（3）农村人均家庭收入	（4）家庭创业
现代产业体系	0.082 9***	0.015 9	0.094 3***	−0.015 7**
	（0.022 9）	（0.032 7）	（0.032 1）	（0.006 9）
控制变量	YES	YES	YES	YES
城市效应	YES	YES	YES	YES
时间效应	YES	YES	YES	YES
省份–年份固定效应	YES	YES	YES	YES
常数项	8.585 2***	8.720 5***	8.745 8***	0.109 2***
	（0.056 3）	（0.077 8）	（0.080 5）	（0.017 1）
N	44 252	21 154	23 097	44 252
R^2	0.346 4	0.342 3	0.243 8	0.037 4

6.3.3.3　异质性分析

上述分析已经表明，现代产业体系能够显著提高家庭收入、缩小城乡收入差距，在一定程度上抑制了家庭创业。但是由于不同家庭本身的特征以及所处区域的不同，可能会产生不同的影响效果。因此本书将进一步使用四个不同维度的子指标，来验证这种异质性的效果。

现代产业体系构建指数由四个分项指数构成，表征现代产业体系构建水平的内涵更加具体。各维度内涵的侧重点不相同，因此有必要深入探讨现代产业体系四个分项指数与家庭收入与创业的关系，以使研究结论更具实践指导意义。本书同样以家庭人均收入、城镇家庭人均收入、农村家庭人均收入和家庭创业为被解释变量，以现代产业体系各维度指数为核心解释变量，对现代产业体系各维度发展与家庭收入和创业之间的关系进行实证研究。结果如表6.34所示，第（1）和（2）列结果显示，实体经济和人力资源对人均家庭收入以及城镇家庭人均收入具有显著的负向影响，科技创新和现代金融的估计系数显著为正。第（3）列结果显示科技创新指数为0.419 1，并在1%水平上显著，表明科技创新对家庭收入有显著的正向影响，这可能是因为科技的进步是经济发展的主要动力来源，也是驱动现代产业体系发展的核心驱动要素。第（4）列结果显示实体经济的发展显著促进了家庭创业，而现代金融和人力资源显著抑制了家庭创业。

表6.34 异质性分析

变量	（1）人均家庭收入	（2）城镇人均家庭收入	（3）农村人均家庭收入	（4）家庭创业
实体经济	−0.130 4***	−0.131 8***	−0.043 1	0.026 8*
	（0.040 5）	（0.050 5）	（0.070 2）	（0.014 6）
科技创新	0.490 5***	0.410 2***	0.419 1***	0.020 5
	（0.054 1）	（0.075 4）	（0.086 2）	（0.017 5）
现代金融	0.154 7*	0.580 5***	−0.289 5**	−0.055 6*
	（0.088 2）	（0.125 1）	（0.131 7）	（0.028 5）
人力资源	−0.099 2**	−0.327 5***	0.092 7	−0.031 0**
	（0.042 3）	（0.060 2）	（0.060 0）	（0.013 4）
控制变量	YES	YES	YES	YES
城市效应	YES	YES	YES	YES
时间效应	YES	YES	YES	YES
常数项	8.698 1***	8.727 8***	8.893 7***	0.139 1***
	（0.061 0）	（0.082 6）	（0.088 9）	（0.0196）
N	44 252	21 155	23 097	44 252
R^2	0.345 6	0.344 2	0.236 1	0.034 2

6.4 研究结论与启示

6.4.1 研究结论

本书在宏观层面上，从高质量发展、共同富裕和双循环三个方面评价了现代产业体系建设产生的经济效应。对此，本书参考已有研究，构建了评价地区高质量发展水平、共同富裕发展水平、双循环建设水平的指标体系，进而实证分析了我国产业体系现代化对于高质量发展、国内国际双循环畅通以及共同富裕实现的影响。结果发现：第一，我国现代产业体系的建设显著促进了高质量发展；第二，我国现代产业体系的建设通过完善基础设施建设能显著促进地区共同富裕；第三，我国现代产业体系的建设显著推动了国内国际双循环的发展。然后，本书针对四个分项指数进行了异质性分析，结果发现：第一，我国实体经济和现代金融的发展能够有效促进高质量发展，而科技创新水平和人力资源水平的提升反而抑制了高质量发展，这可以解释为科技创新和人力资源的正向作用被实体经济和现代金融所吸收而导致的结果；第二，区域现代金融发展水平的提升对于实现共同富裕具有显著的负向作用；第三，我国实体经济的发展明显有助于实现国内国际双循环，而科技创新水平的提升却会对双循环发展产生抑制作用。

本书在中观层面上，从企业绩效、企业创新和企业污染排放三个方面评价了现代产业体系建设的经济效应。本书实证分析了我国产业体系现代化对于企业绩效、企业创新以及企业污染排放的影响。结果发现：第一，我国产业体系的现代化并不会对企业绩效增长产生显著的促进效应；第二，我国产业体系的现代化发展明显有助于企业创新绩效的提升；第三，我国产业体系的现代化发展有助于降低企业污染的排放。然后，本书针对实体经济、科技创新、现代金融和人力资源这四个分项指数进行了异质性分析，结果表明：第一，实体经济的壮大、科技创新水平的发展和人力资源水平的提高均能助推企业绩效的提升，而现代金融的发展反而会抑制企业绩效的增加；第二，科技创新和人力资源的发展能够激励企业提升自身的创新水平；第三，实体经济、科技创新、现代金融和人力资源的发展均有助于企业污染排放的减少。

本书在微观层面上，从人均家庭收入、城乡收入差距以及家庭创业三个方面评价了现代产业体系建设的经济效应。本书实证分析了我国产业体系现代化对于人均家庭收入、城乡收入差距以及家庭创业的影响，结果发现：第一，我国产业体系的现代化建设对于人均家庭收入能够产生显著的促进作用；第二，我国产业体系的现代化建设有助于缩小城乡收入差距；第三，我国产业体系的现代化建设会对居民的创业行为产生抑制作用。然后，本书针对实体经济、科技创新、现代金融和人力资源这四个分项指数进行了异质性分析。结果发现：第一，实体经济和人力资源的发展均会抑制人均家庭收入的提升，科技创新和现代金融的发展则会明显促进人均家庭收入的提升；第二，实体经济的发展通过对城镇居民收入的提升产生抑制作用，从而缩小了城乡贫富差距；第三，实体经济的发展有助于激励家庭创业行为，现代金融和人力资源的发展均会抑制家庭创业行为。

6.4.2 研究启示

通过对上述研究结论的分析，可以发现产业体系的现代化对我国经济发展产生重大影响。为使现代产业体系创造出更大的经济效应，我国在推进现代产业体系建设方面可采取如下措施。

第一，加大对先进制造业和现代服务业的扶持力度。一方面，政府要通过财政补贴、税收优惠等手段支持民营企业发展，持续优化营商环境，深化国有企业改革，提高企业的收益和强化企业的创新能力，不断巩固和增强我国实体经济；另一方面，政府要建立完善的法律法规，出台严格的企业污染排放管理办法，倒逼企业进行绿色创新，走集约化发展的道路，实现可持续发展。

第二，多措并举促进居民消费。一是要重点发展与当前消费需求结构相匹配的新型产业体系。要以消费结构的调整对产业体系结构进行优化，着力提升企业技术研发能力，以满足不同消费群体的多样化需求，实现供需结构的平衡。二是要加快消费品升级速度。鼓励处于同一产业链上的生产企业和流通企业进行合作与创新，使生产端能及时接收消费端的信息，以消费的升级带动生产的变革，迫使企业加快自身产品的更新换代速度，进而推动产业实现从中低端生产环节向中高端生产环节的跃迁。

第三，不断提高基础设施建设水平和加快户籍制度改革。在现代产业体系建设进程中，要高度重视信息网络设施的完善。对此，地区政府要加大对信息基础设施建设的财政投入，并吸引各类市场主体参与建设和经营。针对财政收入水平低下的地区，中央政府要给予专项建设支持，实现现代产业体系协同发展。同时，政府也要进一步深化户籍人口制度改革，逐步提升城镇化水平，丰富地区产业发展所需的人力资源。

第7章

现代产业体系构建的
国内外经验与启示

在理清中国产业体系构建的理论逻辑、驱动要素与经济效应后，本书总结了国内外代表性发达地区的产业体系现代化的建设历程与主要特点，围绕其所实施的产业体系现代化具体路径，为我国现代产业体系的构建提供经验性借鉴与启示，以便更好地把握我国现代产业体系的调整方式和发展脉络。

7.1 主要发达国家产业体系现代化建设的过程与主要特征

7.1.1 美国产业体系现代化建设的过程与主要特征

美国依赖较为完善的创新型产业体系发展模式，已建设形成世界上最为发达的产业体系的国家。其发展模式可以概括为：一方面，它把握住了信息技术变革的重大历史机遇，不断加大对高技术产业的支持力度；另一方面，依托高新技术改造和提升传统产业，以高技术产业为先导，推动先进制造业与服务业融合发展。为此，研究把握美国产业体系的发展演进和实现路径，可以为我国建设现代产业体系提供有益启示。

7.1.1.1 美国产业体系现代化建设的过程

工业化起飞：18世纪末至1860年。这一时期的主要特征：第一，非农经济与农业经济协调发展，城市化与工业化进程不断推进。19世纪初，市场经济在城市得到迅速发展，促进了商品的买卖和出口。随着商品经济逐渐向广大的农村地区渗透，农村消费群体成为商品市场的消费主力。第二，交通基础设施的建设和完善使得商品贸易规模和市场范围不断扩大，为全国统一市场的形成创造了条件。1860年前，美国凭借较为完整的铁路交通体系和运河系统形成庞大的交通网络，逐渐打破了国内市场由于地理隔绝而严重分割的状态。

工业化初期：1860年至1930年。这一时期工业制造业的产值和占比得到快速提升。19世纪末，美国工农业生产总值跃居世界第一，其中制造业的总值是农产品价值的3倍以上。直至一战前，美国制造业生产总值已经超过了英、法、德三大竞争国制造业产值之和。1890年，美国工业占工农业总产值比重高达80%，重工业与轻工业的产值相当。随后，这一比重呈持续增加趋势。

工业化后期：二战后到20世纪90年代初。二战后，大量剩余劳动力由制造业转向了服务业，美国由此进入后工业化时期。这一时期，军用技术与民用技术的结合推动了军民融合发展，产业技术进步与经济结构调整带动了经济增长。同时，这一时期跨国公司作为主导力量推动了市场经济国际化和世界经济融合，国际一体化生产体系得以建立。

信息经济时代：20世纪90年代初至今。伴随信息技术变革，人类进入信息经济时代，信息资源已成为与物质资源、能源等同等重要的战略资源。信息技术的进步和发展推动了信息技术产业的形成和发展，加快了高新技术对传统产业的改造和武装的步伐。美国形成了以高新技术产业为主导，现代农业、制造业和现代服务业为主体的产业经济发展模式。

7.1.1.2 美国产业体系现代化建设的主要特征

美国产业发展进程表现出产业协调、产业集聚、要素市场发达等特点，这对产业稳定发展、产业体系现代化建设提供了有利条件。

第一，产业协调发展为产业结构升级奠定了基础。纵观美国产业体系发展，我们发现工业占比逐渐增加，并超过农业，同时工业和服务业的发展为农业发展提供了技术和物质保障，延伸和完善农业生产链，拓展了工业的发展空间。从工业内部结构看，各产业协调发展，其中重工业的增长速度超过轻工业，重化工业比重逐渐上升。由图7.1可知，第一产业所占比重从1990年的1.9%逐年下降至0.85%；第二产业所占比重从24.1%下降到17.65%；第三产业所占比重从73.5%上升到了81.5%。由此说明，这一时期美国的产业结构总体上呈现向第二、三产业发展的趋势，产业结构服务化特征明显。[①]

① 黄林秀，欧阳琳. 经济增长过程中的产业结构变迁——美国经验与中国借鉴[J]. 经济地理，2015，35（03）：23-27.

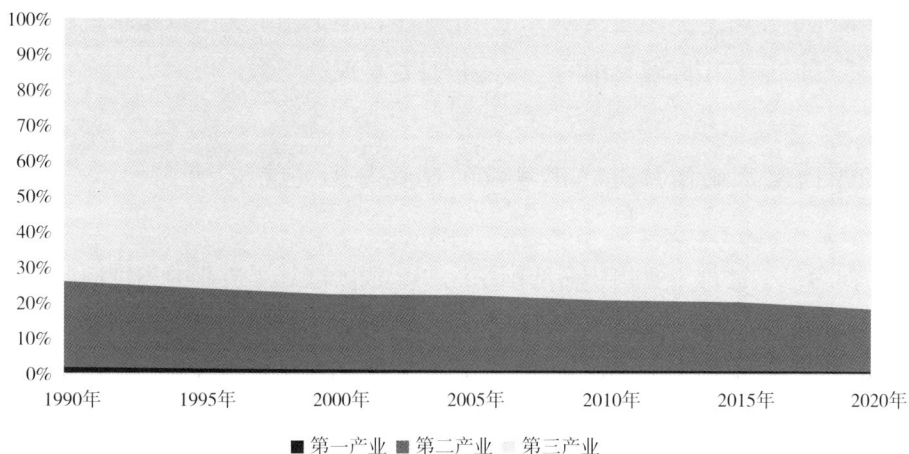

■ 第一产业　■ 第二产业　　第三产业

图7.1　1990—2020年美国三次产业占GDP的比例

第二，劳动力素质的提升，促进了劳动生产率提高。[①]工业化初期，由于劳动力短缺和资源匮乏，使得生产成本持续上升，为解决这一难题，美国积极推动专业技能教育与培训等相关措施的实施，提高劳动力的专业素质，进而提高技术发展和资金的使用效率。劳动生产率的提高，相应提高了美国在国际市场中的竞争力。

第三，产业集聚发展，市场规模持续扩大。芝加哥以东、华盛顿到波士顿一线的西部区域内，国土面积仅占全国的7.7%，却拥有全国68%的制造业和43%的人口，成为美国制造业的主要集聚区。产业集聚与地区产业化满足了国内消费者产品消费需求的不断壮大，同时刺激全国性的消费品市场形成，拓展了市场空间，推动了贸易规模的不断扩大。

第四，要素市场发达，对外贸易规模拓展。随着资本和劳动力要素的集聚，以及为企业工业化生产充足的劳动力要素供应和资本的积累，东北部成为美国制造业的集聚中心。在工业化初期，通过利用外资、引进先行工业化国家的先进技术和人才等，推动了经济的高速发展和进出口贸易的日益繁

---

① 张辉,丁匡达.美国产业结构、全要素生产率与经济增长关系研究:1975—2011[J].经济学动态,2013 (07):140-148.

荣,加速了美国工业化进程。18世纪中期至19世纪初,美国贸易总量占世界的比重近1/3,在国际贸易中的主导地位日益显现。

7.1.2　德国产业体系现代化建设的过程与主要特征

作为最早进行工业化革命的国家之一,德国以其制造业的先进而闻名世界。一直以来,德国都把实体经济和生产性服务业的发展视为本国经济发展的重心,坚持走专业化与技术化的发展道路,在全球树立起"德国制造"这一块象征质量优异和技术含量高的金字招牌。当前,德国已构建起以汽车与零部件制造、机械设备生产、电子电气、化工制药、可再生能源等高端制造业为主要支撑,纳米技术、金融、贸易以及环保等服务产业为主体的现代产业体系。

7.1.2.1　德国产业体系现代化建设的过程

第一阶段是19世纪初期至20世纪初期。德国工业发展的起源最早可追溯到19世纪初期,其国内工业革命刚刚开始兴起。之后,随着德意志在1871年实现了统一,德意志帝国得以建立,再加上欧洲工业革命的推动,德国不断向英国学习,引进英国当时的工业生产技术,提高本国产业的技术创新能力,并增强对基础教育和技术研发的投入。在此期间,德国国内的储蓄银行、合作银行、抵押银行和综合银行等陆陆续续地出现,意味着德国现代金融业也在逐渐地形成,[1]为德国工业化的推进提供了大量的资金支持。[2]并且,德国还实行了义务教育制度,为自身产业结构的优化与升级提供了人才支撑,尤其是多元化的教育体系满足了德国制造业发展的需求。在这些因素

---

① 王喆,杜德瑞.关于发达国家利用金融支持产业结构调整的综述:基于对美国、日本、德国的分析[J].国际金融,2013(05):51—54.

② 赵婉好,王立国.中国产业结构转型升级与金融支持政策——基于美国和德国的经验借鉴[J].财经问题研究,2016(03):35—41.

的综合作用下，德国在19世纪80年代初就完成了工业革命。而后，德国煤炭和钢铁等支撑性重工业的发展速度又有所加快，带动了汽车生产、机械制造以及电气等高端制造产业的发展，使得德国工业取得了跨越式发展。所以，在20世纪初，即在一战前夕，德国就建立了较为完备的工业体系，成为欧洲当时最为强大的工业国之一。

第二阶段是20世纪50年代到70年代初期。由于经历了第一次世界大战和第二次世界大战的失败，再加上全球在1923年到1933年期间发生的经济危机的摧残，当时德国的工农业生产体系发生了全面崩溃，甚至国家也被划分成东德（民主德国）和西德（联邦德国）这两个区域。所以，德国（主要指西德）在二战结束以后，便致力本国产业的全面恢复与重建工作。西德由于英、法等国家的施压，采取了去军事化的经济发展，把全部精力投入本土的经济建设之中，通过建立国有经济，制定法令政策调节国民经济等方面对经济进行有效的宏观管理，加强了政府对于经济运行的干预力度。在1950年前后，西德经过多方努力，成为欧洲经济合作组织（OEEC）的成员国，使得本国工业发展得到了英、美等国家的资本援助，德国产业体系的建设进程不断加快。此外，德国政府对于科技实施政策倾斜，极度扩大财政支出中的科技产业投入，引导科技产业化，鼓励工业企业和研究部门合作，使国家技术的发展与创新围绕企业满足市场的需要展开。在20世纪50年代到70年代期间，西德积极施行贸易自由化和对产业技术扶持等政策，国内外贸易规模不断扩大，商品出口量持续增长，与其工业发展之间形成循环性促进作用，使得德国工业进入快速发展的阶段。如图7.2所示，德国在1950年，第一、二、三产业的产值比重分别为10.40∶48.90∶40.70；在1960年，产业比重结构调整为6.80∶60.70∶32.50；到1970年，又变化为3.40∶53.10∶43.50。可以发现，德国在这一段时期，农业的产值比重在逐渐下降，制造业比重在不断上升，服务业的产值比重则是先减后增。

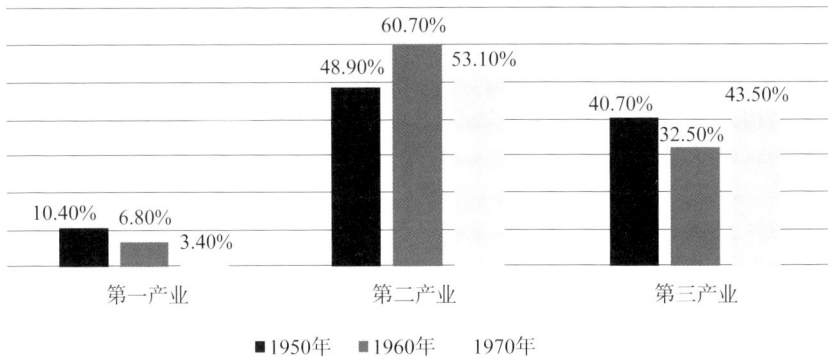

图7.2　1950—1970年德国三大产业的产值比例

　　第三阶段是20世纪70年代初期到90年代初期。在这一阶段初期，德国劳动力成本的持续上升，引起其国内劳动密集型制造业出现地区迁移的情况，导致产业的整体结构发生变动，具体表现为第三产业的增速和占比超过第二产业。但是，德国产业结构的特殊之处在于其第三产业是由于第二产业的延伸而产生的。如图7.3所示，在1975年，德国三大产业占GDP比重之比为3.20∶47.40∶49.40；在1980年，三大产业的产值比例为2.20∶44.80∶53.00；到1990年，这一比例又调整为1.20∶33.20∶65.57。在这一阶段的产业结构调整过程中，德国政府针对工业的产能过剩实施了多项措施，如针对钢铁业产量的大量剩余采取发放各类投资津贴的办法，通过这些方式有效化解了工业的产能过剩，[①]降低了产业转型升级对社会的严重冲击。[②]在此期间，德国也开始重点培育电子工业和生物技术等新兴产业，进一步完善了本国的产业体系。

① 邵建华. 循环经济模式在德国煤矿区的成功运用——德国煤矿区的治理和产业结构调整对安徽的启示[J]. 华东经济管理，2004（03）：89-91.

② 李红卫. 资源型区域的产业结构调整：山西省与德国鲁尔区的比较研究[J]. 经济社会体制比较，2009（03）：150-154.

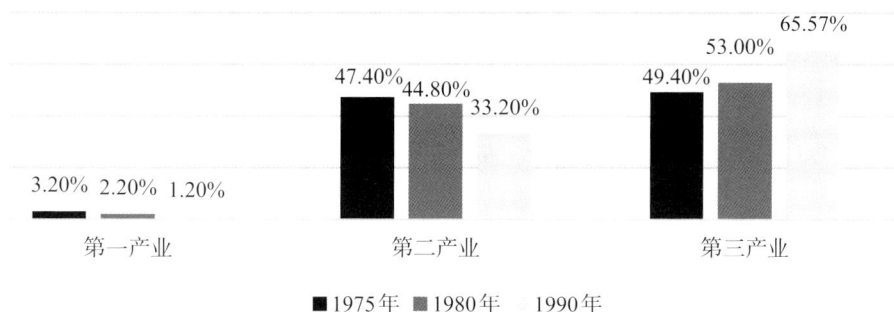

65.57%

53.00%

47.40% 44.80%

49.40%

33.20%

3.20% 2.20% 1.20%

第一产业　　　　　　第二产业　　　　　　第三产业

■ 1975年　■ 1980年　　1990年

图7.3　1975—1990年德国三大产业的产值比例

　　第四阶段是20世纪90年代初以后。进入20世纪90年代，由于高新技术的兴起与广泛应用，全球产业又开启了新一轮的转型升级之路。在此进程中，实现统一后的德国，由于未能及时追赶高新技术产业发展浪潮，阻碍了自身产业升级优化，加之世界范围的经济大危机，导致国内经济发展产生较大的波动。此后，德国政府通过加大力度发展新兴产业，优化调整产业结构解决问题，加大对国内电子计算机、空中客车和生物科技等一系列新兴产业的创新投入，并运用新旧产业技术融合的手段，快速形成具有高生产率和高附加值的高端技术产业群，以此助推其国内产业结构的优化升级。

　　2006年，德国首次发布《高技术战略》，系统提出有关推进德国科技创新发展的战略目标和政策路线，指出应大力发展环保、光学技术、生物智能、高端设备制造、新能源和新材料等新兴产业，其根本目的是引领技术发展与进步，确保在全球竞争中占据优势地位。同时，以科技创新引领经济发展，实现更高质量和更充分的就业，提高国民的生活水平和质量。此后，为应对日益激烈的世界科技创新竞争局势，德国于2020年颁布了《德国2020高技术战略》。此外，德国政府非常重视中小型企业的创新性发展，帮助其制定创新发展战略，予以资助和政策支持，以更好地满足投融资需求。而且帮助企业集聚发展，加强科技成果转化，最终推动了产业技术与科技水平的进步。德国联邦外贸与投资署2011年的统计资料显示，在德国近90个机械设备制造部门中，有17个部门处于世界领先行列；以营业收入来衡量的话，电力传输工程、材料处理技术、通风技术、机床设备和农用机械等12个部门位居世界第一位。2013年，德国政府为了保持制造业的领先优势，提高生产效率，提出"工业4.0"战略。持续优化的战略布局和规划，使德国产业体系建设不仅能够位居世界领先地位，同时也能够满足全球各地区不同的市场需求。

7.1.2.2 德国产业体系现代化建设的主要特征

第一，推行积极的产业政策，充分发挥政府的调控作用。在有效发挥市场的调节作用下，德国制定和实施一系列产业政策，维护和保证产业部门中企业的有序竞争，并完善本国的基础设施建设，为产业发展提供了支撑。对支柱产业给予重点支持，先后通过政策扶持钢铁、机械制造和电子技术等多个支柱产业的发展。在国内产业转型过程中，德国政府也会利用产业政策消除劳动密集型产业的产能过剩问题，保证了经济的平稳增长。

第二，重视产业技术创新，开展产业技术创新合作。德国政府对于产业的技术研究与开发工作，一直给予了肯定和支持的态度。具体表现在：①早在1951年至1962年，西德先后成立了研究联合会及原子能委员会等高新技术研发部门。②通过制定多项计划、战略和法律制度，对本国产业技术创新进行了整体的规划和专业的指导，从而确保了市场技术创新活动的有序开展。③对高新技术产业的创新活动进行了大量的补贴。根据数据显示，在2006年到2009年期间，德国政府向包括纳米和生物等在内的17个产业投入了120亿欧元，为高端技术产业的创新提供了资本支持。

第三，大力支持中小企业的发展，打造高端品牌形象。德国政府为了改善本国中小企业的生存环境，出台了多项扶持计划，为其国内的中小企业创造了友好的发展环境，从而为德国中小企业的繁荣发展奠定了基础。据统计，在2016年，全球一共有2 734家企业被评为"隐形冠军"，其中，德国就有1 307家。这些拥有"隐形冠军"称号的企业数量虽然占德国全部企业数量的比例还未达到1%，但其出口总额的贡献却高达70%。这类企业大多是针对客户的特殊需求出发，十分注重自身产品和客户之间的契合程度，并且通过持续创新的生产技术提升自身产品的品牌价值。"隐形冠军"型企业让德国在许多产业内掌握了关键性生产技术，使德国对外贸易产业在全球产业链中处于高端水平，大大增强了该国家现代产业体系的核心竞争力。①

7.1.3 日本产业体系现代化建设的过程与主要特征

不同于美国采取的"创新型"产业体系现代化发展模式，日本推行"跟进型"现代产业体系建设模式，通过制定强有力的产业政策，已逐步构建起以汽车制造、机械制造、新材料等先进制造业为核心支撑，②半导体、机器人、电子等产业在全球工业中遥遥领先，旅游、多媒体和医疗美容疗养等现代服务业极为发达的现代产业体系。

7.1.3.1 日本产业体系现代化建设的过程

第一阶段：19世纪末期至20世纪中期。日本在明治维新以前，还是和当时的中国一样，完全是一个传统农业的封建国家，岛内不存在任何像样的工厂。工业发展水平与当时的工业发展处于后期的国家相比，存在巨大差距。如图7.4所示，在1870年，日本工业产值占世界总体工业产值的比重仅为0.4%，而法国的工业产值占世界总体的比重是10.00%，德国的工业产值占世界总体的比重是13.20%，美国的工业产值占世界总体的比重是13.20%，英国的工业产值占世界总体的比重是32.00%。在19世纪末期，日本开始了自上而下、全面推进资本主义发展和工业化建设等系列变革，这就是众所周知的明治维新运动。日本在这次改革过程中，以"殖产兴业"作为核心的经济政策，全面汲取西方先进国家的发展经验，着力引进先进生产技术，重点扶持

① 韩文艳, 熊永兰. 科技大国创新驱动产业结构优化的比较研究[J]. 科技管理研究, 2020, 40(11): 1-8.
② 雷鸣. 日本与德国新能源产业结构转型的比较分析[J]. 现代日本经济, 2013(01): 79-86.

本国工业的发展，这些举措使得日本的纺织、化工、钢铁以及机械生产制造等轻重工业取得了长足发展。[①]经过这一阶段的发展，日本在二战时期，已经基本完成了以重工业为核心的产业体系建设。

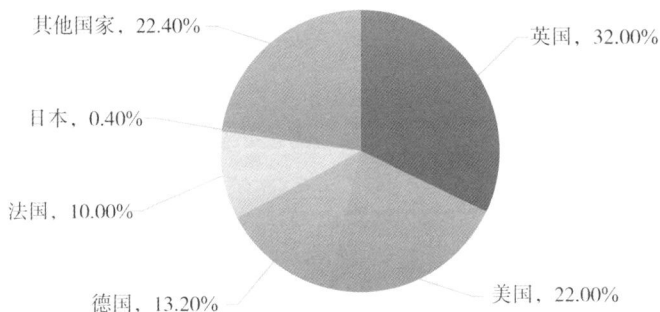

其他国家，22.40%

英国，32.00%

日本，0.40%

法国，10.00%

德国，13.20%

美国，22.00%

图7.4　1870年各国工业产值占世界工业产值的比重

　　第二阶段：20世纪中期至20世纪70年代初期。在这一阶段的初期，日本经济受到战败的严重影响，产业的生产陷入了全面瘫痪。当时，日本国内有高达90%的工业设备处于闲置的状态，同时工业年均增长速度由二战前的10%骤减至3%。但是，在日本政府众多产业技术政策扶持和西方国家的帮助下，日本经济在战后又进入快速增长的阶段，并在1955年恢复原油的最高水平。在第二阶段中，日本的农业产值在国民经济中的比重经历了快速下降的过程，而制造业的产值占比虽然有所波动，但整体还是呈上升的趋势，服务业产值占比则一直是接近50%的水平。这一情况也从侧面反映出日本制造业在这一时期处于快速增长期。导致该现象的原因可从日本政府在1949年颁布的《科技白皮书》中找到答案。书中明确指出，当时日本产业整体的技术相较于美国落后了20年，所以日本政府需要不断引进国际先进技术，并且加大与西方国家各方面的合作力度。日本在当时制定了以增强重工业作为推动本

---

① 王宪恩,王羽,夏菁,等.日本工业化进程中经济社会与能源环境协调发展演进趋势分析[J].现代日本经济,2014(06)：70-79.

国经济发展的主线路，在东京、横滨、名古屋、大阪以及神户等多个邻近太平洋地区，安置了大量的钢铁与原油冶炼、化工、电力和造船等产业，以追求产业的规模效益为目的，使制造业实现了快速发展，也进一步完善了日本的产业体系。

第三阶段：20世纪70年代初期至20世纪80年代中期。在这一阶段，日本制造业的增加值占GDP的比重反而是在缓慢降低，服务业的产值占比则在逐渐上升，农业的产值比重仍然是保持较低的比例。随着工业污染问题的加重，以及石油匮乏、货币贬值等问题的出现，[①]为缓解这些问题，日本提出要推动产业结构朝知识技术密集化方向发展的建设思路，尤其是要大力发展节能环保、电子信息和计算机服务等新兴产业。电子与计算机等信息技术的广泛使用使得日本逐步实现了工业生产的自动化、室内办公的自动化和家庭事务的自动化，进而带动了商业贸易、物流运输及医疗卫生等服务业的发展。以生产照相机、家用电器、打印机、能源电池和节能式汽车为典型代表的制造业在这段时期得到了迅速的发展，同时再次优化了日本的产业体系。[②]

第四阶段：20世纪80年代中期至20世纪90年代后期。日本经济出现巨大的泡沫和严重的萧条。如图7.5所示，日本在这段时期，农业产值依旧保持较低比例，制造业产值比重则不断降低，服务业却逐渐发展成日本经济的主体产业。但是，在进入90年代之后，由于房地产泡沫的破裂，日本经济迅速崩溃，陷入了长达十年的沉寂期。[③]如图7.5所示，日本制造业产值在GDP中占比由1990年37.20%持续降低至1999年的28.10%。对此，日本政府为克服制造业发展的瓶颈，解决能源短缺、污染严重及国民生命健康等多方面的难题，

---

① 宋丹瑛，张天柱. 论资源环境优化产业升级：以战后日本产业结构调整为例[J]. 技术经济与管理研究，2012（03）：115-119.

② 白钦先，高霞. 日本产业结构变迁与金融支持政策分析[J]. 现代日本经济，2015（02）：1-11.

③ 平力群. 日本经济危机对策与产业结构调整：以产业政策范式的影响为视角[J]. 日本学刊，2011（02）：96-111.

引导本国企业积极参与国际新能源、新材料、微电子技术、生物与信息研发等尖端技术产业竞争之中，对其国内产业结构进行大范围的调整与优化，逐步确立起以新兴产业的培育与壮大为核心的产业体系，从而加快了日本现代产业体系的建设步伐。[①]

进入21世纪以后，日本三大产业产值的比重基本保持稳定。在2010年，日本农业产值占GDP的比重仍未超过2%，制造业产值比重为22%，服务业比重则接近70%，这与1999年三次产业结构的比重基本保持一致，总体规模则有所扩大。从就业结构来看，日本农业、制造业和服务业在2010年的就业吸纳数量占总就业人数的比重分别为3%、17%和80%。这揭示了日本经济目前已经成功建立了具有强大就业吸纳能力的现代产业体系。

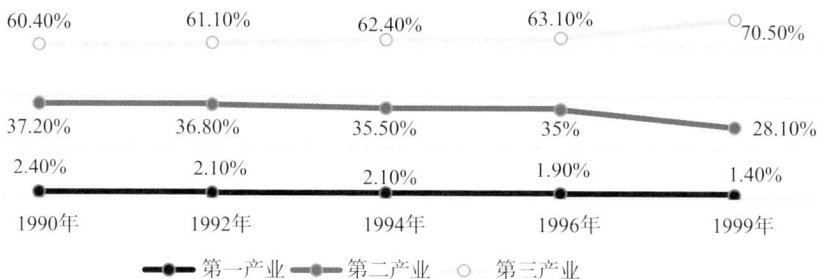

图7.5　1990—1999年日本三大产业产值所占GDP比重的变化

7.1.3.2　日本产业体系现代化建设的主要特征

第一，精确把握本国产业发展状况，动态调整产业发展政策。日本政府在二战后追赶欧美国家的那一段时期，结合本国产业发展的实际情况制定了一系列的产业政策，综合运用技术引进与技术创新两种形式促使产业技术进步。例如，日本在1956年颁布了《机械工业振兴临时措施法》，另外还制定和实施了《外资法》，目的是壮大本国制造业，鼓励本土企业积极引进西

---

① 赵晋平. 20世纪90年代以来日本产业结构的演变及其启示［J］. 国际贸易, 2007（09）：39-45.

方先进技术，并在消化吸收的基础上进行再创新。在这段时期内，日本既充分发挥了"学习型"的后发优势，同时也发挥了"创新型"的后发优势。另外，针对制造业还采取了税制减免和低息贷款等扶持政策，日本在1950年到1995年，税收减免总额高达2 400多亿日元，大幅度削减了企业的税费负担。日本政府根据本国社会经济环境和实际发展情况的变化，合理调整与优化自身的战略规划和产业政策，极大改善了其国内产业发展的环境，进而增强了本国产业体系的创新力与核心竞争力。①

第二，合理调整产业结构比例，实现多产业融合发展。日本在19世纪中后期，不仅三大产业产值结构比重有所调整，而且还包括以第二产业发展模式为主要体现的内在优化。日本三大产业结构比例调整的过程，具体是指由典型的金字塔式产业结构变换成沙漏式产业结构的一种发展过程。并且，日本政府对教育发展和人才培养的高度重视，满足了产业结构调整的需求。有关数据显示，日本从1980年每100家企业中独立研究所的数量为111个，到1985年增至134个，专制型研究人员则从7 472人增至10 284人。在产业结构转变过程中，日本制造业链条中上下游的理论研究和实际应用之间取得了融合性的发展。特别是在沙漏式的产业结构中，零部件的制造与原材料生产环节的一体化水平会得到提高，使得制造业与服务业的联系更加紧密，推动生产性企业由单一的生产制造转变为制造与服务的融合发展。

第三，不断提升产业的信息化与服务化水平，实现产业体系的现代化。在20世纪90年代，随着以电子计算机为代表的信息技术在全球大范围的应用，世界各国步入了知识经济等全方面竞争激烈的全球化时代。对此，日本政府为保持本国产业的核心竞争力，实施了一系列推动高端制造业和信息服务业的产业政策。在1997年，日本发布了《实现经济结构改革与创造的行动计划》，该计划改变了日本以发展全能型产业结构的发展目标，旨在大力培育和壮大信息通信、新能源和养老医疗等新兴产业。此后，日本在2000年又

---

① 赵霄伟，杨白冰.顶级"全球城市"构建现代产业体系的国际经验及启示[J].经济学家，2021（2）：120–128.

制定了《产业结构审议报告》，重点强调要以信息技术改造传统产业，同时也要发展新兴产业。在2009年和2010年，日本政府又出台了保护新兴产业发展的扶持政策。

7.2 国内典型城市产业体系现代化建设的过程与主要特征

7.2.1 杭州市产业体系现代化建设的过程与主要特征

杭州市近年来以"争当浙江高质量发展建设共同富裕示范区城市范例"为发展目标，全面深化数字化改革，以经济体制改革引领创新发展，涌现出一批具有全国影响力的标志性成果，为其他城市现代产业体系的发展提供了实践经验。

7.2.1.1 杭州市产业体系现代化建设的过程

2000—2008年，杭州市处于工业化和服务业并进时期。20世纪60年代，杭州的定位是"综合性工业城市"，杭钢、杭氧、杭汽轮、杭州棉纺厂等工业企业都是在这个时期建设起来的。80年代，杭州确定为浙江省省会、全国重点风景旅游城市和国家公布的历史文化名城，发展第三产业，限制重工业，搬迁城市中心区内污染环境的小型工厂。2000年，杭州市委、市政府结合自身发展阶段及比较优势，提出了"工业兴市"战略。2002年7月，第一次全市"工业兴市"大会提出"工业经济增幅高于全省平均水平，总量领先全省各市"目标，拉开了实施"工业兴市"战略的序幕。

这个时期，杭州市第二产业占比稳定在50%左右，其中2007年服务业比重下降到49.85%，2008年下降到49.54%，但仍占据半壁江山；第三产业占比在稳步提升，从2000年的41%提升到46.7%，提高近6个百分点。

2008—2013年，杭州市处于服务业优先发展时期。2008年突遇国际金融危机，杭州与许多城市一样遭遇"成长的烦恼"。2009年杭州市践行服务业优先发展规划，通过承接国际服务业转移、扩大消费性服务业、培育生产性服务业，实现"服务业大市"向"服务业强市"的转变。2009—2013年，杭州市第二产业占比下降7个百分点，2013年第二产业比重仅为42.56%；同期第三产业比重提高近8个百分点，2011年第三产业比重首次超过50%，2013年三产比重达到54.33%，文创、电商产业在这个阶段加速崛起。

2014—2018年，杭州市处于数字经济优先发展时期。杭州市逐渐意识到新型工业化才是实体经济的出路，为此做出把经济发展重点转移到信息经济上来的伟大的决策。2014年7月，中共杭州市委十一届七次全会审议通过《关于加快发展信息经济的若干意见》（市委〔2014〕6号），做出"发展信息经济，推动智慧应用"的"一号工程"的战略部署。

7.2.1.2 杭州市产业体系现代化建设的主要特征

第一，产业结构不断优化。杭州产业结构呈现"三二一"格局。2021年杭州市生产总值高达18 109亿元，同比增长8.5%，增幅高于全国0.4个百分点，与全省平均水平相当；GDP两年平均增长6.2%，高于全国1.1个百分点和全省0.2个百分点。其中，第一产业增加值333亿元，同比增长1.8%，两年平均增长0.6%；第二产业增加值5 489亿元，同比增长8.6%，两年平均增长5.4%；第三产业增加值1 2287亿元，同比增长8.7%，两年平均增长6.8%，第二、三产业增速趋于同步。三大产业增加值结构由2020年的2.00∶29.80∶68.20调整为1.80∶30.30∶67.90，工业增加值占比26.5%，比2020年提高0.4个百分点，如图7.6和图7.7所示。

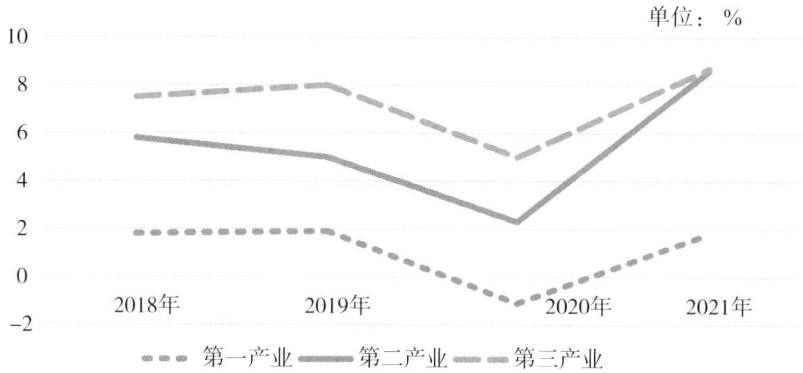

图7.6　2018—2021年杭州三大产业增速变化趋势

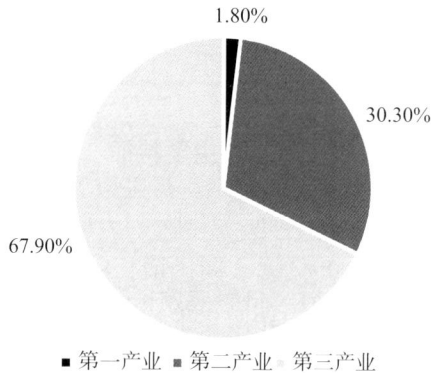

图7.7　杭州市三大产业占比统计情况

　　第二，数字经济保持引领。作为国际领先的互联网城市，杭州正奋力打造"全国数字经济第一城""全国数字治理第一城"，电子商务服务、云计算、数据治理、第三方支付能力居中国城市之首。2021年，杭州市数字经济核心产业实现增加值为4 905亿元，同比增长11.5%，两年平均增长12.4%；数字经济核心产业增加值占GDP的27.1%，比重较上年提高0.5个百分点。电子信息产品制造产业、物联网产业、人工智能产业增加值分别增长16.2%、12.1%和26.9%，均大幅高于GDP增速。文化产业积蓄势能，实现增加值2 586亿元，同比增长8.7%。杭州市根据"一核九星"空间新格局，以上城区、拱墅区、西湖区、滨江区为核心，建设差异化、特色化的数字经济协同发展总体布局，形成以国家级和省级高新技术开发区、杭州城西科创大走廊、杭州城东智造大走廊为主阵地，以特色小镇、众创空间为支撑，省级数字经济创新发展试验区为特色的产业发展体系。

第三，服务业主体发展趋于稳健。杭州市构建"一区一带一廊"现代服务业空间格局，加快从"西湖时代"迈向"钱塘江时代"。2021年，杭州市服务业实现增加值为12 287亿元，同比增长了8.7%，两年平均增速为6.8%。其中，营利性服务业和批发零售业同比增长了9.3%和8.6%，两年平均增速分别为8.5%和5.4%；交通运输、仓储和邮政业实现同比增长13.4%，两年平均增速为4.8%。1—11月，规模以上服务业（不含批发零售、住宿餐饮、房地产开发及金融业）实现营业收入15 230亿元，同比增长20.5%，两年平均增长16.7%。

7.2.2　上海市产业体系现代化建设的过程与主要特征

改革开放40多年以来，上海按照中央政府对上海发展的战略定位，经济结构从单一的公有制经济逐步转向国资、民资、外资"三足鼎立"，已初步建成以战略性新兴产业为引领、先进制造业为支撑、现代服务业为主体的现代产业体系。

7.2.2.1　上海市产业体系现代化建设的过程

第一阶段是1949年至1978年。在这一段时期，由于国内实行计划经济体制，整个经济环境处于均质化状态，上海市根据国家战略发展的规划，以建设重工业作为自身经济发展的重心。然而，在当时的发展条件下，优先推进重工业发展存在着资金短缺、技术落后、管理效率低下、生产设备严重依赖进口以及建设周期过长等问题。在这一阶段，上海市因其制定的一些过于激进或者说超前的产业政策，使得其制造业和服务业发展较为缓慢。虽然在这一阶段内，上海市的年生产总值除少量年份外都是正向增长的情况，且年均增长速度维持在8%以上的水平，但是因其产业发展基础过于薄弱、误导性发展战略的制定与实施，再加上经历了数次大起大落的发展过程，导致三大产业在这一时期的增长速度较为缓慢。[①]尽管如此，上海市经过这段时期的发展，为自身后期钢铁业和石化业等一些重化工业发展奠定了基础。

第二阶段是1979年到20世纪末。在20世纪80年代初期，上海市实施优先发展轻纺工及出口替代工业等系列政策，并针对冶金、化工和机械制造等重化型工业产品的生产结构进行调整，旨在满足消费品工业生产过程的需要。同时，上海市政府明确提出要发展纺织业、仪表电器制造业和轻工业等较为基本的"八大工业"。一直到90年代左右，由于基础工业陷入发展瓶颈，加之以"组装工业"中心发展的工业在市场拥有巨大的需求，所以上海市政府采取了"腾笼换鸟"措施，把工业中生产附加值较低的部门（类似纺织和钢铁冶炼等工业）转移至江苏或者浙江等地区，同时增加对能源、交通以及通信等多个生产部门的投资。如在1990年，上海市政府明确表示要发展汽车制造业、通信设备制造业和微电子和计算机制造业等十大行业；在1994年，经过进一步精简，提出要发展汽车、通信设备、家用电子电器等六大支柱工业。在服务业发展上，上海在1994年所制定的战略发展目标中，表示在20世纪末或21世纪初，要把上海打造成国际经济、金融和贸易服务中心。如图7.8所示，上海市在1978—1998年，第一产业产值占GDP的产值比例从28.20%下降至17.60%，第二产业的产值比例基本保持在45.00%的水平，第三产业的产值比例在迅速上升。其中，第二产业产值虽未上升，但内在结构却有所调整与优化，并且第三产业的规模在此期间迅速增大，因而推动了上海地区产业体系的形成。[②]

---

① 林兰，屠启宇. 上海产业结构演变及其政策思考(1978-2010)[J]. 上海经济研究，2013，25(08)：90-100.

② 姚德文，张晖明. 上海产业结构优化升级的障碍和对策分析[J]. 上海经济研究，2008(03)：52-58.

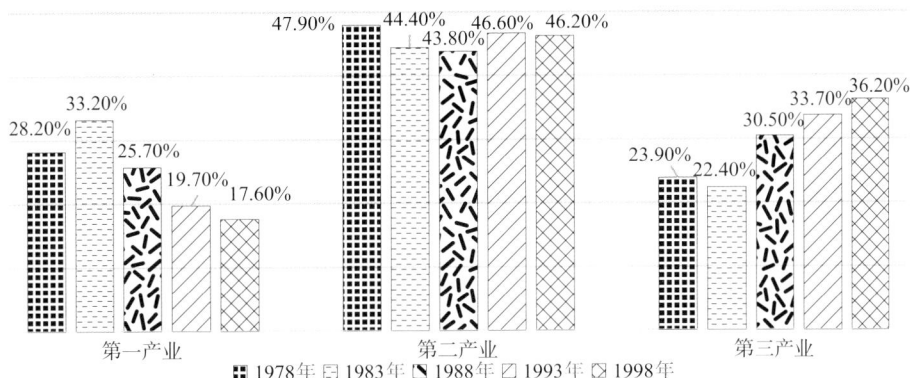

图7.8 1978—1998年上海市三大产业的产值比例

　　第三阶段是20世纪末到至今。在20世纪末期，上海市政府提出要进行工业再重，使得上海地区工业又回到重化发展阶段。但这次的发展与计划经济时期主要通过政府单位的统一安排和扭曲市场要素价格等来快速推进工业化的进程不同，其是出于满足当地对工业发展的需要。这一阶段的工业化使得上海成为发达国家产业转移的承接基地，其目的不仅是要建立先进的制造业，而且要培育和壮大能够进行技术研发的生产性服务业。[①]对此，上海市政府在2008年发布了《上海产业发展重点支持目录》，目录中给出了20个要重点扶持的产业。其中，前面8个是要大力发展的现代服务业，后面12个则是高端制造业。在服务业发展上，上海市在"十一五"计划实施期内，颁布了多个有关生产性服务业的发展规划或指南，全市累计认定生产性服务业功能区23个，确定了该地区内生产性服务业的发展方向。另外，上海市政府还通过建设园区推动地区服务业形成聚集，采用配套政策加快服务业的现代化进程。2009年，上海市政府为贯彻国务院印发的《国务院关于推进上海加快发展现代服务业和先进制造业建设国际金融中心和国际航运中心的意见》，积极建设金融市场体系和金融机构体系，不断创新金融产品和推进金融业务

---

① 高子平.人才结构与产业结构协调性研究：以上海市信息产业为例[J].中国行政管理，2010（07）：84-87.

发展，为金融服务业的体系发展创造了良好环境。上海经济由此实现了从仅依靠工业的发展模式向依靠金融、航运与贸易等多元发展模式转变，逐步建立起以金融、保险等服务业为先导，交通通信业为基础，商业贸易服务为主体的现代服务业体系。

在这一阶段的发展过程中，上海市工业中的六大支柱产业也调整为电子信息、汽车、成套设备、石油化工及精细化工、精品钢材、生物医药。2010年，六大支柱产业总产值为19 891亿元，占上海市工业总产值的比重为64.1%；而在2018年，六大支柱产业总产值为23 279亿元，占上海市工业总产值的比重提升至65.1%。从生产性服务业发展情况来看，上海生产性服务业以政府发布的《中国制造2025》和《发展服务型制造专项行动指南》为引领，深入推进了制造业和服务业融合发展，在总集成总承包、研发设计、供应链管理、检验检测、电子商务与信息化服务、金融专业服务、节能环保、专业维修、专业中介、职业教育等十大重点领域实现营业收入2.1万亿元，发展取得了显著成就。此外，前文通过构建评价地区现代产业发展水平的指标体系，综合测度了上海市2008—2019年现代产业体系发展状况，如图7.9所示，发现上海市的现代产业体系发展指数在持续提升。

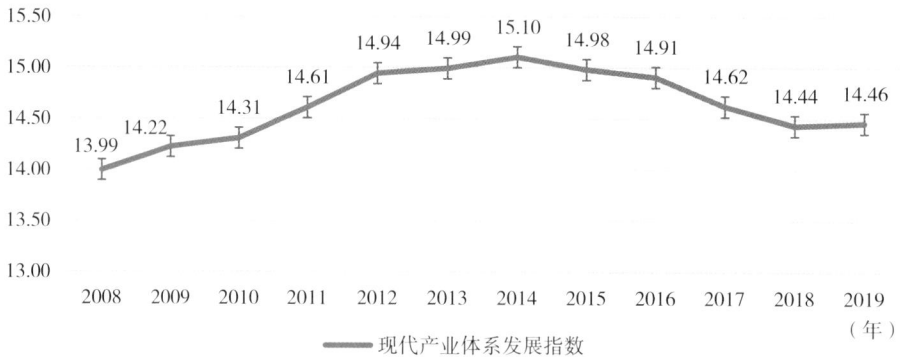

图7.9　上海市2008—2019年现代产业体系发展指数

7.2.2.2　上海市产业体系现代化建设的主要特征

第一，将优先发展重点产业视为本地产业升级的主要途径。在20世纪七八十年代，上海是一个典型的处于发展中的地区，上海市政府为了满足技术进步、产业结构调整、提高财政收入以及增加就业率等各方面的需要，制定了一系列产业政策。所以，上海在比较长的一段时间内，其产业政策出现了广泛化的实施以及与附近城市产业政策具有相似性的特征。但从20世纪80年代起，上海市政府开始对其重点发展的产业进行精简，从最初的"八大工业"到"十大支柱产业"，再到"六大支柱工业"，使得自身的发展方向更为精确和聚焦，当然优先程度也更高。2010年，上海市更是将经济、金融与贸易等产业作为服务业转型升级的途径，从而实现了区域内服务业的现代化。

第二，采取高投入的扶持政策推动本地重点产业的发展。这种高投入主要反映在政府产业政策的制定和执行过程中，通过资金投入和生产技术的形式表现出来，具体包括保护性贸易政策、财政补贴与税收优惠以及促使企业并购和区域空间聚集等。从上海实际发展的全过程来看，无论是其经济建设，还是产业结构调整与优化，政府都实施了高投入的产业扶持政策。由于上海在20世纪长期处于发展中的初级阶段，其传统产业也长期处于高投入与高消耗的发展状况。例如，政府在商业贸易流通基础设施建设、信息产业设备购买以及汽车生产技术研发等多个领域花费了大量资金。

第三，引导各类服务业在空间上形成集聚。早在20世纪90年代，上海市政府就针对中心城区的产业制定了"退二进三"的发展政策，即对位于城市中心的纺织业、造纸业以及家用电器制造业等轻工业进行搬迁转移。在进入21世纪以后，这一政策的实施范围又进一步扩大，对与城市中心邻近地区的传统工业采取了改造、调整以及转型等方式，推动这些产业向已建立的国家级或市级工业园区转移和集中。对于生产性服务业，上海市政府同样引导其向商业区和服务区转移和集聚。例如，上海市在其"十一五"规划中，表示要在城市中建设一定数量的现代服务业集中点，而在郊区则是打造一批生产性服务业的集聚区。

7.2.3 深圳市产业体系现代化建设的过程与主要特征

深圳市全力打造高质量发展高地，着力推进产业全面转型升级和经济结构优化升级的进程。目前，深圳已形成战略性新兴产业、未来产业、现代服务业和优势传统产业"四路纵队"，大力发展战略性新兴产业、先进制造业、现代服务业，构建梯次型现代产业体系。

7.2.3.1 深圳市产业体系现代化建设的过程

深圳经济特区历经40多年的发展，产业经历了从早期的"三来一补"到工业化集约化生产，从劳动密集型到高科技密集型转变，积极探索科学发展的新模式，[1] 逐步形成了特色鲜明的战略性新兴产业，[2] 下文将从四个阶段来看深圳产业变化发展。

第一，"三来一补"阶段（1980—1990年）。这阶段属于承接产业转移，以制衣厂、手袋厂、布吉沙湾雨帽厂为典型。这一时期的主要任务是进行经济体制改革、基础设施建设和发展外向型经济。深圳经济特区的设立，使生产力得到释放并带来经济高速增长，1980—1990年，深圳三大产业结构所占GDP比例由28.9：26.0：45.1调整为4.1：44.8：51.1（如图7.10所示），这一阶段由第一产业向第二、三产业过渡，产业结构呈现三、二、一的格局。[3]

---

① 朱文蔚. 外资对产业结构演变的影响：基于深圳市面板数据的实证分析［J］. 技术经济，2013，32（06）：72–78.

② 甘星，刘成昆. 区域金融发展、技术创新与产业结构优化——基于深圳市2001—2016年数据的实证研究［J］. 宏观经济研究，2018（11）：128–138.

③ 孙华好，吕一清. 深圳市全要素生产率再测算及其驱动因素——基于产业及细分行业的研究［J］. 软科学，2019，33（02）：69–74.

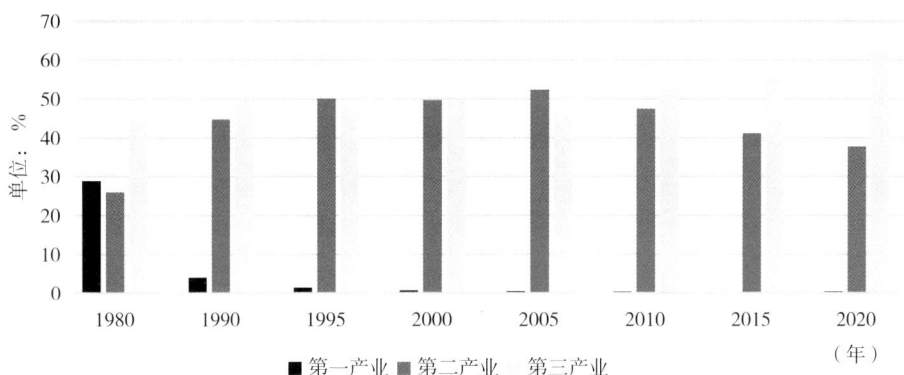

图7.10 深圳市1980—2020年三大产业比重

第二，"九大优势"阶段（1991—2000年）。这阶段属于深圳艰苦奋斗、埋头苦干的十年，深圳产业进一步发展，以纺织服饰、玩具、建材、家具、珠宝、食品、皮革等为代表。邓小平南方谈话后，深圳初步建立社会主义市场经济体制，促进了产业结构调整和资源优化配置。由此，高新技术产业和现代物流业迅速发展，金融业资产规模稳居全国第三，文化产业强劲崛起。在第九个五年计划期间，深圳把加快发展先进高新技术产业，建成高新技术产业生产基地作为发展目标，2000年产业结构为0.7：49.7：49.6，其中工业占比44%，工业、金融、房地产及批发零售等行业飞速发展，产业结构高级化加快，尤其是工业发展成为深圳经济的重要支柱。

第三，"四大支柱"阶段（2001—2010年）。这一时期深圳注重自主创新，大力发展高新技术产业。2008年金融危机后，深圳开始谋划战略性新兴产业的发展布局，这一阶段呈现出第一产业和第三产业比重下降，第二产业比重上升的特点，产业结构格局为第二产业、第三产业、第一产业。具体来看，电子信息技术、软件、通信设备、生物医学、新材料等高新技术产业以及服装、皮革、黄金珠宝、机械、家具、玩具、印刷、钟表等八大传统工业促进了经济快速发展，与此同时，房地产、金融及其他服务业实现了全面发展。

第四，"七大战略性新兴产业"阶段（2011年至今）。这一时期深圳转向创新驱动发展的战略，开启属于深圳的"科技创新"之路，以新一代信息技术、高端装备制造、生物医药、数字经济、新材料、海洋经济产业为主。深圳加快建设社会主义现代化先行区，坚持产业转型升级和绿色低碳高质量发展，努力实现更高质量的增长、可持续的发展，加快推进现代化国际化创新型城市和国际科技、产业创新中心的建设。以先进制造业和现代服务业为"双轮驱动"，战略性新兴产业为发展引擎，提升创新性、增强内生发展动力。数据显示，2020年深圳地区三大产业结构比例调整为0.1∶37.8∶62.1。

7.2.3.2　深圳市产业体系现代化建设的主要特征

第一，创新是深圳经济社会发展的"核心密码"。深圳在构建现代产业体系上的努力始于20世纪90年代。深圳鼓励科技创新引领发展，实现了从加工制造到设计加工，再到自主品牌；从"山寨"到完全自主知识产权，使得企业、高校、科研院所等创新主动力得以激发和释放。

第二，坚持科技进步、自主创新的战略导向。1995年提出"科教兴市"战略，到 2006 年发布《关于实施自主创新战略建设国家创新型城市的决定》，再到2008年成功获批首个国家创新型城市试点，再到2014年成为首个以城市为基本单元的国家自主创新示范区，深圳一直坚持科技创新作为发展主引擎，探索出以市场经济为导向、创新驱动发展的模式。

第三，给予科技创新以财政金融支持。市政府通过贷款贴息、贷款担保、资本金补助和奖励等方式将财政资金投向高新技术产业，将土地、厂房等资源优先向高新技术产业配置，建立以风险投资和贷款担保为主的政府创新支持体系等，使得财政资金的引导作用得以发挥，创造了有利于高新技术产业发展的良好环境。1994年深圳市政府出资成立高新技术产业投资担保公司，1999年成立政府控股的创新投资公司。

目前，深圳强化科研创新引领，深入推进供给侧结构性改革和科技体制改革，营造鼓励创新创业的良好氛围，科技创新水平不断提升，实现了"跟跑"向"并跑""领跑"的发展演变。工业内部结构由资本密集型产业为主导向以技术密集型产业为主导转变。2020年，深圳全年生产总值为2.77万亿元，比上年增长3.1%。其中第一产业增加值25.79亿元，下降3.1%；第二产业增加值10 454.01亿元，增长1.9%；第三产业增加值17 190.44亿元，增长3.9%。

7.3 国内外地区现代产业体系建设的经验总结与启示

7.3.1 重视产业发展

7.3.1.1 运用产业政策分配资源，推动产业快速发展

在产业政策实施上，日本是典型代表之一。日本政府根据不同时期国内产业体系发展状况，制定和实施不同的国家战略、法律法规和产业政策以促进产业体系现代化水平提升。二战后，面对战后原材料短缺和资金严重不足的状况，为迅速扭转经济发展速度和经济效益下滑的不利局面，日本制定和实施了"倾斜生产方式"的产业政策。其核心内容为优先发展煤炭产业，保证钢铁部门的煤炭充足供应，由此实现产量增加、生产力的发展、工业化水平提升，进而促使这一良性循环效应在其他产业部门展开，最终恢复和发展国民经济。在此期间，日本政府采取较为严格的物资统制政策和价格补贴政策以保证产业政策的顺利实施，进入20世纪80年代，日本的产业技术发展进入瓶颈期，日本政府此时提出"科学技术创造立国"的口号，通过法律形式将科技创新明确为基本国策，强化对基础科学研究的支持力度。进入21世纪，日本对于产业发展的政策支持体系更加完善。2016年日本启动《第五期科学技术基本计划（2016—2020）》，提出促进产业创新和社会变革的关键课题。面对近年来全球产业链重构趋势，日本重新调整产业链发展思路，提

高海外供应链多元化水平，鼓励企业回归本土参与母工厂建设，通过数字化转型构建以IT先进技术为基础的全球产业链。根据外界环境和发展阶段的变化持续调整优化国家战略和产业政策，使得日本的产业链发展环境持续改善，进而在全球产业链中保持创新力和竞争力。从国内来看，上海也是产业政策实施的典型代表之一。上海市政府同样借助中央产业政策的支持，快速推动了汽车制造业、电子通信业和商贸贸易流通业的发展。另外，在现代服务业的发展过程中，上海市针对市场准入门槛较高、市场主体自主创新和开拓发展力量较弱、政策环境尚不完善等难点问题，出台了《上海加速发展现代服务业实施纲要》，完善了现代服务业发展的体制机制。因此，我国在推进现代产业体系建设的进程中，要充分发挥政府的主导作用，根据不同的发展阶段，制定和实施与其相适宜的产业政策，持续强化国内产业链条竞争力，不断健全我国产业体系。

7.3.1.2 大力发展先进制造业与现代化服务业

在制造业的发展上，日本是典型的代表之一。在经济平稳期，日本通过加快半导体、精密机械、核能等产业的发展，推动产业结构的优化调整。主要体现在，一方面，政府专项资金的持续大量投入对于计算机、电子等知识技术密集型产业的发展和创新提供了支撑和保障；另一方面，通过引进先进技术与科技人才，不断加强新技术、新产品的自主研发，促进研发成果转化。与此同时，资本市场对外开放步伐持续加快，通过债券、股票市场以及公开短期金融市场等方式支持市场投融资，拓宽融资渠道，提升直接融资能力。同时，支持职业技术培训，提高人力资源素质，为产业转型升级提供人才支撑。此外，相关法律法规的出台，有效地推动了新兴产业发展和产业结构优化升级。从国内来看，上海市是先进制造业发展的典型代表之一。上海充分利用自身在地理位置和中央政府战略支持和已有产业基础等优势条件，并结合实际发展情况，确定本地的支柱产业，并对支柱产业不断进行精简和更替。在工业上，上海目前是以电子信息、汽车、成套设备、石油化工及精细化工、精品钢材、生物医药为主，因而在高新技术产业化领域同国家战略性新兴产业规划接轨，加快了产业规模扩大的速度。

在现代化服务业的发展上，深圳市是我国典型代表之一。深圳市持续转变发展方式，大力发展新兴产业，主动淘汰低端落后产能，通过壮大新兴产业，引进和培育高端项目，经济打造更具活力的创新生态系统，使其成为极具吸引力的投资和创新高地。2019年，深圳市新一代信息技术产业增加值5 086.15亿元，增长6.6%；数字经济产业增加值1 596.59亿元，增长18.0%；绿色低碳产业增加值1 084.61亿元，增长5.3%；海洋经济产业增加值489.09亿元，增长13.9%；生物医药产业增加值337.81亿元，增长13.3%。这标志着现代化服务业已成为深圳经济发展的重要驱动力，推动着深圳经济质量的持续提升。

鉴于此，我国产业体系的现代化建设要以新兴产业代表的新一轮科技革命和产业变革方向为指引，要以先进制造业和现代化服务业的发展为重中之重，聚焦新一代信息技术、绿色低碳、高端制造、生物医药、新材料、数字经济等先进制造业和现代化服务业，通过优化与重构产业政策体系，加快建设现代化服务业集聚区，进一步推动先进制造业和现代化服务业高端化发展，对标国际化，形成国际影响力，推动先进制造业和现代化服务业向专业化和价值链高端延伸，进而实现我国产业体系整体结构的调整与优化。

7.3.1.3　聚焦提升产业链、供应链水平，打造产业生态园区。

杭州市是国内产业链、供应链提升的典型代表。据统计，2021年规模以上工业和服务业的增加值分别为4 100亿元和12 287亿元，增长率分别为10.6%和8.7%。其中数字经济核心产业增加值同比增长16.4%，其增速高于规上工业的5.8%。计算机通信电子制造业、医药制造业等支柱产业增加值同比增长18.0%和18.1%。这主要是因为，一方面，杭州实施数字经济"一号工程"2.0版重大工程，建设人工智能创新应用先导区。2021年，数字经济核心产业增加值4 905亿元，同比增长11.5%。深入推进产业数字化转型，加快实现规上企业数字化全覆盖。另一方面，打造形成产业集群优势。加快推进产业基础再造和产业链提升工程，编制细分产业链提升方案，精准绘制产业链图谱。此外，杭州着力推动大中小企业融通创新发展。深入实施"十百千亿""隐形冠军""小巨人"和"单项冠军"企业培育项目，2021年，实现新增上市公司51家、专精特新"小巨人"企业32家。4家企业入围2021年《财富》世界500强。由此可知，我国在数字信息技术高速发展的信息时代，要不断推动数字产业化的发展，持续推进产业数字化的进程，借此提升我国产业链的供应水平，助推产业体系的现代化建设。

在产业生态园区建设上，上海市是我国典型代表之一。科技园区和商业服务区的建设，对于地区招商引资具有非常独特的优势，并且对区域内零散分布的企业能够产生聚集效应和辐射作用。上海市将分散在城市中心的造纸业、纺织业等轻工业迁移至工业园区，服务业则是向商业服务区集中。但是，要建立现代化的产业园区，必须要完善园区内的基础设施和相应的生活配套设施，使园区不仅满足高新技术产业的要素需求，而且能够满足技术人才的生活需要。所以，我国在构建现代产业体系时，要结合地区地理空间优势和经济发展状况，选择合理的空间位置打造国家级或省级市级产业园区，形成产业空间集聚，从而发挥特定产业空间的聚集优势。

7.3.2　坚持科技创新

7.3.2.1　聚焦创新发展建设，推进营商环境改革

在创新发展和营商环境改革上，杭州市是我国典型代表之一。杭州市持续推进并率先建成了市场化、法治化、国际化的营商环境。2020年杭州在全国营商环境排名中位列第5，18个细分指标均获全国标杆指标，改革经验被广泛推广。2021年杭州被列为国家首批营商环境创新试点城市之一。为深化改革，制定出台《杭州市国家营商环境创新试点实施方案》，细化101项改革事项，形成300余条改革举措，此外，拓展提出50多项特色创新改革。优

化营商环境4.0版，杭州市积极对标国际国内先进理念，补短板、强弱项，优化营商环境重点清单86条、问题整改清单87条。采用法治方式巩固近年来的改革成果，切实提升法治化营商环境水平。鉴于此，我国可以大范围内推广创新城市试点政策，促使更多城市走创新发展的道路，同时引导各地区不断改善区域内的营商环境，以便于地区先进制造业和现代化服务业的引进。

7.3.2.2　建立产学研相结合的技术创新体系，加快科技成果市场化应用

在产学研相结合的技术创新成果转化上，德国是典型的代表之一。德国政府通过积极引导高校、科研机构和企业之间进行合作，鼓励共同针对产业核心技术以及共性基础性技术进行研发，并建立起完整的技术成果向市场转化的体系，从而实现了从基础性科学研究、实际应用性研究以及技术成果转化为市场产品等多个环节的良性循环。通过制定严格的产品质量体系和产业技术标准，德国制造业树立起"德国制造"这块金字招牌。严格的质量标准和完善的创新体系使得德国在全球产业链生产过程中居于主导地位，增强了其现代产业体系在全球产业体系竞争中的核心竞争力。[①]对此，我国在建立产学研相结合的创新体系的过程中，要学习德国的发展经验，制定健全的产品质量标准体系，并严格实施，促使国内产业提高自身的工艺水平，进而加快我国产业体系的现代化建设。

7.3.2.3　实施产业技术创新资助政策，不断积累专利技术成果

在产业技术创新成果的积累上，美国是典型的代表之一。1890年，美国颁布的发明专利达到了23.5万项左右，比1800年增长850倍左右。此外，为阻止企业之间过度合并，防止形成产业垄断，美国在1890年还通过了《谢尔曼反托拉斯法》，但此法对技术垄断不作限制。该法实施成效在于，企业为了实现规模的扩张和利益的最大化，通过成立工业实验室开发新技术以避免垄

---

① 郑适，汪洋. 借鉴德国鲁尔工业区发展经验 推进吉林省产业结构调整 [J]. 经济纵横，2006（14）：63-65.

断指控风险。在基础研究资金保障方面，2018年美国政府基础研究预算高达290亿美元。2021年3月，美国提出《美国自然科学基金会未来法案》，拟在5年内将美国国家科学基金会（NSF）经费增长59.8%；2022—2031年NSF的授权经费从92.9亿美元增长到162.5亿美元，增长74.9%。重视科技创新，是当前我国摆脱国际产业价值链低端锁定的重要途径，有助于我国现代产业体系的快速发展。

7.3.3　注重人才培养

在人才培养上，德国同样是典型代表。德国在早期就采取双元制职业教育制度，这一制度是指学生在应用型大学接受完基础性专业理论学习之后，又作为学徒到特定的企业进行专业技能培训，提升实操技能。[①]有数据显示，德国应用科学类大学招生人数占大学生总体数量的三分之一，然而培育出了将近三分之二的高端技术人才。当然，这些人才的培育离不开政府和企业的支持。据统计，2011年德国政府和企业在学徒培养上的花费达到德国政府同类支出的4倍。在接受职业院校的理论教育和工厂的实践技能培训后，受训人员还要参加理论知识测试和专业技能考核，只有取得职业从事资格证书，才能胜任特定岗位工作。健全的职业教育体系为德国制造业提供了大量的高素质技术人才。另外，针对普通高等教育，德国还大力兴办研究型大学，不仅培育了各类科学技术研究人才，还促进了基础科学理论的发展。在职业教育和普通教育相互补充与相互完善的作用下，德国产业体系实现了快速的调整与升级。因此，我国要学习德国人才培养的先进经验，需高度重视职业教育的发展，提升职业教育的规模和水平，探索与尝试发展双元制职业教育，以满足产业技术发展的人才需求。

[①]　郝天聪，石伟平. 产业结构转型与职业教育办学模式改革——基于对美国、德国、日本、中国的比较分析[J]. 现代教育管理，2020（08）：122–128.

7.3.4 培育"隐形冠军"企业

在"隐形冠军"企业培育上，德国也是典型代表。德国政府制定多项政策法律制度和设立相应的监管机构，旨在增强中小企业在市场中的生存能力，并且建立专门服务于中小企业的金融机构，如复兴银行和清算银行，即通过各种干预措施，鼓励各类金融机构为中小企业提供融资服务。同时，德国政府还在许多地区建立信用担保协会，目的是为当地中小企业向金融机构贷款提供信用担保。在德国政府的各种政策支持下，其国内中小企业融资约束问题得到了妥善的解决，出现了中小企业繁荣发展的现象。所以，我国要学习德国政府发展中小企业的经验，建立健全的市场竞争制度，不断改善中小企业融资环境，完善服务于中小企业发展的各类机构，争取培育出一大批"隐形冠军"中小企业。

第8章

结论、政策建议与研究展望

8.1　研究结论

推进产业体系的现代化，是一个国家或地区转变经济发展方式、优化经济结构、增强整体竞争力的主要着力点。由前文理论分析可知，现代产业体系的构建必须依靠实体经济、科技创新、现代金融及人力资源的协调发展，打造"产业技术体系—产业流通体系—产业空间体系—产业协调体系"共同作用的整体运行系统，才能破解生产中存在的规模效率低下、资金短缺、人才稀缺、技术"卡脖子"等难题，实现持续、健康、快速的发展。在此基础上，本书采用主成分分析法构建了地区现代产业体系发展综合评价指数，以对我国现代产业体系建设状况，现代产业技术体系、现代产业流通体系、现代产业空间体系和现代产业协调体系驱动现代化产业体系发展的作用以及现代产业体系建设的经济效应进行深入的分析。

8.1.1　我国现代产业体系水平不断提高且地区差异缩小

在现代产业体系建设状况研究上，本书通过构建评价现代产业体系发展水平的指标体系，对我国各个地区现代产业体系发展指数进行时空上的对比后，发现我国不同地区现代产业体系指数在整体上呈现出逐年增大的趋势，即我国产业体系现代化水平在逐年提升。在将现代产业体系评价指数分解为4个一级指标分项指数后，本书发现实体经济发展指数在样本期间增长速度最快，现代金融指数增长速度次之，人力资源指数增长速最慢，而科技创新指数反而有所降低。异质性分析结果显示，东部地区现代产业体系发展水平最高，西部地区次之，中部地区最低，即地区间现代产业体系发展存在明显差距，并且这一差距会随着时间推移而逐步缩小。

8.1.2 本书分析的核心要素显著驱动现代产业体系发展

在驱动要素分析上，本书结合相关经济学理论分析了政府、市场和企业三大构建主体，并以产业技术体系、产业流通体系、产业空间体系以及产业协调体系构建了一个完整的要素驱动分析框架，阐述了四大体系对产业体系现代化产生驱动作用的内在机理。然后，本书基于我国政策实践背景，理论分析了"创新型"城市、"宽带中国""城市群规划"和"智慧城市"试点建设这四大政策分别与发展现代产业技术体系、现代产业流通体系、现代产业空间体系、现代产业协调体系的相似程度，进而把这四大政策作为上述四大体系建设的政策背景，运用计量模型分别实证检验了四大体系对发展现代产业体系产生的影响，并对基准回归结果进行了相应的稳健性检验，从而得到以下结论：第一，现代产业技术体系作为引领产业体系现代化发展的根源动力，能够对我国产业体系现代化建设产生明显的驱动作用；第二，现代产业流通体系作为推动产业体系现代化发展的基础动力，能够对我国产业体系现代化建设产生明显的驱动作用；第三，现代产业空间体系作为产业体系现代发展的承载动力，能够对我国产业体系现代化建设产生明显的驱动作用；第四，现代产业协调体系作为产业体系现代化发展的可持续性动力，能够对我国产业体系现代化建设产生明显的驱动作用。

8.1.3 我国现代产业体系的构建会带来巨大的经济效应

在经济效应评价上，本书鉴于现代产业体系研究领域对于现代产业体系建设产生的经济效应探讨的不足，从宏观、中观以及微观三个层面分析了产业体系的现代化建设对于社会效应的影响。在宏观层面上，本书构建了评价地区高质量发展水平、共同富裕发展水平以及双循环建设水平的指标体系，然后实证检验了我国产业体系现代化建设对于高质量发展、共同富裕以及国内国际双循环畅通实现的影响。结果发现，第一，我国产业体系的现代化显著促进了高质量发展，并且在构建现代产业体系发展水平的一级指标中，实体经济和现代金融的发展能够有效促进高质量发展。第二，我国产业体系的现代化会通过完善基础设施推动共同富裕的发展。在一级指标中，仅有现代金融发展水平的提升会对共同富裕产生抑制作用。第三，我国产业体系的现代化显著推动了国内国际双循环的发展。在一级指标中，只有实体经济的发展能够促进国内国际双循环的实现。在中观层面上，本书通过使用工业企业数据库和《中国城市统计年鉴》以及国家知识产权局的相关数据进行匹配得到了研究的样本，实证检验了我国产业体系现代化对于企业绩效、企业创新和企业污染排放产生的影响，从而得到了如下结论：第一，我国产业体系的现代化不会对企业绩效增长产生显著的促进作用，但在一级指标中，实体经济的发展、科技创新水平的提升和人力资源水平的提高对企业绩效的增加产生显著的促进效应，而现代金融的提升对企业绩效的增加会产生抑制效应。第二，我国产业体系的现代化能够显著促进企业创新绩效的提升。并且，在一级指标中，科技创新和人力资源的发展对企业创新水平的提升具有激励作用。第三，我国产业体系的现代化对企业污染的排放产生显著的抑制作用。并且，在一级指标中，实体经济、科技创新、现代金融和人力资源的发展会对企业污染排放产生抑制作用。在微观层面上，本书从个体和家庭层面出发，通过CFPS数据库和《中国城市统计年鉴》数据相匹配得到了研究样本，实证分析了我国产业体系的现代化对于人均家庭收入、城乡收入差距以及家庭创业的影响，从而得到了如下结论：第一，我国产业体系的现代化建设能显著促进人均家庭收入的提升。并且，在一级指标中，科技创新和现代金融的发展对人均家庭收入的提升会产生促进作用。第二，我国产业体系的现代化有助于缩小城乡收入差距。并且，在一级指标中，仅有实体经济的发展通过抑制城镇居民收入的提升从而缩小了城乡贫富差距。第三，我国产业体系的现代化建设会显著抑制居民的创业行为。并且，在一级指标中，只有实体经济的发展显著激励了家庭创业行为。

8.2　政策建议

8.2.1　毫不动摇巩固和发展实体经济

现代产业体系的构建需要以实体经济为着力点。要始终坚持实体经济的主体地位，不断做强、做优、做大我国实体经济，保障实体经济在国民经济社会发展的核心地位。[①]巩固和发展实体经济，必须坚持"制造立国"的理念。制造业是立国之本、强国之基，从世界经济发展的历程来看，可以发现包括美国、德国及日本等发达国家的崛起过程都脱离不开先进制造业的支撑。在2010年，我国制造业增加值首次超过美国，成为世界第一大制造国，建立了世界上规模最为庞大、体系最为健全、配套设施最为完备的工业体系。与此同时，我国工业和制造业占GDP的比重反而在迅速降低。按照统计年鉴数据显示，我国工业增加值在GDP中的占比由2006年的42%下滑到2019年的32%，制造业城镇非私营单位就业人员数量由2013年的5 257.9多万人下降至2018年4 178.3万人，累计降幅超过20%。[②]这意味着当前我国制造业产值占比下滑及其引起的就业吸纳能力不强、产业结构优化升级滞缓以及国际产业分工低端价值链锁定等系列问题。为解决这些问题，我国政府需要坚持大力发展实体经济的战略导向，在现代产业技术体系、现代产业流通体系、现代产业空间体系与现代产业协调体系发展上下功夫，利用我国制造业规模庞大、发展潜力充足的优势，努力塑造有利于生产要素实现有效配置的制度环

[①]　付保宗、盛朝迅、徐建伟，等. 加快建设实体经济、科技创新、现代金融、人力资源协同发展的产业体系研究［J］. 宏观经济研究，2019（04）：41-52+97.

[②]　数据来源：笔者自行整理所得。

境，培育和壮大一大批高端制造业、战略性新兴产业以及生产性服务业，具体包括如下几个方面。

第一，在产业技术体系现代化建设上，主要有：①强化创新策源能力，瞄准创新主导产业，加快构建"基础研究+技术攻关+成果产业化"全过程创新生态链，加快突破行业共性技术和核心技术，提升核心技术攻关和供给能力。[①]②围绕基础零部件/元器件、基础工业软件、基础材料、基础制造工艺和装备、产业标准与基础技术检验检测系统五个领域开展布局，使得产业基础再造工程获得重大突破，产业技术创新链韧性更足。③培育壮大创新发展新动能，扎实推进"双创"，利用数字技术整合社会资源要素实现企业创业活动的数字化。

第二，在产业流通体系现代化建设上，主要有：①构建现代物流信息基础设施网络，建设国家物流枢纽网络，完善区域物流服务网络，拓展物流服务新领域新模式。②利用信息技术创新运输形式，推进流通与其他产业融合创新发展，推广集约智慧绿色流通发展模式。③培育充满活力的现代流通产业，增强流通产业内企业网络化经营能力，提高企业专业化服务水平。

第三，在产业空间体系现代化建设上，主要有：①合理布局数字"新基建"。推进工业互联网创新发展工程建设，打造多层次、系统性的高质量工业互联网平台体系，推进国家与地方工业互联网大数据中心建设，实现工业资源汇聚、应用和共享，进而实现"虚拟空间一体化"。②推动5G、大数据、人工智能等新技术与工业互联网平台融合创新应用，发展壮大共享制造、工业电子商务、现代供应链、产业链金融等新业态，拓展产业发展新空间。③以项目建设牵引有效投资，加快建设产业能级高、产业链带动性强、社会效益好的重大项目，提升有效投资规模，充分发挥产业的空间聚集效应。

第四，在产业协调体系现代化建设上，主要有：①实现先进制造业与传

[①] 白雪洁，宋培，艾阳，等. 中国构建自主可控现代产业体系的理论逻辑与实践路径[J]. 经济学家，2022（06）：48-57.

统制造业的协调发展。一方面，聚焦海洋工程装备制造业、航空装备行业、高端医疗影像设备等具有比较优势的重点支持领域，打造具有战略性和全局性的产业链，增强产业韧性，助力产业优化升级。另一方面，加快制造业数字化转型。通过推动企业工业设备和核心业务上云端平台，实现由数据驱动的协同设计、柔性生产、精益管理、智能运维。②创建现代产业协同治理体系。建设一体化的产业大数据平台，完善产业链供应链上下游跨行业、跨地域、跨企业协作机制，实现稳定运行、要素共享、能力互补、价值共创。③深入实施绿色制造工程，构建高效、清洁、低碳、循环的绿色制造体系。推动工业绿色转型升级，坚持政府引导和市场机制相结合，打造绿色供应链，提升资源利用效率。

8.2.2 持续强化创新驱动发展机制

现代产业技术体系、现代产业流通体系、现代产业空间体系以及现代产业协调体系之间的协同发展有助于发挥科技创新对产业体系现代化建设的驱动作用。因此，要想加快现代产业技术体系发展速度，我们需要通过实现四大体系的现代化，从而持续强化科技创新驱动发展的机制，具体包括以下几个方面。

第一，在产业技术体系现代化建设上，主要有：①建立具有高度自主性技术创新的激励机制。一方面要完善知识产权保护制度，充分激发市场主体创新的动力与潜能。另一方面要构建创新主体成果多维度评价体系，坚持以质量、效益以及贡献大小为主要评价导向，着力构建政府、社会公共组织、第三方评级机构以及企业等多主体参与的评价体系。②制定合理的科技发展规划，补齐技术短板。要以全球化视野和战略性思维，重点围绕全球产业前沿技术和国际科技竞争热点，针对我国技术发展当前存在的重大问题与挑战，做出合理预测和技术研判，既要出台推进在长中短期内科技发展战略规划，又要实施能够实现产业间科学技术协调发展的详细规划。尤其是在有关国家安全的关键产业技术领域中的"卡脖子"问题，例如电子计算机领域内的芯片、能源领域内燃料电池关键材料以及航空领域内的钢材等方面的生产，要尽快补齐短板和弱项。③扭转科学技术管理体制分割、权责明晰不清的现状。明确各类科技管理机构的职责，科学整合重大科技发展计划，对同一产业部门内的重大科技项目由专业人士集中管理。要以研发项目为依托，跨区域、跨部门、跨组织组建高素质人才队伍，攻克重要领域的核心技术。

第二，在产业流通体系现代化建设上，主要有：①完善技术基础设施建设的制度和保障。一方面应加快完善相关法律法规，创新科技管理方式，实现技术基础设施制度建设和优化；另一方面以技术能力获取为宗旨，通过财税和金融政策支持、引导技术基础设施建设，构建技术基础设施建设的长效机制，为技术基础设施建设营造良好环境。②顺应技术经济发展趋势，持续升级网络设施能力。要适应经济社会数字化、网络化、智能化发展要求，加快新兴技术引入。着力建设覆盖广泛、技术先进、品质优良的信息网络基础设施，推动信息网络基础设施的全面深度覆盖和能力升级。

第三，在产业空间体系现代化建设上，主要有：①加快构建城市级和园区级创新中心，完善创新生态系统。合理规划构建城市和园区两个层级的创新服务设施体系，实现产业与城市的融合发展。围绕主导产业发展方向，通过规划建设多个创新中心，推动城市功能与创新发展的有机融合，打造产业创新发展的良好生态。建设国家级、省市级产业技术创新基地，打造具有核心竞争力的科技创新高地。②考虑产业发展、市民品质生活和科技人才的需求，构建产业、人才和市民相结合的公共服务设施体系。以推动高精尖产业发展为出发点，提升科技化和智能化的应用水平，完善产业发展配套设施，建成集生态、创新和公共空间于一体的创新家园。

第四，在产业协调体系现代化建设上，主要有：①推动传统企业数字化转型，提升传统企业创新能力。将大数据、人工智能、物联网等技术应用到企业的设计研发、生产制造、营销管理等各个环节，推进企业数字化转型，同时重构企业自身边界和客户关系、合作伙伴关系，改善企业生态环境，打造更加灵活的以顾客为中心的数字化组织。②以城市建设作为创新产业发展的应用场景，拓展创新空间。合理规划城市交通、医疗、教育、商业等领域空间，为创新提供应用场景，促进新兴产业发展，增强综合竞争力。应重点推进人工智能、无人驾驶、无人机、合成生物等前沿技术的应用，大规模推动新技术发展。

8.2.3 不断提高现代金融服务水平

从理论上讲，金融与现代产业技术体系、现代产业流通体系、现代产业空间体系以及现代产业协调体系存在紧密的联系。金融若是与这四大体系的现代化相脱离，就会变成无源之水。所以，四大体系的现代化发展是推动现代金融服务发展、构建现代产业体系的重要支撑。

第一，在产业技术体系现代化建设上，主要有：①打造跨区域发展的科技金融服务平台，设立创新创业引导基金，撬动社会资本参与，为科技企业提供创业投资、科技信贷、新三板促进会、企业上市等全链条服务，全面支持科技企业创新发展。②借鉴先进发展经验，鼓励各类孵化器提供和完善众筹平台、路演中心、投资对接、科技信贷等金融服务。③完善科技金融风险补偿机制，整合现有各类风险补偿资金，设立统一的科技金融风险补偿资金池，补偿银行机构科技信贷损失，降低科技型中小企业融资难度，弥补投资发生损失的风投机构等。

第二，在产业流通体系现代化建设上，主要有：① 加快信息基础设施建设，利用大数据技术强化金融监管。一方面，以大数据分析技术为基础对企业信用信息进行分析和评级。相关监管部门据此实行分级分类监管，提升监管效率。另一方面，基于大数据等技术实现对风险行为的早发现、早提醒、早处置，提高监管的时效性、针对性及有效性。②利用物联网、大数据、云计算等技术建立纵向产业全息，横向贯通工商、税收、征信、海关、票据流转、电力等系统，可多维度交叉印证、勾勒行业风险图谱的信息数据平台，对中小微企业进行立体式全息风险画像，同时收集各类信息，建立共享平台，以便于有针对性、高效率地完善供应链金融服务。

第三，在产业空间体系现代化建设上，主要有：①积极打造金融集聚环境，促进现代金融发展。建设知识产权金融创新服务试验区，加快科技银行、保险、创投等的区域性聚集，推进知识产权质押贷款、知识产权证券化、知识产权融资租赁、知识产权信托、科技保险、股权基金等金融产品的开发与创新，充分发挥金融业空间聚集的优势。②充分利用信息技术，扩大金融服务的覆盖范围。通过对商业性、政策性、开发性以及合作性四大类金融机构进行合理分工，并发展多种普惠性金融新业务，促使四类金融机构业务之间能够互补共存、协调联动，持续提升金融市场服务的普及程度，不断推动金融市场服务下沉，进而大大提高服务中小型民企的能力。

第四，在产业协调体系现代化建设上，主要有：①强化金融为实体经济发展提供服务的能力，避免经济发展出现"脱实就虚"的问题。始终坚持所有金融业务、金融发展和金融创新都是以满足实体经济发展的需要为目的，实现金融市场运行规律与实体经济发展规律有机结合。②出台信贷流向引导性政策，促使资金能更多地流向先进制造业、战略性新兴产业和生产性服务业等重点发展领域及薄弱环节。积极鼓励金融服务机构加大对于高端制造业和现代服务业等领域的扶持，并主动与国家重大发展相对接。③努力实现资本市场在长期中的稳定发展。引导商业银行、保险等金融机构积极创新跨周期进行投资的模式，贯彻专业投资、增值投资以及长期投资的理念，充分利用资本长期投资带来的优势。

8.2.4　大力提高人力资源供给质量与配置效率

四大体系现代化发展的重要目标就是要实现人力资源供给质量和配置效率的全面提高，促使各类人才技能向现实生产力转变，从而加快我国现代产业体系建设，切实增强我国经济整体竞争力。具体包括以下几个方面。

第一，在产业技术体系现代化建设上，主要有：①构建创新型人力资源培养体系。要注重人才自主培养、科学精神与创新能力以及批判性思维的培育，努力造就一批具有世界影响力的顶尖科技人才，稳定支持一批创新团队，培养更多高素质技术技能人才、能工巧匠、大国工匠。一方面，要遵循创新型人力资源提升的规律，统筹基本公共教育和创新型人才培养目标。既要持续提高教育普及水平、全民受教育程度、继续完善基本公共教育服务，还要逐步推行创新教育，积极探索创新型人才培养模式。另一方面，要加强各教育阶段的通力合作，协调社会、学校、家庭的教育，建设目标明确、层层递进、多元协同的创新型人力资源培养体系。②运用数字化技术创新人力资源服务业发展的新模式、新业态。重点围绕选才、引才、用才、造才与留才等内容，建立完整的人力资源服务产业链，从人力资源需求侧的角度出发，重点围绕智能匹配、线上培训、信息管理及平台服务等内容来建立与发展现代人力资源，运用大数据、云计算等数字技术实现对人力资源市场业务的信息化管理，使人才能够摆脱重复性与冗杂性的事项，把主要精力投入到关键事业，高度重视人才的价值实现，不断提高人才的专业化能力。要针对现代产业建设的新趋势与新要求，着力发展人力资源服务的新动能，以满足企业生产、产业调整以及区域均衡等多方面的需要。

第二，在产业流通体系现代化建设上，主要有：①加快转变户籍管理观念和方式，深化城乡户籍制度改革。在身份制度方面，要适应完善社会主义市场经济体制的需要，从全社会人力资源流动配置的角度推进人事制度改革，清除人员录用、聘用、选拔和调动中有关身份的限制，消除市民与农民的界限，促进人力资源管理方式从身份管理转为岗位管理，实现人力资源从"单位人"向"社会人"的转变，进一步疏通三支队伍之间、公有制与非公有制组织之间的流动渠道。②不断强化基础设施，加快人才要素的流动。在有效整合现有科研基础设施资源的基础上，依托"互联网+"充分实现科研资源的有效配置和合理重组，具体可首先采取政府摸底和单位自查相结合的方式，对相关设备的基本情况和资源共享能力进行合理预判，随后依托科研基础设施与数据库线上共享系统建设，通过公共电子服务平台，为用户提供包括台账登记、信息查询、预约使用、缴费抵押等在内的多样化服务。

第三，在产业空间体系现代化建设上，主要有：①合理规划布局人力资本产业，使人力资源需求主体和供给主体在市场环境中按照统一规定合理流动、公平竞争以及有效配置。大力推进人力资源公共管理机构的改革，使其能为其他产业发展提供较高质量的人力资源。②强化众筹、众创等类型平台的建设，保障人才的虚拟集聚。充分发挥网络平台对汇聚大众力量、实现全民创新的核心作用，可选择政府自建、PPP项目合作建设、发动社会资本独立建设三种方式来建立、发展众筹、众创等类型平台。③引导人力资源组织或协会跨区域开展合作与交流。建立统一的人力资源流动市场信用体系，从而在制度上为实现人力资源的有效配置提供基本保障。

第四，在产业协调体系现代化建设上，主要有：①建立健全现代职业教育体系，实现人力资本产业的协调发展。完善职业教育层次，稳步发展高层次职业教育，促进中高职人才培养有效衔接。健全职业院校教师管理制度，全方位构建"双师型"教师创新能力与职业发展的支持体系。建立健全校企联合顶岗实习保障机制。持续推进人才培养模式的创新与改革，大力推广委托培养、定向培养、订单式培养，加强校企合作，促进人才培养与劳动力市场的需求相一致。②建立健全职业教育质量监督机制，实现职业教育内涵式发展。鼓励政府、企业和第三方机构广泛参与职业教育质量评估，评估结果报告应予以及时公布，以加深全社会对职业教育成效的了解，提升社会对职业学校的督促作用。

8.3　研究展望

第一，现代产业体系是一个具有多层次、多因素的生态系统，其研究离不开对区域现代产业体系发展的深入了解。未来研究可以对一些城市进行调研，通过实地调研、深度访谈以及发放调查问卷等方式，重新构建现代产业评价指标体系。产业体系现代化建设是我国现代化经济体系的重点内容，也是缓解当前社会主要矛盾的重要手段。探索量化现代产业体系水平的方法，有助于深入理解和把握我国现代产业体系发展情况，是未来研究需要重点探讨的内容。

第二，本书根据量化研究结果发现不同地区之间现代产业体系发展水平存在显著差距，并且进一步分析结果显示这一差距在逐渐缩小。然而，本书没有对影响不同地区现代产业体系发展差距逐渐缩小的重要因素进行深入分析。未来研究可针对这一内容进行深入分析，对我国不同地区结合本地特色或优势推进现代产业体系建设，充分发挥出地区比较优势，具有重要意义。

第三，由于我国政府发布现代产业技术体系、现代产业流通体系、现代产业空间体系以及现代产业协调体系等相关建设文件较少，本书仅通过科学分析已有政策与四大体系的关联，实证检验了现代产业技术体系、现代产业流通体系、现代产业空间体系以及现代产业协调体系的发展对我国产业体系现代化建设的影响，造成研究存在一些瑕疵。未来研究可尝试运用文本分析法，通过对各个地区政府文件报告涉及现代产业技术体系、现代产业流通体系、现代产业空间体系以及现代产业协调体系等建设内容的整理，构建一个能综合反映这四大体系建设水平的指标，再进行相应的实证检验，进一步丰富现有相关研究。

参考文献

A. 中文文献

[1] 大卫·李嘉图. 政治经济学及赋税原理 [M]. 郭大力, 译. 北京: 北京联合出版公司, 2014.

[2] H. 钱纳里, 等. 工业化和经济增长的比较研究 [M]. 吴奇, 等译. 上海: 上海三联书店, 1989.

[3] 马克思, 恩格斯. 马克思恩格斯全集: 第4卷 [M]. 北京: 人民出版社, 2014: 14.

[4] 马克思, 恩格斯. 马克思恩格斯文集 (第6卷、第8卷、第10卷、第44卷、第46卷) [M]. 北京: 人民出版社, 1974、1980、2001、2009.

[5] 芮明杰, 杨锐. 产业发展与结构转型研究 (第四卷) 大公司主导变革: 我国产业结构战略性调整的新思路、新政策: 基于产业链重构视角 [M]. 上海: 上海财经大学出版社, 2015.

[6] 安苑, 王珺. 财政行为波动影响产业结构升级了吗?——基于产业技术复杂度的考察 [J]. 管理世界, 2012 (09): 19-35.

[7] 白钦先, 高霞. 日本产业结构变迁与金融支持政策分析 [J]. 现代日本经济, 2015 (02): 1-11.

[8] 白雪洁, 宋培, 艾阳, 等. 中国构建自主可控现代产业体系的理论逻辑与实践路径 [J]. 经济学家, 2022 (06): 48-57.

[9] 蔡红艳, 阎庆民. 产业结构调整与金融发展——来自中国的跨行业调查研究

[J]. 管理世界, 2004 (10): 79-84.

[10] 钞小静, 任保平. 中国经济增长质量的时序变化与地区差异分析[J]. 经济研究, 2011, 46 (04): 26-40.

[11] 储德银, 建克成. 财政政策与产业结构调整——基于总量与结构效应双重视角的实证分析[J]. 经济学家, 2014 (02): 80-91.

[12] 陈展图. 中国省会城市现代产业体系评价[J]. 学术论坛, 2015, 38 (01): 83-87.

[13] 查华超. 地方政府支出的产业结构升级效应研究——基于空间计量模型的分析[J]. 南京财经大学学报, 2016 (05): 25-32.

[14] 蔡海亚, 徐盈之. 贸易开放是否影响了中国产业结构升级?[J]. 数量经济技术经济研究, 2017, 34 (10): 20.

[15] 陈云贤. 中国特色社会主义市场经济: 有为政府+有效市场[J]. 经济研究, 2019, 54 (01): 4-19.

[16] 程名望, 张家平. 互联网普及与城乡收入差距: 理论与实证[J]. 中国农村经济, 2019 (02): 19-41.

[17] 曾艺, 韩峰, 刘俊峰. 生产性服务业集聚提升城市经济增长质量了吗?[J]. 数量经济技术经济研究, 2019, 36 (05): 83-100.

[18] 陈龙, 伍旭中. 习近平新时代政府—市场观——市场经济3.0的政治经济学[J]. 广西社会科学, 2019 (12): 1-7.

[19] 陈晓东, 杨晓霞. 数字经济发展对产业结构升级的影响——基于灰关联熵与耗散结构理论的研究[J]. 改革, 2021 (3): 14.

[20] 曹菲, 聂颖. 产业融合、农业产业结构升级与农民收入增长——基于海南省县域面板数据的经验分析[J]. 农业经济问题, 2021 (08): 28-41.

[21] 陈浩东, 潘勇. 双循环新发展格局下现代流通体系的构建、建设机理与发展路径[J]. 商业经济研究, 2022 (12): 5-8.

[22] 董艳梅, 朱英明. 高铁建设能否重塑中国的经济空间布局——基于就业、工资和经济增长的区域异质性视角[J]. 中国工业经济, 2016 (10): 92-108.

［23］邓晰隆, 宋丹, 陈娟. 产业结构升级与农民工技能转型"非同步性"发展问题研究——基于"动因弹性"和"相对成本"差异性变动的视角［J］. 科学管理研究, 2019, 37（04）: 73-78.

［24］杜宇玮. 高质量发展视域下的产业体系重构: 一个逻辑框架［J］. 现代经济探讨, 2019（12）: 76-84.

［25］邓慧慧, 潘雪婷, 李慧榕. 城市群扩容是否有利于产业升级——来自长三角县域的经验证据［J］. 上海财经大学学报, 2021, 23（03）: 32-47.

［26］杜文强. 工业机器人应用促进了产业结构升级吗? ——对2006—2016年中国284个地级市的实证检验［J］. 西部论坛, 2022, 32（1）: 14.

［27］傅强, 周克红. 利用外资与我国产业结构调整的相关分析与实证检验［J］. 世界经济研究, 2005（08）: 66-74.

［28］方颖, 赵扬. 寻找制度的工具变量: 估计产权保护对中国经济增长的贡献［J］. 经济研究, 2011, 46（05）: 138-148.

［29］冯文娜, 杨蕙馨. 论推进我国现代产业体系渐进式演进的着力点［J］. 中州学刊, 2015（04）: 24-29.

［30］付保宗, 周劲. 协同发展的产业体系内涵与特征——基于实体经济、科技创新、现代金融、人力资源的协同机制［J］. 经济纵横, 2018（12）: 23-33.

［31］付保宗, 盛朝迅, 徐建伟, 等. 加快建设实体经济、科技创新、现代金融、人力资源协同发展的产业体系研究［J］. 宏观经济研究, 2019（04）: 41-52+97.

［32］方云龙. 自由贸易试验区建设促进了区域产业结构升级吗?——来自沪津闽粤四大自贸区的经验证据［J］. 经济体制改革, 2020（5）: 178-185.

［33］冯锐, 陈蕾, 刘传明. 自贸区建设对产业结构高度化的影响效应研究［J］. 经济问题探索, 2020（9）: 26-42.

［34］范合君, 何思锦. 现代产业体系的评价体系构建及其测度［J］. 改革, 2021（08）: 90-102.

［35］范合君, 何思锦. 现代产业体系与经济可持续发展——基于经济政策不确

定性与政府人才数量的调节作用[J].中国流通经济, 2021, 35(12): 16-27.

[36] 干春晖, 郑若谷. 改革开放以来产业结构演进与生产率增长研究——对中国1978~2007年"结构红利假说"的检验[J]. 中国工业经济, 2009(02): 55-65.

[37] 龚绍东. 产业体系结构形态的历史演进与现代创新[J]. 产经评论, 2010(01): 21-28.

[38] 高子平. 人才结构与产业结构协调性研究: 以上海市信息产业为例[J]. 中国行政管理, 2010(07): 84-87.

[39] 干春晖, 郑若谷, 余典范. 中国产业结构变迁对经济增长和波动的影响[J]. 经济研究, 2011, 46(05): 4-16+31.

[40] 顾乃华, 唐荣. 构建与现代化经济体系相适应的协同发展产业体系[J]. 暨南学报(哲学社会科学版), 2017, 39(12): 16-21+126.

[41] 顾夏铭, 陈勇民, 潘士远. 经济政策不确定性与创新: 基于我国上市公司的实证分析[J]. 经济研究, 2018, 53(2): 109-123.

[42] 郭树华, 包伟杰. 美国产业结构演进及对中国的启示[J]. 思想战线, 2018, 44(02): 93-100.

[43] 甘星, 刘成昆. 区域金融发展、技术创新与产业结构优化——基于深圳市2001—2016年数据的实证研究[J]. 宏观经济研究, 2018(11): 128-138.

[44] 郭凯明, 潘珊, 颜色. 新型基础设施投资与产业结构转型升级[J]. 中国工业经济, 2020(3): 18.

[45] 郭峰, 王靖一, 王芳, 等. 测度中国数字普惠金融发展: 指数编制与空间特征[J]. 经济学(季刊), 2020, 19(04): 1401-1418.

[46] 葛鹏飞, 韩永楠, 武宵旭. 中国创新与经济发展的耦合协调性测度与评价[J]. 数量经济技术经济研究, 2020, 37(10): 101-117.

[47] 郭诣遂, 于鸣燕. 江苏现代产业体系评价模式及构建路径研究[J]. 中国经贸导刊(理论版), 2020(12): 47-49.

[48] 郭劲光, 孙浩. 产业结构升级与地区性别就业差距——基于全要素生产率

的中介检验[J].山西财经大学学报,2022,44(05):70-81.

[49] 黄南,李程骅.产业发展范式创新、空间形态调整与城市功能变迁——基于现代产业体系的城市转型研究[J].江海学刊,2015(01):77-83+238.

[50] 贺俊,吕铁.从产业结构到现代产业体系:继承、批判与拓展[J].中国人民大学学报,2015,29(02):39-47.

[51] 黄林秀,欧阳琳.经济增长过程中的产业结构变迁——美国经验与中国借鉴[J].经济地理,2015,35(03):23-27.

[52] 洪银兴.新时代现代化理论的创新[J].经济研究,2017,52(11):17-19.

[53] 黄昱然,卢志强,李志斌.产业结构升级、要素市场扭曲与环境污染——基于2003—2015年283个地级市面板数据的分析[J].商业研究,2018(07):113-118.

[54] 黄群慧,余泳泽,张松林.互联网发展与制造业生产率提升:内在机制与中国经验[J].中国工业经济,2019(08):5-23.

[55] 何瑛,于文蕾,戴逸驰,等.高管职业经历与企业创新[J].管理世界,2019,35(11):174-192.

[56] 何小钢,罗奇,陈锦玲.高质量人力资本与中国城市产业结构升级——来自"高校扩招"的证据[J].经济评论,2020(4):3-19.

[57] 郝天聪,石伟平.产业结构转型与职业教育办学模式改革——基于对美国、德国、日本、中国的比较分析[J].现代教育管理,2020(08):122-128.

[58] 霍春辉,田伟健,张银丹.创新型城市建设能否促进产业结构升级——基于双重差分模型的实证分析[J].中国科技论坛,2020(09):72-83.

[59] 韩文艳,熊永兰.科技大国创新驱动产业结构优化的比较研究[J].科技管理研究,2020,40(11):1-8.

[60] 何玉梅,赵欣灏.新型数字基础设施能够推动产业结构升级吗——来自中国272个地级市的经验证据[J].科技进步与对策,2021,38(7):8.

[61] 黄群慧.中国共产党领导社会主义工业化建设及其历史经验[J].中国社会科学,2021(7):4-20.

[62] 黄惠. 经济全球化进程中的有为政府与有效市场——基于中国特色社会主义政治经济学的分析[J]. 经济问题探索, 2022(2): 11.

[63] 韩青江. 工业机器人应用与就业结构变迁——效应与机制[J]. 工业技术经济, 2022, 41(7): 9.

[64] 蒋和平, 黄德林. 中国农业现代化发展水平的定量综合评价[J]. 农业现代化研究, 2006(2): 87-91.

[65] 贾敬全, 殷李松. 财政支出对产业结构升级的空间效应研究[J]. 财经研究, 2015, 41(9): 11.

[66] 江小涓, 孟丽君. 内循环为主、外循环赋能与更高水平双循环——国际经验与中国实践[J]. 管理世界, 2021, 37(01): 1-19.

[67] 焦帅涛, 孙秋碧. 我国数字经济发展对产业结构升级的影响研究[J]. 工业技术经济, 2021, 40(5): 9.

[68] 康茜, 林光华. 工业机器人对就业的影响机制——产业结构高级化还是合理化?[J]. 软科学, 2021, 35(04): 20-27.

[69] 卢峰, 姚洋. 金融压抑下的法治、金融发展和经济增长[J]. 中国社会科学, 2004(01): 42-55+206.

[70] 卢锋. 产品内分工[J]. 经济学(季刊), 2004, 3(04): 55-82.

[71] 李红卫. 资源型区域的产业结构调整: 山西省与德国鲁尔区的比较研究[J]. 经济社会体制比较, 2009(03): 150-154.

[72] 刘明宇, 芮明杰. 全球化背景下中国现代产业体系的构建模式研究[J]. 中国工业经济, 2009(05): 57-66.

[73] 刘希宋, 邱瑞, 张玉喜. 基于VAR模型的对外贸易与产业结构关联分析[J]. 商业研究, 2009(09): 146-149.

[74] 刘秉镰, 武鹏, 刘玉海. 交通基础设施与中国全要素生产率增长——基于省域数据的空间面板计量分析[J]. 中国工业经济, 2010(03): 54-64.

[75] 梁广华. 河南省能源强度影响因素的实证研究[J]. 统计与决策, 2010(03): 91-93.

[76] 刘钊. 现代产业体系的内涵与特征[J]. 山东社会科学, 2011(05): 160-162.

[77] 李健, 徐海成. 技术进步与我国产业结构调整关系的实证研究[J]. 软科学, 2011, 25(04): 8-13+18.

[78] 雷鸣. 日本与德国新能源产业结构转型的比较分析[J]. 现代日本经济, 2013 (01): 79-86.

[79] 林兰, 屠启宇. 上海产业结构演变及其政策思考(1978-2010)[J]. 上海经济研究, 2013, 25(08): 90-100.

[80] 刘文勇. 现代产业体系的特征考察与构建分析[J]. 求是学刊, 2014, 41 (02): 52-58.

[81] 刘乃全, 吴友. 长三角扩容能促进区域经济共同增长吗[J]. 中国工业经济, 2017(06): 79-97.

[82] 刘伟, 王子晨. 坚持新发展理念, 构建现代化经济体系[J]. 理论建设, 2017 (06): 99-102.

[83] 刘志彪. 建设现代化经济体系: 新时代经济建设的总纲领[J]. 山东大学学报(哲学社会科学版), 2018(01): 1-6.

[84] 廖红伟, 杨良平. "一带一路"沿线国家OFDI、业结构升级与经济增长: 互动机理与中国表现[J]. 社会科学研究, 2018(5): 9.

[85] 李东坤, 尹忠明. 中国西部民族地区产业结构优化升级的城镇减贫效应研究[J]. 云南财经大学学报, 2019, 35(01): 100-112.

[86] 黎绍凯, 李露一. 自贸区对产业结构升级的政策效应研究——基于上海自由贸易试验区的准自然实验[J]. 经济经纬, 2019, 36(5): 79-86.

[87] 李静, 楠玉. 人力资本错配下的决策: 优先创新驱动还是优先产业升级? [J]. 经济研究, 2019, 54(8): 152-166.

[88] 李政, 杨思莹. 创新型城市试点提升城市创新水平了吗?[J]. 经济学动态, 2019(08): 70-85.

[89] 李敏, 张婷婷, 雷育胜. 人力资本异质性对产业结构升级影响的研究——"人才大战"引发的思考[J]. 工业技术经济, 2019, 38(11): 107-114.

[90] 李毓, 胡海亚, 李浩. 绿色信贷对中国产业结构升级影响的实证分析——基于中国省级面板数据[J]. 经济问题, 2020 (1): 7.

[91] 黎绍凯, 朱卫平, 刘东. 高铁能否促进产业结构升级: 基于资源再配置的视角[J]. 南方经济, 2020 (02): 56-72.

[92] 刘传明, 马青山. 网络基础设施建设对全要素生产率增长的影响研究——基于"宽带中国"试点政策的准自然实验[J]. 中国人口科学, 2020 (03): 75-88+127-128

[93] 刘冰, 王安. 现代产业体系评价及构建路径研究: 以山东省为例[J]. 经济问题探索, 2020 (05): 66-72.

[94] 李洪涛, 王丽丽. 城市群发展规划对要素流动与高效集聚的影响研究[J]. 经济学家, 2020 (12): 10.

[95] 龙少波, 张梦雪, 田浩. 产业与消费"双升级"畅通经济双循环的影响机制研究[J]. 改革, 2021 (02): 90-105.

[96] 罗胤晨, 李颖丽, 文传浩. 构建现代生态产业体系: 内涵厘定、逻辑框架与推进理路[J]. 南通大学学报(社会科学版), 2021, 37 (03): 130-140.

[97] 龙海明, 闫文哲, 欧阳佳俊. 人口老龄化对产业结构升级的影响: 促进还是抑制?——基于金融结构视角的分析[J]. 财经理论与实践, 2021, 42 (06): 44-51.

[98] 吕鹏, 石林. 基础设施, 技术创新与产业结构升级[J]. 求是学刊, 2021, 48 (6): 58-70.

[99] 刘健强, 马晓钰. 人口老龄化, 产业结构升级与碳排放——基于STIRPAT模型的空间计量分析[J]. 金融与经济, 2021 (7): 9.

[100] 刘洋, 陈晓东. 中国数字经济发展对产业结构升级的影响[J]. 经济与管理研究, 2021, 42 (8): 15.

[101] 李军鹏. 共同富裕: 概念辨析、百年探索与现代化目标[J]. 改革, 2021 (10): 12-21.

[102] 李诗韵, 徐承红. 工业机器人对中国区域产业结构的影响研究[J]. 地域研

究与开发, 2022, 41（1）: 7.

[103] 刘翠花. 数字经济对产业结构升级和创业增长的影响[J]. 中国人口科学, 2022（2）: 15.

[104] 马骥, 马相东. "一带一路"建设与中国产业结构升级——基于出口贸易的视角[J]. 亚太经济, 2017（5）: 7.

[105] 马晓东, 何伦志. 融入全球价值链能促进本国产业结构升级吗——基于"一带一路"沿线国家数据的实证研究[J]. 国际贸易问题, 2018（7）: 13.

[106] 毛成刚, 杨国佐, 范瑞. 数字金融与资源型地区产业结构转型升级——基于109个资源型城市的实证分析[J]. 经济问题, 2022（07）: 63-70.

[107] 农春仕. 加快人力资源与实体经济协同构建现代产业体系[J]. 现代经济探讨, 2020（08）: 95-100.

[108] 平力群. 日本经济危机对策与产业结构调整: 以产业政策范式的影响为视角[J]. 日本学刊, 2011（02）: 96-111.

[109] 潘雅茹, 顾亨达. 新型基础设施投资对服务业转型升级的影响[J]. 改革, 2022（7）: 12.

[110] 齐鹰飞, LI Y. 财政支出的部门配置与中国产业结构升级——基于生产网络模型的分析[J]. 经济研究, 2020, 55（4）: 86-100.

[111] 芮明杰. 构建现代产业体系的战略思路、目标与路径[J]. 中国工业经济, 2018（09）: 24-40.

[112] 芮明杰. 双循环核心: 建立有强大国际竞争力的现代产业体系[J]. 上海经济, 2021（01）: 1-10.

[113] 邵建华. 循环经济模式在德国煤矿区的成功运用——德国煤矿区的治理和产业结构调整对安徽的启示[J]. 华东经济管理, 2004（03）: 89-91.

[114] 孙军. 需求因素、技术创新与产业结构演变[J]. 南开经济研究, 2008（05）: 58-71.

[115] 盛斌, 毛其淋. 贸易开放、国内市场一体化与中国省际经济增长: 1985~2008年[J]. 世界经济, 2011（11）: 44-66.

[116] 宋丹瑛, 张天柱. 论资源环境优化产业升级: 以战后日本产业结构调整为例[J]. 技术经济与管理研究, 2012 (03): 115-119.

[117] 孙早, 许薛璐. 产业创新与消费升级: 基于供给侧结构性改革视角的经验研究[J]. 中国工业经济, 2018 (07): 98-116.

[118] 孙华妤, 吕一清. 深圳市全要素生产率再测算及其驱动因素——基于产业及细分行业的研究[J]. 软科学, 2019, 33 (02): 69-74.

[119] 盛朝迅. 制约现代产业体系构建的五大瓶颈与应对之策[J]. 宏观经济管理, 2019 (06): 12-17.

[120] 史丹, 李鹏, 许明. 产业结构转型升级与经济高质量发展[J]. 福建论坛: 人文社会科学版, 2020 (9): 108-118.

[121] 邵汉华, 刘克冲. 实体经济与要素投入协同发展的时空差异及效应研究——高质量发展视角[J]. 科技进步与对策, 2020, 37 (12): 36-45.

[122] 孙倩, 徐璋勇. 数字普惠金融、县域禀赋与产业结构升级[J]. 统计与决策, 2021, 37 (08): 140-144.

[123] 孙伟增, 牛冬晓, 万广华. 交通基础设施建设与产业结构升级——以高铁建设为例的实证分析[J]. 管理世界, 2022, 38 (03): 19-34+58+35-41.

[124] 唐龙. 科技创新推动新型工业化 促进经济发展方式转变[J]. 重庆行政(公共论坛), 2012, 14 (06): 34-37.

[125] 唐龙. 产业体系的现代性特征和现代产业体系的架构与发展[J]. 经济体制改革, 2014 (06): 92-96.

[126] 陶长琪, 周璇. 要素集聚下技术创新与产业结构优化升级的非线性和溢出效应研究[J]. 当代财经, 2016 (01): 83-94.

[127] 谭昶, 吴海涛, 黄大湖. 产业结构、空间溢出与农村减贫[J]. 华中农业大学学报(社会科学版), 2019 (02): 8-17+163.

[128] 唐文进, 李爽, 陶云清. 数字普惠金融发展与产业结构升级——来自283个城市的经验证据[J]. 广东财经大学学报, 2019, 34 (06): 35-49.

[129] 谭蓉娟, 卢祺源. 数字普惠金融促进了产业结构优化升级吗?[J]. 投资研

究，2021，40（09）：85-104.

[130] 王喆，杜德瑞. 关于发达国家利用金融支持产业结构调整的综述：基于对美国、日本、德国的分析［J］. 国际金融，2013（05）：51-54.

[131] 吴福象，沈浩平. 新型城镇化、基础设施空间溢出与地区产业结构升级——基于长三角城市群16个核心城市的实证分析［J］. 财经科学，2013（07）：89-98.

[132] 王宪恩，王羽，夏菁，等. 日本工业化进程中经济社会与能源环境协调发展演进趋势分析［J］. 现代日本经济，2014（06）：70-79.

[133] 汪伟，刘玉飞，彭冬冬. 人口老龄化的产业结构升级效应研究［J］. 中国工业经济，2015（11）：47-61.

[134] 王海兵，杨蕙馨. 创新驱动与现代产业发展体系——基于我国省际面板数据的实证分析［J］. 经济学（季刊），2016，15（04）：1351-1386.

[135] 魏庆文. 基于强度折减法的高边坡稳定性分析［J］. 四川建筑，2018，38（03）：111-112+115.

[136] 魏庆文，杨蕙馨，王军. 创新驱动对现代产业发展新体系演进的作用机理——基于生产函数的视角［J］. 现代财经–天津财经大学学报，2018，38（07）：103-113.

[137] 吴俊. 关于建设现代化经济体系的研究［J］. 经济研究参考，2021（16）：96-109.

[138] 王森，王瑞瑜，孙晓芳. 智能化背景下人口老龄化的产业结构升级效应［J］. 软科学，2020，34（1）：8.

[139] 王永钦，董雯. 机器人的兴起如何影响中国劳动力市场?——来自制造业上市公司的证据［J］. 经济研究，2020，55（10）：159-175.

[140] 魏婕，任保平. 新发展阶段国内外双循环互动模式的构建策略［J］. 改革，2021（06）：72-82.

[141] 王若磊. 完整准确全面理解共同富裕内涵与要求［J］. 人民论坛·学术前沿，2021（06）：88-93.

[142] 韦东明, 顾乃华, 韩永辉. 人工智能推动了产业结构转型升级吗——基于中国工业机器人数据的实证检验[J]. 财经科学, 2021 (10): 14.

[143] 王文倩, 张羽. 金融结构, 产业结构升级和经济增长——基于不同特征的技术进步视角[J]. 经济学家, 2022 (2): 11.

[144] 许坤, 管治华. 地方政府财政支出效率及其影响因素分析——以安徽省为例[J]. 华东经济管理, 2016, 30 (9): 7.

[145] 谢家智, 王文涛, 李尚真. 包容性金融发展的产业结构升级效应[J]. 当代经济研究, 2017 (03): 74-83.

[146] 习近平. 推动形成优势互补高质量发展的区域经济布局[J]. 奋斗, 2019 (24): 4-8.

[147] 徐鹏杰, 杨宏力, 韦倩. 我国共同富裕的影响因素研究——基于现代产业体系与消费的视角[J]. 经济体制改革, 2022 (03): 16-24.

[148] 姚德文, 张晖明. 上海产业结构优化升级的障碍和对策分析[J]. 上海经济研究, 2008 (03): 52-58.

[149] 余明桂, 潘红波. 政治关系、制度环境与民营企业银行贷款[J]. 管理世界, 2008 (08): 9-21+39+187.

[150] 亚当·斯密. 国富论 (第六卷) [M]. 谢宗林, 李华夏, 译. 北京: 中央编译出版社, 2011: 11.

[151] 严成樑, 吴应军, 杨龙见. 财政支出与产业结构变迁[J]. 经济科学, 2016 (01): 5-16..

[152] 杨晶, 邓大松, 申云. 产业结构升级、财政支农与城乡居民收入差距[J]. 经济问题探索, 2018 (07): 130-137.

[153] 袁航, 朱承亮. 国家高新区推动了中国产业结构转型升级吗[J]. 中国工业经济, 2018 (08): 60-77.

[154] 杨胜利, 王伟荣. 产业结构升级、教育与流动人口收入——基于2016年全国流动人口动态监测数据的分析[J]. 云南财经大学学报, 2019, 35 (12): 49-62.

[155] 余泳泽，王岳龙，李启航. 财政自主权、财政支出结构与全要素生产率——来自230个地级市的检验[J]. 金融研究, 2020 (01): 28-46.

[156] 杨丽晨. 数字金融、产业结构与实体经济资本配置效率[J]. 金融经济, 2021 (07): 31-38.

[157] 杨虹，王乔冉. 数字普惠金融对产业结构升级的影响及机制研究[J]. 投资研究, 2021, 40 (09): 4-14.

[158] 张军，吴桂英，张吉鹏. 中国省际物质资本存量估算: 1952—2000 [J]. 经济研究, 2004 (10): 35-44.

[159] 郑适，汪洋. 借鉴德国鲁尔工业区发展经验 推进吉林省产业结构调整[J]. 经济纵横, 2006 (14): 63-65.

[160] 赵晋平. 20世纪90年代以来日本产业结构的演变及其启示[J]. 国际贸易, 2007 (09): 39-45.

[161] 张耀辉. 传统产业体系蜕变与现代产业体系形成机制[J]. 产经评论, 2010 (01): 12-20.

[162] 张耀辉，丁重. 服务业创新与现代产业体系构建[J]. 暨南学报 (哲学社会科学版), 2011, 33 (02): 50-57+188.

[163] 张凤华，叶初升. 经济增长、产业结构与农村减贫——基于省际面板数据的实证分析[J]. 当代财经, 2011 (12): 14-21.

[164] 张冀新. 城市群现代产业体系的评价体系构建及指数测算[J]. 工业技术经济, 2012, 31 (09): 133-138.

[165] 朱文蔚. 外资对产业结构演变的影响: 基于深圳市面板数据的实证分析[J]. 技术经济, 2013, 32 (06): 72-78.

[166] 张辉，丁匡达. 美国产业结构、全要素生产率与经济增长关系研究: 1975-2011 [J]. 经济学动态, 2013 (07): 140-148.

[167] 张伟，胡剑波. 产品内分工、产业体系演变与现代产业体系形成[J]. 产经评论, 2014, 5 (04): 5-17.

[168] 周广肃，谢绚丽，李力行. 信任对家庭创业决策的影响及机制探讨[J]. 管

理世界, 2015（12）: 121-129+171.

[169] 赵婉妤, 王立国. 中国产业结构转型升级与金融支持政策——基于美国和德国的经验借鉴[J]. 财经问题研究, 2016（03）: 35-41.

[170] 朱鹏华. 构建产业新体系: 基础、问题、趋势、特征及路径[J]. 工业技术经济, 2016, 35（05）: 30-41.

[171] 朱孟晓, 杨蕙馨. 构建现代产业发展新体系的内涵与实现[J]. 东岳论丛, 2016, 37（09）: 166-171.

[172] 周茂, 陆毅, 符大海. 贸易自由化与中国产业升级: 事实与机制[J]. 世界经济, 2016（10）: 25.

[173] 周广肃, 李力行. 养老保险是否促进了农村创业[J]. 世界经济, 2016, 39（11）: 172-192.

[174] 周广肃, 谭华清, 李力行. 外出务工经历有益于返乡农民工创业吗?[J]. 经济学（季刊）, 2017, 16（02）: 793-814.

[175] 张钰静. 智慧城市能否促进经济增长——基于智慧城市建设的准自然实验[J]. 商业经济, 2017（09）: 20-22.

[176] 卓乘风, 邓峰. 人口老龄化、区域创新与产业结构升级[J]. 人口与经济, 2018（1）: 13.

[177] 赵建军, 贾鑫晶. 智慧城市建设能否推动城市产业结构转型升级?——基于中国285个地级市的"准自然实验"[J]. 产经评论, 2019（5）: 46-60.

[178] 赵儒煜, 肖茜文. 东北地区现代产业体系建设与全面振兴[J]. 经济纵横, 2019（09）: 29-45+2.

[179] 赵涛, 张智, 梁上坤. 数字经济、创业活跃度与高质量发展——来自中国城市的经验证据[J]. 管理世界, 2020, 36（10）: 65-76.

[180] 詹花秀. 经济"脱实向虚"的缘起、轨迹与实质——兼论新冠肺炎疫情冲击下的实体经济发展对策[J]. 湖湘论坛, 2020, 33（04）: 88-100.

[181] 张鸿琴, 王拉娣. 人口老龄化, 健康投资与产业结构升级——基于1999—2018年省级面板数据的实证分析[J]. 经济问题, 2020（10）: 10.

[182] 朱高立, 李发志, 邹伟. 产业结构升级对城镇化发展质量的影响效应分析[J]. 兰州学刊, 2020 (10): 128-142.

[183] 赵霄伟, 杨白冰. 顶级 "全球城市" 构建现代产业体系的国际经验及启示[J]. 经济学家, 2021 (2): 120-128.

[184] 赵亮. 自贸试验区驱动区域产业结构升级的机理探讨 [J]. 经济体制改革, 2021 (3): 122-127.

[185] 张杰, 付奎. 信息网络基础设施建设能驱动城市创新水平提升吗?——基于 "宽带中国" 战略试点的准自然试验 [J]. 产业经济研究, 2021 (05): 1-14+127.

[186] 赵景瑞, 孙慧, 原伟鹏. 产业结构升级是否改善了损益偏离——基于中国地级市的经验证据 [J]. 现代财经–天津财经大学学报, 2021, 41 (11): 60-74.

[187] 张治栋, 赵必武. 智慧城市建设对城市经济高质量发展的影响——基于双重差分法的实证分析 [J]. 软科学, 2021, 35 (11): 65-70+129.

[188] 赵玉焕, 钱之凌, 徐鑫. 碳达峰和碳中和背景下中国产业结构升级对碳排放的影响研究 [J]. 经济问题探索, 2022 (03): 87-105.

[189] 张红凤, 黄璐. 产业结构升级与家庭消费升级——基于CHIP微观数据的经验分析 [J]. 当代经济科学, 2022 (08-18): 1-19.

B. 英文文献

[1] KUZNETS S. Modern economic growth: Rate, structure, and spread [M]. New Haven: Yale University Press, 1966.

[2] LUNDVALL B. National systems of innovation: Towards a theory of innovation and interactive learning [M]. London: Pinter Publishers, 1992.

[3] ALLAN G B FISHER. Production primary secondary and tertiary [J]. Economic Record, 1939, 15 (1): 24-38.

[4] AKBAR Y H, MCBRIDE J B. Multinational enterprise strategy, foreign

direct investment and economic development: the case of the Hungarian banking industry [J]. Journal of World Business, 2004, 39 (1): 89-105.

[5] ALFARO LAURA, CHEN MAGGIE XIAOYANG. Surviving the global financial crisis: Foreign ownership and establishment performance (Article) [J]. American Economic Journal: Economic Policy, 2012, 4 (3): 30-55.

[6] BECK T. Financial dependence and international trade [J]. Review of International Economics, 2003, 11 (2): 296-316.

[7] BINH K B, PARK S Y, SHIN B S. Financial structure and industrial growth: A direct evidence from OECD countries [J]. Retrieved on June, 2005 (23): 2009.

[8] LHOMME J. Clark (Colin) -The conditions of economic progress [J]. Revue économique, 1953, 4 (06): 940-941.

[9] CARLSSON B. The evolution of manufacturing technology and its impact on industrial structure-an international study [J]. Small Business Economics, 1989, 1 (1): 21-37.

[10] CICCONE A, PAPAIOANNOU E. Human Capital [J]. The Structure of Production, and Growth, 2005: 1-55.

[11] CRISTIANO A. Localized technological change and factor markets: constraints and inducements to innovation [J]. Structural Change and Economic Dynamics, 2006, 17 (2): 224-247.

[12] CHIANG S. The effects of industrial diversification on regional unemployment in Taiwan: is the portfolio theory applicable? [J]. Annals of Regional Science, 2009, 43 (4): 947-962.

[13] CHEN Y, LIN Y. Low carbon economy-a study on the emergency strategy of industrial system and consumption system transformation in China [C] // Proceedings of International Conference on Information Systems for Crisis Response and Management (ISCRAM). IEEE, 2011: 128-133.

[14] CUI J, TAM O K, WANG B, ZHANG Y. The environmental effect of trade liberalization: Evidence from China's manufacturing firms[J]. The World Economy, 2020, 43(12): 3357-3383.

[15] DAVID P, GEORGINA M. Women's employment, segregation and skills in the future of work[J]. Labour & Industry, 2019(29): 1+132-148.

[16] DONG X, SONG S, ZHU H. Industrial structure and economic fluctuation—Evidence from China[J]. The Social Science Journal, 2011, 48 (3): 468-477.

[17] FISHER A G. Capital and the growth OJ knowledge[J]. EconomicJournal, 1933: 9.

[18] FINDEISEN S, SUEDEKUM J. Industry churning and the evolution of cities: Evidence for germany[J]. Journal of Urban Economics, 2008, 64 (2): 326-339.

[19] FANG V W, TIAN X, TICE S. Does stock liquidity enhance or impede firm innovation?[J]. The Journal of Finance, 2014, 69(5): 2085-2125.

[20] HUNYA G. Restructuring through FDI in Romanian manufacturing[J]. Economic Systems, 2002, 26(4): 387-394.

[21] HE L Y, LIN X, ZHANG Z.The impact of De-globalization on China's economic transformation: Evidence from manufacturing export[J]. Journal of Policy Modeling, 2020, 42(3): 628-660.

[22] JIN S, QI S. Notice of Retraction: Accelerate the transformation of private funds to industrial capital[C]//2011 2nd International Conference on Artificial Intelligence. IEEE, 2011: 83.

[23] KING R G, LEVINE R. Finance and growth: Schumpeter might be right [J]. The Quarterly Journal of Economics, 1993, 108(3): 717-737.

[24] LEIBENSTEIN H. The theory of underemployment in backward economies [J]. Journal of Political Economy, 1957, 65(2): 91-103.

[25] LOWELL E G. Cities in transition: Changing Job Structures in Atlanta, Denver, Buffalo, Phoenix, Columbus（Ohio）, Nashville, Charlotte [J]. Industrial & Labor Relations Review, 1983, 37（1）: 135.

[26] LI Z. Study on Development of the high-level innovators in science and technology matching the industrial transformation and upgrading: Take Wuhan as a case [C] //2011 International Conference on Management and Service Science. IEEE, 2011: 1-4.

[27] LIU M, SHADBEGIAN R, ZHANG B.Does environmental regulation affect labor demand in China? Evidence from the textile printing and dyeing industry [J]. Journal of Environmental Economics and Management, 2017（86）: 277-294.

[28] MURPHY K M, SHLEIFER A, VISHNY R W. Industrialization and the big push [J]. Journal of political economy, 1989, 97（5）: 1003-1026.

[29] MONTALVO J G, RAVALLION M. The pattern of growth and poverty reduction in China [J]. Journal of Comparative Economics, 2010, 38（1）: 2-16.

[30] NELSON M A, SINGH R D. The deficit-growth connection: Some recent evidence from developing countries [J]. Economic Development and Cultural Change, 1994, 43（1）: 167-191.

[31] JULIE G, DON M S. Production, work, territory: the geographical anatomy of industrial capitalism [J]. Economic Geography, 1987, 63（3）: 285-287.

[32] PORTER M E. Location, competition, and economic development: Local clusters in a global economy [J]. Economic Development Quarterly, 2000, 14（1）: 15-34.

[33] PASTORE F. Primum vivere. industrial change, job destruction and the geographical distribution of unemployment [J]. IZA Journal of European Labor Studies, 2012, 1（1）: 1-15.

［34］RAVALLION M, DATT G. How important to india's poor is the sectoral composition of economic growth?［J］. World Bank Economic Review, 1996, 10（1）: 1-25.

［35］WU D, SUN Y. A study on the evolution model of the integration of informatization and industrialization［C］//The 26th Chinese Control and Decision Conference（2014 CCDC）. IEEE, 2014: 4226-4229.

［36］YAMAMURA E, SHIN I. Dynamics of agglomeration economies and regional industrial structure: The case of the assembly industry of the Greater Tokyo Region, 1960—2000［J］. Structural Change and Economic Dynamics, 2007, 18（4）: 483-499.

［37］ZDRAZIL PAVEL1, KRAFTOVA IVANA1, MATEJA, ZDENEK1. Reflection of industrial structure in innovative capability［J］. Engineering Economics, 2016, 27（3）: 304-315.

附录：熵权法计算权重

（1）构建初始指标矩阵

在预先设计评价规则的前提下，设共有m个评价维度和n个评价指标的适应性评价数据，组成初始评价指标数据矩阵$\boldsymbol{R}$，如下所示：

$$\boldsymbol{R} = \begin{bmatrix} r_{11} & r_{12} & \cdots & r_{1n} \\ r_{21} & r_{22} & \cdots & r_{2n} \\ \cdots & \cdots & \cdots & \cdots \\ r_{m1} & r_{m2} & \cdots & r_{mn} \end{bmatrix} (i=1,2,\cdots,m;j=1,2,\cdots,n)$$

（2）指标矩阵标准化

对于成本型指标，其标准化公式表达为：

$$r_{ij}^{'} = (\max(r_{ij}) - r_{ij}) / (\max(r_{ij}) - \min(r_{ij}))$$

对于收益型指标，其标准化公式表达为：

$$r_{ij}^{'} = (r_{ij} - \min(r_{ij})) / (\max(r_{ij}) - \min(r_{ij}))$$

经过标准化处理之后，构成标准化目标矩阵$\boldsymbol{R}^{'}$，如下所示：

$$\boldsymbol{R}^{'} = \begin{bmatrix} r_{11}^{'} & r_{12}^{'} & \cdots & r_{1n}^{'} \\ r_{21}^{'} & r_{22}^{'} & \cdots & r_{2n}^{'} \\ \cdots & \cdots & \cdots & \cdots \\ r_{m1}^{'} & r_{m2}^{'} & \cdots & r_{mn}^{'} \end{bmatrix} (i=1,2,\cdots,m;j=1,2,\cdots,n)$$

（3）计算指标熵 H

假设第 j 项指标的熵被定义为 H_j，那么各指标熵的计算公式如下所示：

$$H_j = -k \times \sum_{i=1}^{m} f_{ij} \ln f_{ij} \ (i=1,2,\cdots,m ; j=1,2,\cdots,n)$$

其中，$f_{ij} = \dfrac{r_{ij}}{\sum\limits_{i=1}^{m} r_{ij}^{'}}, k = \dfrac{1}{\ln m}$。假定当 $f_{ij}=0$ 时，$f_{ij} \ln f_{ij} = 0$，k 为波尔兹曼常数，令 $k > 0$。

（4）确定指标熵权 w

根据上面计算熵权 w_j，如下式所示：

$$w_j = \frac{1-H_j}{\sum\limits_{j=1}^{n}(1-H_j)} (0 \leqslant w_j \leqslant 1, \sum\limits_{j=1}^{n} w_j = 1)$$

熵权 w_j 定量体现指标对评价所起的作用。

（5）权重结果

表1　熵权法权重结果

一级指标	权重	二级指标	权重
a	0.155	a1	0.031
		a2	0.018
		a3	0.029
		a4	0.014
		a5	0.032
		a6	0.030
b	0.220	b1	0.049
		b2	0.053
		b3	0.025
		b4	0.059
		b5	0.034

续表

一级指标	权重	二级指标	权重
c	0.320	c1	0.033
		c2	0.022
		c3	0.013
		c4	0.060
		c5	0.080
		c6	0.020
		c7	0.026
		c8	0.040
		c9	0.027
d	0.305	d1	0.012
		d2	0.019
		d3	0.012
		d4	0.025
		d5	0.021
		d6	0.038
		d7	0.047
		d8	0.057
		d9	0.054
		d10	0.018

（6）综合指数计算

分别对每个城市每年的指标值进行加权求和后，计算结果如表2所示。

表2　熵权法得分

评价方法	得分
实体经济	1.030
科技创新	1.341
现代金融	1.136
人力资源	3.162
熵权法_综合	6.670